杨 泓 文 集

古代兵器

上册

文物出版社

图书在版编目（CIP）数据

古代兵器／杨泓著. —北京：文物出版社，2021. 12
（杨泓文集）
ISBN 978 - 7 - 5010 - 7321 - 4

Ⅰ. ①古… Ⅱ. ①杨… Ⅲ. ①兵器（考古）- 中国 - 文
集 Ⅳ. ①K875. 8 - 53

中国版本图书馆 CIP 数据核字（2021）第 261588 号

杨泓文集·古代兵器

著　　者：杨　泓

责任编辑：郑　彤
助理编辑：马晨旭
封面设计：刘　远
责任印制：王　芳

出版发行：文物出版社
社　　址：北京市东城区东直门内北小街 2 号楼
邮　　编：100007
网　　址：http：//www. wenwu. com
经　　销：新华书店
印　　刷：宝蕾元仁浩（天津）印刷有限公司
开　　本：710mm×1000mm　1/16
印　　张：43. 25
版　　次：2021 年 12 月第 1 版
印　　次：2021 年 12 月第 1 次印刷
书　　号：ISBN 978 - 7 - 5010 - 7321 - 4
定　　价：336. 00 元（全 2 册）

出版说明

一、文集收入作者自 1958 年至 2020 年发表的文稿。

二、文集所收文稿分为考古学、古代兵器（上、下册）、美术考古、艺术史、考古文物小品等，共编为五卷六册。

三、各卷所收文稿，均按原发表年份排序，以使读者阅读后，可以寻到作者 62 年来的治学轨迹。

四、60 多年来，考古事业蓬勃发展，考古新发现层出不穷，所以，作者早年刊发的文稿中多有需要修改、补充之处。由于多已在后来的文稿中进行论述，故本书采用刊出时的原貌，请读者依次阅读后面的文稿，即可查获更正后的新论述。

五、各卷文稿皆在文末用括号标注原发表时的书刊以及刊出年份，有些篇后还附有与该篇写作有关的情况说明，以供读者参阅。

六、书中引用人名，除作者业师称为"师"或"先生"，其余只书姓名。

七、文中较多地引用《二十四史》的史料，由于本文集均引用中华书局校点本（第一版），为了行文简洁，在注文中，不再逐条加注版本及出版年份，只标明页数。

目　　录

北朝的铠马骑俑

1954 年全国基本建设出土文物展览中，曾经展出了陕西西安草场坡一号墓出土的一组铠马骑俑，这些骑士身上穿着甲胄，坐下的骏马也披着铠甲①。在北魏、北周等时代的墓葬中，常常发现这类陶俑，在同一时期的画像砖、墓室壁画以及石窟寺的壁画中，也常有骑乘铠马的骑兵图像。这些陶俑和图画反映了当时军事生活中骑兵的发展和装备等方面的一些变化。

魏晋南北朝时代，战争非常频繁。长期的战争就要求军事科学各方面有相应的配合，因此在这一时期，在武器、技术装备、防御工事等方面，乃致于兵种和战略战术，都有较大的变化。而在骑兵这个兵种中，从规模、装备到战术各方面都有了一定程度的发展，具体表现为铠马骑兵的出现。

骑兵装备的进步和当时的生产发展分不开，生产水平和工艺技术的提高，提供了比以前更加优良的军事装备。在进攻武器方面，由于这个时期冶铁事业的发展，尤其是炼钢术方面的成就，如百炼钢和灌钢法的发明和应用②，钢开始被用来制造武器，这就大大加强了武器的杀伤力和坚韧程度，出现了许多名贵的刀剑，如夏赫连勃勃的"百炼钢刀"等。

---

① 草场坡（简报写作"草厂坡"）一号墓出土的器物会在"全国基本建设出土文物展览"中展出过，但始终没有正式报告发表，这批俑的照片可参考《文物参考资料》1954 年第 10 期图版 50 和 51，在"全国基本建设出土文物展览图录"以及陈万里所编《陶俑》一书中，都收有它们的照片。

② 参看杨宽著《中国古代冶铁技术的发明和发展》一书中"炼钢技术的创造和发展"一节。

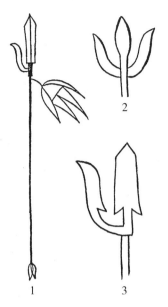

图一　北朝石窟和壁画中的兵器
1. 敦煌第285窟西魏壁画　2. 云冈第8窟石刻　3. 敦煌第285窟正龛南侧武士所持

在长柄兵器方面，除了以前的枪、矛、斧等以外，戈已经被淘汰，成为仪仗，出现了更为厉害的叉类武器，这种武器有锋、有刺、有刃，在北魏石窟寺的壁画和雕刻中都有它们的图像（图一）。

作为远射武器的弓箭，也有了很大的改进。东汉虽然使用了铁镞，到了这一时期，就普遍而且大量地使用锻铁的镞①。同时还有射程远、威力大的强弩，如"神弩""万钧神弩"等名目。

在防护武器方面，主要是甲胄的发展。根据实物材料来看，最早的甲是长沙楚墓中出土的皮甲②，以后继续用皮甲。在这时期之前，还没有见到什么有关铁甲的实物材料，在汉代画像石、墓室壁画和武士俑中，还没发现有披甲的图像。晚到魏晋时代的辽阳壁画墓中，才开始出现披甲的骑士图像③。洛阳西晋墓中的武士俑，头上戴胄，身上穿着鱼鳞甲（札甲）（图二：1）。但是同时出土的武士俑中，也有短衣不穿甲的执盾俑。朝鲜安岳发现的东晋永和十三年（357年）冬寿墓的壁画中，绘有大量穿着甲胄的步兵和骑兵④。

大约在北魏时期，骑兵开始全身着甲，敦煌第285窟西魏壁画"得眼林"故事中的骑兵图像（图二：2），可以作为典型。此时，那种前后胸甲

---

① 《南齐书·戴僧静传》："启世祖以鍱箭镞用铁多，不如铸作，东冶令张候伯以铸镞钝，不合用，事不行。"这一段话说明，当时锻铁箭镞已普通使用；又说明当时已经试图用更简便的方法来制造铁镞，但未获成功。

② 参看《考古学报》1957年第1期《长沙出土的三座大型木椁墓》图版贰：7。

③ 参看李文信《辽阳北园画壁古墓记略》第8图，载《国立沈阳博物院学刊》第1期，1948年10月。

④ 参看《考古》1958年第1期洪晴玉《关于冬寿墓的发现和研究》图11。

分开、用甲带相联的"两裆"甲也很流行（图二：3）。辑安（今作"集安"）地区高句丽墓（相当于北朝初期）的壁画中，也有全身穿着甲胄的武士立像（图三：1）。以后甲胄继续发展，西安白鹿原隋大业十一年（615年）刘世恭墓中的按盾武士俑，身上所穿的铠甲更为完善，肩上披有肩甲，肩甲结于颈前，护住肩胛和项颈，下面有两面圆形的"护"，护住前胸，中间纵束甲绊与腰甲相连（图三：2）。这个时期甲的质料有皮甲和铁甲（或其他金属制成，如铜甲）。在新疆发现过唐代的甲片，可以作为参考，也有皮质和铁质两种，但均为札甲，都是近于椭圆的长方形，每片上有几组小孔，用皮绦连缀在一起，形状好像鱼鳞一般（图四）①。

　　除了武器和装备外，这时期骑兵之所以能够有较大的发展，还有以下几个条件。首先，发展骑兵需要有完善的马具，汉代画像和实物中。都还

图二　西晋、北朝陶俑和石窟壁画
1. 洛阳西晋墓武士俑　2. 敦煌第285窟西魏壁画　3. 河北景县封氏墓武士俑

---

①　参看［日］原田淑人、驹井和爱等著《支那古器图考》，"兵器篇"图版34。

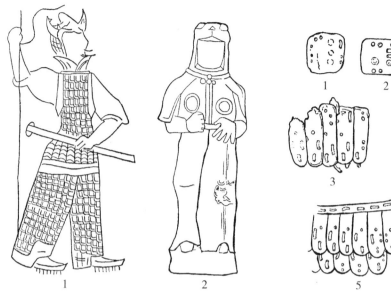

图三　高句丽墓室壁画和隋代武士俑
1. 辽宁辑安高句丽三室冢壁画　2. 西安白鹿原隋
大业十一年墓武士俑

图四　新疆出土唐代甲片
1～3. 皮甲片　4、5. 铁甲片

没有见到马镫的图像和遗物，只是装备了鞍鞯（图五：1），这时进行骑术的训练还有一定的困难。完善的马具是北方游牧民族由于畜牧生产的需要，经过长期的实践不断改进的结果。在辑安的高句丽壁画石墓中，已经可以看到整套的完善的马具，鞍、鞯、辔、镫俱全，现存的实物材料，也以高句丽时代的生铁马镫的时代为最早（图五：4、5）①。有了完善的马具，尤其是使用了镫，人就能够更快地掌握熟练的骑术，更容易驯服和控制马匹，并且使人骑在马上较为舒服、稳固、省力，便于奔驰和长途行军，也使许多战术动作能顺利进行。

其次，骑兵的发展，也和南北朝时期匈奴、鲜卑等少数民族进入中原地区分不开。以北魏为例，其士兵原来就是各部的牧民，在战争时组成军队，牧民都是熟练的骑士，因此这支军队的主力是骑兵部队。少数民族骑兵的威胁，完善马具的使用，以及生产发展提供的技术和物质保障，刺激

① 冯鸿志：《具有世界最早年代的高句丽生铁"马镫子"》，《考古通讯》1957 年第 1 期。

了汉族军队中骑兵的进一步发展。

在洛阳、郑州一带西晋墓中出土的马俑背上，装备着"凹"形的马鞍（图五：6）。北朝墓中出土的马俑已经有了比较完备的马具。比如西安草场坡一号墓出土的马俑，除鞍、鞯以外，还装备了马镫（图五：2）。经过南北朝时期的改进和发展，到了唐朝初期，马具已经相当完善。以昭陵六骏的石刻为例，可以具体看出这时马具进步的情况（图五：3）。

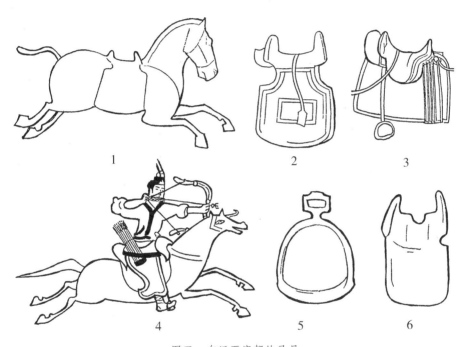

图五　东汉至唐朝的马具

1. 东汉孝堂山石刻画像　2. 西安草场坡一号墓马俑之鞍鞯　3. 唐代昭陵六骏之马具　4. 辑安高句丽舞踊冢壁画　5. 辑安出土高句丽铁马镫　6. 洛阳西晋墓马俑上的马鞍

骑兵配备了适合自己作战的武器，有远攻武器弓箭，也有近战武器叉、槊、枪、矛等，再加上较高的速度和行动的灵活性，增强了进攻的力量。但是为了多消灭敌人，就要保证人马都不受损伤。骑在马上的战士已经穿起了完善的甲胄来保护自己，可是如果胯下的战马有了伤亡，也就会使骑兵的威力消失，战斗失利。因此，保护好战马成为当时进一步发挥骑兵战斗能力所必须解决的问题。

　　为了解决保护战马的问题，和保护人体一样，也开始给战马披上了铠甲。最早的铠马形象，可以参看安岳冬寿墓中的壁画（图六：2）。草场坡一号墓出土的铠马骑俑也是一个例子（图六：1）。披上了铠甲的战马，除了耳朵、眼睛、嘴部和四肢外，其他地方都得到了保护。敦煌壁画中也有这种图像。在第285窟西魏壁画"得眼林"故事中，可以清楚地看到当时骑兵的全部装备。他全身穿着甲胄，手持一柄长枪，腰上佩带着弓和装箭的"胡禄"，坐下的战马也披有铠甲（图二：2）。

　　麦积山石窟麦察第127窟北魏壁画和河南邓县彩色画像砖墓中的铠马形象（图六：5、4），清楚地描绘出了战马身上所披铠甲的结构，有保护马头的"面帘"、保护马颈的"鸡项"、保护战马躯干的"马身甲"及"搭后"等几个部分①，并且常常在马头上装饰着漂亮的璎珞（图六：3）。马甲也分为整块的皮甲和一片片串连起来的鱼鳞甲两种。陕西咸阳底张湾北周墓中，同样出有穿戴甲胄、骑铠马的骑士俑（图六：6），敦煌的隋代壁画中，也有铠马图像。辑安地区高句丽壁画石墓中，也常见铠马图像，例如三室冢的战斗图（图六：7）。

　　人和战马都装备了甲，虽然使马的负重量有所增加，但是影响并不太大。为了解决这个矛盾，当时也配备有一定数量，不用铠马的轻骑兵。由于防护设备日臻完备，骑兵的进攻能力有了更充分的发挥。

　　铠马骑兵的使用也有一定的局限性，这一时期虽然骑兵有较大的发展，但是在战争中最重要的还是步兵部队，只有适当估计骑兵的作用，注意骑兵和步兵的配合，才能获得胜利。但是必须指出，虽然有了良好装备和训练，但最后决定胜负的因素不是武器、技术装备，而是取决于战争的性质。

　　由于铠马骑兵在北朝时期是新发展起来的、同时又是战斗力较强的部队，所以在贵族、大地主的墓葬中，放置了铠马骑俑和雕有铠马的画像砖，

---

① 文中关于马甲的几个名词，系采用北宋曾公亮《武经总要》一书中的名词。

图六　南北朝时期的铠马骑俑

1. 西安草场坡一号墓铠马骑俑　2. 冬寿墓壁画　3. 敦煌第 285 窟西魏壁画　4. 河南邓县南朝刘宋彩色画像砖图像　5. 麦积山麦察第 127 窟北魏壁画　6. 咸阳底张湾北周墓铠马骑俑　7. 辑安高句丽三室冢壁画

在石窟寺的壁画中也有了反映它们的图像。因此，铠马骑俑成为判断这一时代墓葬的典型标本之一。

（原载《考古》1959 年第 2 期）

后记 本文发表于《考古》1959 年第 2 期，是我初到中国科学院考古研究所工作后，最早写的一篇关于古代兵器的习作，全文是以在北京大学学习时宿季庚师讲授魏晋隋唐考古学中关于兵器的部分为基础，重点收集了有关重甲骑兵的考古资料，按个人的看法写成的。发表时署名"柳涵"，也反映当时缺乏自信的心态。经过 60 年后，可以看出当时年轻、学术上不成熟的印记，今日收入文集，不论是文字还是附图，均只为纪念。当年急于想写点文章，疏于研读文献，从文章题目用"铠马骑俑"即表明还不清楚古人称马铠为马"具装"。有关这篇文章的缺陷，后来在 2012 年写了《北朝铠马骑俑——甲骑具装研究》一文，进行补正，该文亦收入本集，望对照阅读为盼。这篇文稿当年由师兄徐元邦编辑，因我是在 1958 年冬才到编辑室，刚参与考古书刊的编辑工作，所以他一边对这篇文稿进行编辑加工，一边向我讲解如何掌握编辑加工的要领。该文附插的两张集成图，是我用毛笔绘制，为了区别于我不喜欢的一般考古绘图的生硬刻板线条，因此线条有轻有重、粗细有别。这两张图也是邦兄一边拼贴，一边教我如何贴考古集成图。见到图如见邦兄。惜他已于去年仙逝，书此怀念。所以这两张图对我极为珍贵，但收入这文集中不知被谁拆改得面目全非，我将在以后专门追忆邦兄的文稿中附上原图，以飨读者。

关于铁甲、马铠和马镫问题

我在《考古》1959 年第 2 期曾发表过《北朝的铠马骑俑》一文，文中对于铁甲、马铠和马镫起源问题的阐述，还有许多值得讨论的地方，现在想就这几个问题再发表一些意见。

一 关于铁甲问题

在《北朝的铠马骑俑》一文中，我曾认为，晚到魏晋时才使用铁甲胄，这种说法是错误的。

在我国，金属甲胄的使用起源很早，所以《说文》中的铠、釬（臂铠）、鈚锻（颈铠）、兜鍪（首铠）等字均从"金"①。安阳侯家庄殷墓里出土过青铜兜鍪，此外，曾发现过一些殷周时的青铜甲泡，这些都可以作为实物例证②。

铁甲的出现大约是在战国末年。《吕氏春秋》卷二一《贵卒篇》云："赵氏攻中山。中山之人多力者曰吾丘鸠，衣铁甲操铁杖以战，所击无不碎，所冲无不陷。"《战国策》卷二六中也有关于铁臂铠的记载，与甲盾鞮鍪一起，同时还出现有"铁幕"。《史记·苏秦传》中也有同样的记载，司马贞《史记索隐》认为，"铁幕"就是以铁为臂胫之衣。但是在考古工作中，还没有发现过有关实物。

---

① 参看《说文解字》卷八下及卷十四上。
② 郭宝钧：《殷周的青铜武器》，《考古》1961 年第 2 期。

西汉时期，同匈奴战斗的边防部队已经装备了铁铠和铁鞮鍪。居延汉简里就有不少关于铁甲的材料，举例如下：

"第五隧长李严　铁鞮鍪二中毋絮今已装，铁铠二中毋絮今已装"《居延汉简甲编》第12号（3·26）①

"□铁铠☑"《居延汉简甲编》第2286号（520·26）②

"□土隧长□宣　　铁铠二□，铁□☑；……"（3·7）③

"●登山隧，铁鞮鍪一"（28·18）④

"铁钼鍪若干，其若干币绝可继"（49·26）⑤

除汉简的记载外，1959年，在内蒙古自治区呼和浩特市郊区美岱古城的发掘中，在一号房基的汉代淤土层中出土了铁甲片。甲片作圆角长方形，长约0.4、宽约4.5厘米，在上部左右两侧和下部左右两侧各有一孔，底边有两孔（图一：2）⑥。该铁甲片的出土，不但提供了汉代铁甲的实物证据，而且说明当时有了铁札甲。

在谈到汉代的铁甲时，也不应忽略革甲在当时还是重要的防御装备。在居延汉简中，有关革甲、革鞮鍪的记载也很多⑦。长沙西汉墓，曾出土有制作精美的革甲片，是在薄革上涂漆，然后两相夹合制成。有四种不同的形制，长3.3~6厘米不等，均为札甲片⑧。

到了汉末三国，铁铠的制作更趋精良，出现了钢铠。《太平御览》卷三五三引《诸葛亮集》云："敕作部皆作五折刚铠、十折矛以给之。"⑨ 南

---

① 中国科学院考古研究所：《居延汉简甲编》释文第2页，科学出版社，1959年。此条承蒙俞伟超同志见告。

② 《居延汉简甲编》，第93页。

③ 劳榦：《居延汉简考释》，商务印书馆，1949年，第409页。

④ 《居延汉简考释》，第376页。

⑤ 《居延汉简考释》，第402页。

⑥ 内蒙古自治区文物工作队：《1959年呼和浩特郊区美岱古城发掘简报》，《文物》1961年第9期。

⑦ 例如，居延汉简原简号99·1、182·6、14·22、239·8、184·4诸简。

⑧ 湖南省文物管理委员会：《被盗掘过的古墓葬，是否还值得清理？——记55. 长、侯、中M018号墓发掘》，《文物参考资料》1956年第10期。

⑨ 文中所引《太平御览》，用中华书局1960年出版的重印的影印宋刻本。

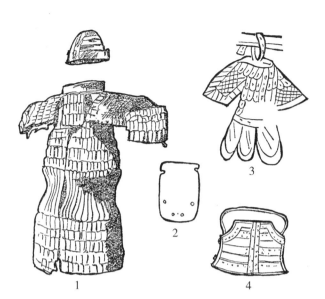

图一　铁甲

1. 日本大阪长持山古坟出土 5 世纪铁挂甲　2. 内蒙古呼和浩特美岱古城出土汉代铁甲片　3. 沂南画像石墓画像　4. 日本大谷古坟出土铁短甲

北朝时期，甲胄有了很大的改进，提高了防御效能。如，宋武帝给殷孝祖"诸葛亮筒袖铠、铁帽，二十五石弩射之不能入"①。在《北朝的铠马骑俑》一文中，对当时的甲胄作过一些说明，故不赘述。

根据已经发现的材料，当时铁甲有札甲，其形制可从沂南画像石中看出。在沂南画像石墓前室南壁的画像中，刻有甲架，上面挂着楯和铠甲，架旁竖有放置兜鍪的立柱。这件铠甲是一领披膊，护胸部分用的是缀联起来的鱼鳞甲片（图一：3）②。

中国古代的甲胄曾对日本产生很大影响③，在发掘日本 5 世纪以来"古坟时代"的墓葬时，常常出土铁甲胄，其中也有不少铁札甲，日本人称为"挂甲"。例如大阪长持山古坟中出土一副铁挂甲④，保存得相当完

① 《南史》卷三九《殷孝祖传》，第 1000 页。
② 南京博物院、山东省文物管理处：《沂南古画像石墓发掘报告》，文化部文物管理局，1956 年，第 15 页，图版 31。
③ 《世界考古学大系 3·日本Ⅲ》第 85 页，［日］平凡社，1960 年。
④ 《世界考古学大系 3·日本》，图版 83。

整，可以作为了解札甲结构的参考资料（图一：1）。另外，还有用长条形甲片组成的铠甲，在日本"古坟时代"的墓中，也出土过不少铁两裆甲，日本人称之为"短甲"，并认为短甲可能起源于中国，5世纪时在日本很流行①。短甲是由长条形或三角形的长甲片纵置或横置组成（图一：4）②。在南北朝时期的陶俑、画像砖和壁画中，也有类似的铠甲形象，但没有发现过实物。因此，日本古坟中出土的两裆铁甲，也可以作为了解汉魏时铁两裆甲形制的参考资料。

二　关于马铠问题

在《北朝的铠马骑俑》一文中，把骑兵使用的马铠的时代叙述得较迟，也应订正。

大规模的运用骑兵作战，约始于汉与匈奴的战争中，使用马铠保护战马，大约亦始于汉代。当然，以前也对拉战车的辕马施加保护，但是其设备与骑兵使用的马铠是不同的，这里不多加讨论。西汉时，保护战马的装备多只施于马的头部，比如当卢（马面）和"鸡项"，晋宁石寨山即有这样的例子③。大约是在汉末，成套的马铠才较多地使用于骑兵中。在曹植《先帝赐臣铠表》列举的铠甲中，有"马铠一领"④。《太平御览》卷三五六引《魏武军策令》云："袁本初铠万领，吾大铠二十领；本初马铠三百具，吾不能有十具，见其少遂不施也。"以上二例皆是曹魏时使用马铠的例证。当时军队中马铠的使用还不够普遍，不过以十、百计。

到了南北朝时期，骑兵在战争中的地位更趋重要，一些进入中原的北方或西北的少数民族，又多以强劲的骑兵为军队的主力，所以时人大量使用马铠来保护战马，以增强骑兵的威力。因此，在战斗中使用的马铠常常

①　《世界考古学大系3·日本》。
②　《世界考古学大系3·日本》，图版79～82。
③　云南省博物馆：《云南晋宁石寨山古墓群发掘报告》，图版五〇、五一，文物出版社，1959年。
④　《北堂书钞》卷二一所引，《太平御览》卷三五六引文同。

是以千、万计,《晋书》卷一〇四《石勒载记》云,石勒大将孔苌击败鲜卑末柸的战役中,一次就俘获铠甲马五千匹;又云石勒破刘琨将军姬澹之役,曾获铠马万匹之多。

这种马铠,是由面帘、鸡项、荡胸、身甲和搭后五个部分组成的。从西安草场坡出土的铠马骑俑看,其面帘是完整的,仅在眼部留孔,鸡项则采用鱼鳞甲,荡胸、身甲、搭后亦为札甲,但甲片略呈方形(图二:1)。

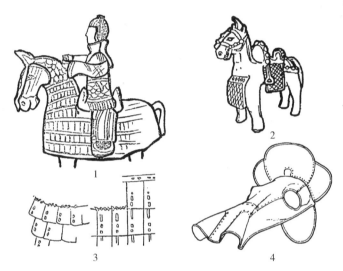

图二　马铠及镫

1. 西安草场坡 1 号墓出土北朝骑俑　2. 长沙西晋墓出土马俑　3. 日本大谷古坟出土马甲复原图　4. 日本大谷古坟出土铁质马面帘

在日本和歌山大谷古坟中,发现了 5 世纪时的铁质马铠,包括长 52.6 厘米的铁制半面帘、由长方形甲片缀成的身甲,等等(图二:3、4)[1]。日本的学者认为,大谷古坟是属于纪氏家族的墓葬,这一家族当时积极参与了出兵侵略朝鲜的战争[2],而出土的马铠可能是受了中国或朝鲜文化影响的遗物。大谷古坟出土的马铠,其形制正和西安草场坡一号墓出土的陶铠马俑以及东北吉林通沟三室冢壁画的马铠相同,为了解南北朝时马铠的形

① 日本京都大学文学部考古学研究室:《大谷古坟》,第 63~66、97~104、142~147 页,图版一六、一七、一九、二〇、四〇至四四,1960 年。

② 《大谷古坟》,第 156~158 页。

制，提供了参考资料。

三　关于马镫问题

到汉代为止，在马具方面，鞍勒衔镳均已齐备，就是还没有使用金属马镫。现在发现的汉代图像材料和实物中，还没有发现过马镫。在当时东北和西南的少数民族文物中，也还没有发现马镫。云南晋宁石寨山的滇国遗物里，在青铜贮贝器盖上，铸出两组战争场面，其中有骑马着甲的武士，所乘的马，鞍鞯俱备，也有当卢等防护装备，只是没有马镫①。在东北西丰西岔沟发现的东胡族文物中，也没有看到马镫的实物或图像②。东汉晚期的一些图像材料中，都把马具刻划得很细致，但是全都没有画出镫来。

最说明问题的一幅画像，是汉末曹魏时期沂南画像石墓中室南壁正中的石刻，刻着马厩、马夫喂马、备马的图画，在马厩里挂着各种马具，包括鞍鞯、革靮、络头、各种革带和装饰用的璎珞，就是没有马镫③，这并不是偶然的疏忽，而是说明当时可能还没有使用马镫。

霍去病墓前的石刻群里，几匹马上都没刻马具，只在一卧牛的身上现在看到有镫（？）。武伯纶先生曾指出，这是不容忽视的材料，但武先生又说，卧牛身上的"牛镫"可能系后人戏刻，"不能作为西汉已经用镫的实物例证"④。这种说法是可信的，因此在本文中，不以它作为西汉有马镫的实物例证。

在我国的考古材料中，西晋时已有关于马镫的材料了。在长沙西晋永

---

① 云南省博物馆：《云南晋宁石寨山古墓群发掘报告》，文物出版社，1959 年，第 74、75 页，图版四八至五一。
② 孙守道：《"匈奴西岔沟文化"古墓群的发现》，《文物》1960 年第 8、9 期合刊。把它订为东胡族文物，系根据翦伯赞先生的意见，见《谈谈中国历史博物馆预展中陈列的秦汉时期少数民族的历史文物》，《民族团结》1959 年第 12 期。
③ 南京博物院、山东省文物管理处：《沂南古画像石墓发掘报告》，文化部文物管理局，1956 年，第 22 页，图版 51。
④ 武伯纶：《关于马镫问题及武威汉代鸠杖诏令木简》，《考古》1961 年第 3 期。

宁二年（302 年）墓里出土的釉陶骑俑中，有的在马鞍左侧前缘系有三角形小镫，马之右侧却没有装镫。乘马者的脚并没有踏在镫里，镫在足部的前上方，并且镫革很短，只有人腿部的一半长（图二：2）[1]。由以上现象推测，这可能是供上马时踏足用的，骑好后就不再踏镫了，这种小镫，应该是马镫较原始的形态。但是在洛阳、郑州等地出土的西晋马俑上，却只备有鞍鞯而没有马镫。可见，当时马镫的使用可能并不广泛。

在西安草场坡一号墓里，出土装备着马镫的陶马俑，这座墓的年代比北魏要早，应该是十六国时期的坟墓[2]。综上所述，中原地区开始使用马镫的时期，大约是在公元 4 世纪前后。

（原载《考古》1961 年第 12 期）

后记　《北朝的铠马骑俑》那篇学术上颇不成熟的文稿刊出后，没想到还会引起学术界的反响，招致武伯纶先生的批评（《考古》1961 年第 3 期）。他在批评中引用的唐昭陵六骏不披铠等史料，促进了我以后对不同历史阶段甲骑具装发展演变的进一步研究，但是他在文中认定西汉霍去病墓前石刻卧牛身上刻有镫，表明西汉时有"马镫"，还引苏联学者吉谢列夫看到后，"兴奋地说，给他解决了中国在什么时候开始用镫的问题"。因为武先生是前辈学者，且在 1959 年我受邀去西北大学讲课时受到他多方关照和指导，因此我本没有想写文答辩。但是夏作铭先生找我谈此事，说明关于马镫的起源问题是世界学术界关注的问题，而中国学人多认为会骑马就有马镫，未曾进行认真的学术研究。且霍去病墓前石牛体上阴刻的镫明系后人伪刻，与马镫的研究无关，告诉我不要因武先生是前辈，而不进行学术研讨。我向他汇报目前考古发现的标本，应是长沙西晋墓骑俑马镫时代最早，他同意。这样我就撰写了本文初稿送他审阅。他在 9 月 29 日审阅

---

[1]　湖南省博物馆：《长沙两晋南朝隋墓发掘报告》，《考古学报》1959 年第 3 期。

[2]　陕西省文物管理委员会：《西安南郊草厂（场）坡北朝墓的发掘》，《考古》1959 年第 6 期，图版肆：2。

了文稿，次日将文章还给我，并提了一些意见（见《夏鼐日记》卷六第204 页）。这是我到考古所工作后，夏先生首次指导我写论文。该文发表后，日本学者樋口隆康和英国学者李约瑟先后论述了长沙西晋永宁二年（302 年）墓骑俑马镫为世界范围考古发现的年代最早的马镫，从而成为世界学术界的共识。

中国古代的甲胄

战争——这个人类互相残杀的怪物，是随着私有制的产生和阶级的出现而出现的。两军相杀的战争的目的，就是保存自己，消灭敌人。毛泽东同志指出："古代战争，用矛用盾：矛是进攻的，为了消灭敌人；盾是防御的，为了保存自己。直到今天的武器，还是这二者的继续。"[①] 在盾这类以防御为目的的军事装具中，比较重要而又曾广泛使用的是护体用的甲胄。在古代战争中，战士常常是披甲戴胄（头盔），用以保护自己的肢体免于敌方兵器的伤害，以达到更好地消灭敌人的目的。甲胄的制作，它的发展和变化，是随着社会性质的变化、生产技术的发展以及战略战术的变化而发展、变化的。因此，我们了解甲胄发展变化的历史，对研究古代战争史是很有用处的。

关于我国古代的甲胄[②]，过去保存下来的实物极少，甚至涉及甲胄的有关文献保存下来的也不多，而且比较零散。过去虽然也有人尝试对我国古代的甲胄进行系统的整理研究，但局限性都较大[③]。中华人民共和国成立以后，我国的文物考古工作蓬勃开展，出土了不少古代的甲胄实物，还获得了大量有关甲胄的图像和雕塑品，对这一问题的研究有了较坚实的基础。为了进一步开展关于甲胄的研究，首先需要对这些考古学材料结合文献进行初步的整理。本文就是以作者关于这方面的一些读书札记为基础，

---

① 《论持久战》，《毛泽东选集》第二卷，人民出版社，1967 年，第 449 页。

② 本文所讨论的古代甲胄的范围，始于殷商，终于宋代。明清的材料则拟另文探讨。

③ 王献唐：《甲饰》，《说文月刊》三卷七号，1943 年；周纬：《中国兵器史稿》，生活·读书·新知三联书店，1957 年。

试图把关于我国古代甲胄的资料做一些初步的综合分析。

一 原始的甲胄

伴随着私有制的产生和阶级的出现，战争也随之产生。在两军对阵时，为了抵御敌方的矢石矛斧，自然需要有护体的防护装具。人们开始制造甲胄，可能是受到动物的"孚甲以自御"①的启发。

甲究竟是在什么时候出现的，现在还不太清楚。根据古史传说，有人认为是蚩尤首先制造出来的，也有的把发明甲的功劳归于少康的儿子杼②。总之，从蚩尤到少康这一时期，正是处在从部落联盟到国家产生的阶段，当时战争是很频繁的。两军对阵，为了抵御敌人兵器的伤害，人们总要采取各种办法来防护身躯，就自然地出现了盾牌和甲胄。

最原始形态的甲胄，常常是用日常容易找到的材料制造的，例如藤木或皮革，这可以从民族学资料中看到一些线索。例如居住在台湾兰屿上的耶美人，在20世纪初还使用着一种原始的藤甲。这种甲是用藤条和藤皮编成的。前面开身，从两侧腋下与背甲编联成一体，上面形成袖孔以伸出双臂。其中有一件标本，后背用纵横各三根粗藤条作支架，然后用约30根缠着藤皮的较细枝条横编在支架上，成为整片的背甲。全甲大约高45、肩宽37.5厘米（图一）。头盔——胄也是用藤皮编成的，有时还装饰有漂亮的羽毛饰③。这种藤甲胄实际上是在战士赤裸的身躯上套了一件仅及腰部的短藤背心，从腹部以下到双足依旧赤裸。尽管这样，藤甲胄已经开始保护人体最重要的部分——头和胸、背，避免了原始进攻兵器的伤害。为了增强这种藤甲的防护能力，耶美人有时在甲的表面蒙上一层鲔鱼的硬皮。

---

① 刘熙：《释名》卷七，《释兵》第二十三，《四部丛刊》本。"甲，似物有孚甲以自卫也，亦曰介，亦曰函，亦曰铠，皆坚重之名也。"
② 《尚书·费誓》正义引《世本》："杼作甲"，注"少康子杼也"。谓甲始于夏。《管子·地数篇》则谓铠甲为蚩尤所发明。
③ ［日］鹿野忠雄等：《台湾土著民族人类学图谱》第一卷《耶美人》（Tadao Kano, *An Illustrated Ethonography of Formosan Aborigines*, Vol. I, The Yami, 1956）。

图一　台湾兰屿耶美人的藤甲

图二　云南傈僳族以前
使用的皮甲

一般来说，原始的民族的护体装备往往是用皮革做原料。开始可能就是把整张的兽皮披裹在身上，后来在战斗实践中，逐渐懂得把皮革加以裁制加工，使它更合身，更能有效地保护躯体的主要部位，于是出现了具有一定形制的整片的皮甲。民族学的资料也提供有这类原始状态的皮甲的标本。以前傈僳族使用的一种整片的牛皮甲，就是很好的例子①。这种皮甲，是用两张长约 1 米的生牛皮缝在一起，然后在其上开一个舌形的缝，沿缝将切开的皮革掀起来，形成领孔，战士穿甲时就从领孔把头套出去，掀起的舌形皮革正好护住后脖颈。在领孔前的一小半皮革垂在前面护胸，一大半皮革垂在背后护背，在腋下把前后两片用绳结牢，使皮甲紧贴在身上（图二）。

整片的皮甲穿用不便，为了增强防护效能，所以逐渐按照护卫的身体

---

① 陶云逵：《碧罗雪山之傈僳族》，中央研究院历史语言研究所集刊第十七本，1948 年。

部位的不同，将皮革裁制成大小不同的革片，然后再联缀成甲，往往在前胸和后背，仍旧使用大片的厚皮防护，而在肩臂、腰胯等处，使用较小的甲片编缀起来，便于活动，这种形式的皮甲，直到南宋时在大理地区还保留着，在范成大的《桂海虞衡志》里曾有记录①。从民族学的材料看，1949 年以前彝族使用的皮甲，也有类似的形制（图三）②。这些皮甲，也可以作为了解古代皮甲的参考。

图三　彝族皮甲

上面是依据民族学的材料，对原始甲胄的情况勾画了粗略的轮廓。可以看出原始甲胄的材料并没有严格选择，防护部位仅限于前胸后背，而且

---

① 范成大：《桂海虞衡志》志器部分，见《知不足斋丛书》第二十三集。原文为"甲胄皆用象皮，胸背各一大片如龟壳，坚厚与铁等，又联缀小皮片为披膊、护项之属，制如中国铁甲，叶皆朱之，兜鍪及甲身内外悉朱地间黄黑，漆作百花虫兽之文，如世所用犀毗，器极工妙。又以小白贝累之骆甲缝及兜鍪，疑犹传古贝胄朱缕遗制云。"

② 见 V. 多龙《在中国的禁地》（Vicomte Dollone, *In forbidden China*，1912）第 176 ~ 177 页间图，是多龙在 1906 年到 1909 年所见的一位穿皮甲的彝族武士，护胸的部分是一整片，腰以下则由长条形的皮甲札编成。林惠祥：《倮倮标本图说》，1931 年版。书中标本图二也记录这样一领皮甲，高 60.96 厘米，下部周围 137.16 厘米，皮厚约 0.32 厘米，胸甲一大片，下有四片较小的护腹，再下为六排小的皮甲札编缀而成，用以护住大腿，左边前后的胸腹甲相联，右边可开合，胸甲前后有四孔，可以带系于肩上。又，周纬《中国兵器史稿》中也记录了一件标本，见其图版九十二之 4，但他把这件标本放颠倒了，必须倒过来看。

制作简陋，因此，它的防卫能力是有限的。随着社会的进步和战争中进攻兵器的改进，防御手段也要相应地发展改进，甲胄因之日益趋向牢固和定型化。首先是对制造甲胄所用材料的选择严格了，藤、竹之类的材料被淘汰，代之而起的是坚厚的兽皮——牛皮，更好的是犀牛的皮革。其次是制工日益精密，从整片使用改为裁制成较小的甲片。为了更加牢固，还把两层或更多层的皮革合在一起。然后再用甲片编缀成整领的皮甲。从此开创了使用皮甲的历史时期。

二 殷周的皮甲

从考古发掘中所获得的中国古代甲胄的实物来看，殷商、西周乃至春秋、战国，都是主要使用皮甲的时期。前面叙述过的那种较原始的整片的皮甲，可能在殷代还使用着。迄今为止在考古发掘中获得的年代最早的皮甲实物，是在河南安阳侯家庄1004号墓的南墓道中发现的皮甲残迹。这些皮甲仅剩下了皮革腐烂后遗留在土上的纹理，有黑、红、白、黄四色的图案花纹。发现的两处残迹，最大径都在40厘米左右，看来还是一种整片的皮甲（图四）[①]。

图四 安阳出土的皮甲残迹

除了安阳发现的整片的皮甲残迹以外，考古发掘中获得的殷周至战国时期的皮甲资料，都是先裁制成甲片，然后编缀成整领的皮甲。下面是《左传》宣公二年（前607年）一段生动的记载，从筑城的役人与华元的骖乘的对唱中，讲出了当时甲胄的原料和制作：

---

① 梁思永未定稿、高去寻辑补：《侯家庄》第五本《1004号大墓》，"中央"研究院历史语言研究所，1970年。

> 睅其目，
>
> 皤其腹，
>
> 弃甲而复。
>
> 于思于思，
>
> 弃甲复来。

这首歌谣是春秋时宋国筑城的役人唱的，用来讽刺乘车来巡视工地的华元，因为他刚打了败仗做过敌人的俘虏。在华元车上的随从乘员，也唱歌为他们的主将辩解：

> 牛则有皮，
>
> 犀兕尚多，
>
> 弃甲则那？

筑城的役人对唱道：

> 从其有皮，
>
> 丹漆若何？

华元看到这种情况，无可奈何地对他的随从说："去之，夫其口众我寡！"上面的这一段记载，讲明当时的甲胄是用皮革制成的；制造甲胄的皮革一般是牛皮，或者使用犀和兕（野牛）的皮；皮甲上面要涂朱红色的漆。近几年来考古发掘中获得的那时的皮甲，跟上面所叙述的一样。例如，在湖南长沙浏城桥一号墓里出土了一领春秋晚期的皮甲[①]，可惜出土时甲片已经凌乱。这领皮甲由六种式样的甲片组成：（1）长方形，长 15、宽 13 厘米，上有 10 个穿孔；（2）长方形，长 20.5、宽 13 厘米，四周均有穿孔；（3）和（4）横形的，长短不一，长的约 15 厘米，短的 9 厘米，两端中部有小孔；（5）角形，长 12~20 厘米；（6）枕形，长 22.5、宽 11

---

① 湖南省博物馆：《长沙浏城桥一号墓》，《考古学报》1972 年第 1 期。

厘米。由于长年被水浸，甲片的颜色呈深褐色，看不出是否髹漆。

浏城桥一号墓出土的皮甲，应是楚国的遗物，除了这一例以外，还有三例战国的皮甲，也是楚国的制品，分别出土于湖南长沙、湖北江陵等地的墓葬。湖南长沙左家公山发掘的54·长·左15号墓出土的一件①，原来是卷起来放置的，可惜出土时已经难于揭开，只能大略看出它的外轮廓。其上半部可以看出一排一排的方形皮甲片，下半部则是施有彩绘的丝织物。湖北江陵拍马山五号墓出土的是髹漆皮甲，由于报道过于简略，详情不明②。江陵藤店一号墓出土的皮甲③，是由两层皮革合成，上面有缀联用的穿孔（图五），在少数甲片的孔中，还残留着串联用的小皮条，宽2～5毫米。除以上的实例以外，还有一件传为长沙地区楚墓出土的彩绘木俑④，模拟一个披甲的战士，上身披甲，涂黑色，并用黄线画出一排排的甲片，自上而下约有七、八排，甲的下缘有一条彩绘的宽边，所画的花纹看来是模拟纺织品的。这件木俑所披的甲，为复原当时的皮甲提供了有用的参考资料。

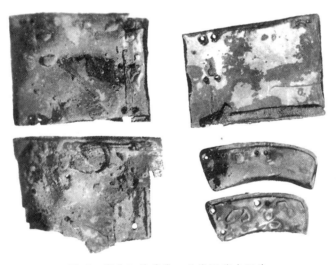

图五　湖北江陵藤店一号战国墓皮甲片

---

① 湖南省文物管理委员会：《长沙出土的三座大型木椁墓》，《考古学报》1957年第1期。
② 湖北省博物馆等：《湖北江陵拍马山楚墓发掘简报》，《考古》1973年第3期。
③ 荆州地区博物馆：《湖北江陵藤店一号墓发掘简报》，《文物》1973年第9期。
④ ［日］水野清一：《关于长沙出土的木俑》，日本《东方学报》第八册，1937年。

　　最引人注目的资料，是在湖北随县城关擂鼓墩一号战国早期大墓中获得的，由于出土铜器上刻有"曾侯乙"铭文，有人认为这就是曾侯的坟墓。在木椁北室发现了大量的兵器和皮甲，重叠堆放，宛如武库①。根据墓中出土竹简所记从葬车马兵器，证实这些兵器和甲盾都是用于车战的。其中皮甲有"楚甲"与"吴甲"两种，另外还有供战车上所驾辕马使用的各种马甲，又有彤甲、画甲、綀（漆）甲、素甲等名目，总数达数十具之多。因此可以知道，出土的皮甲片中，有很多应该是用来编缀保护辕马的马甲，这是过去没有发现过的新资料。

　　曾侯乙墓出土的皮甲胄，都是卷起来叠放墓中的，虽然组联的丝带已朽，但不少领皮甲的甲片还基本上保持着原来的位置，经揭剥复原，已经清理出12领较完整的皮甲，大致了解了当时皮甲的面貌。所用甲片表面都髹漆，除极少数外，都用黑漆。清理出的皮甲中以Ⅲ号甲保存较好，可以选为这些皮甲的典型标本。全甲由身甲、甲裙和甲袖三部分组成。身甲由胸甲、背甲、肩片、肋片共计20片甲片编成（图六），所用甲片尺寸比较大，最长的达26.5厘米。由于所在部位不同，甲片的形制各有特点，采用固定编缀。身甲的上口接编竖起的高领，下缘接缀甲裙，两肩联缀双袖（图七）。甲裙由上下四列甲片编成，每列14片甲片，自左向右依次叠压，作固定编缀，然后再上下纵联，是活动编缀。所用甲片上缘比下缘窄，大致呈上底和下底差别不大的梯形，因此整个甲裙上窄下宽，便于活动。身甲和甲裙均在一侧开口，战士穿好后再用丝带结扣系合。两只甲袖左右对称，各由十三列52片甲片编成，每列横联四片，由于甲片均有一定弧度，编联后构成下面不封口的环形。甲片宽度由肩向下递减，作下列依次叠压上列的活动编缀，形成上大下小可以伸缩的袖筒。皮胄也是由甲片编缀成的，中有脊梁，下有垂缘护颈，共用甲片18片编成。其余十几领甲胄大致与Ⅲ号甲相同，只是局部结构有些差别。例如，有的甲裙不是四列甲片而用五列甲片缀成。

---

①　湖北省博物馆：《曾侯乙墓》，文物出版社，1989年。

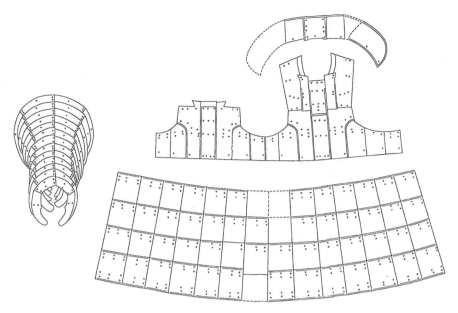

图六　湖北随县曾侯乙墓Ⅲ号皮甲展示图
左：甲袖　右上：甲领　右中：甲身　右下：甲裙

图七　湖北随县曾侯乙墓出土皮甲胄复原示意图

　　至于马甲，还没有能获得完整的标本，但是已经揭剥出两件较完整的马面帘，是由整片皮革制成，表里均髹黑漆。以从顶经马鼻梁至口唇为中线，左右对称折下，遮护马的两颊；耳部有透孔，以便马的双耳伸出；眼部亦有透孔，使马目外视。面帘表面有凸出的图案花纹，并施红漆彩绘，很是精美。

　　根据随县皮甲胄的形制，可以推知在浏城桥等地出土的春秋、战国皮甲片原编在皮甲上的部位。浏城桥出土的长方形甲片，当是编缀身甲用的；那种长15、宽13厘米的甲片，当是编缀甲裙的；角形的甲片则是用来编缀甲袖的。如果也和随县 Ⅲ 号甲一样，甲裙用四列甲片编缀，则复原后全甲长度超过80厘米，足够用来防护躯干①。

　　综观上述楚国的皮甲，可知当时甲片的尺寸是比较大的，主要的甲片呈长方形或近于梯形，较迟的标本都是由两层皮革合在一起的"合甲"，甲片上髹漆，甲片之间用丝带或细皮条编缀。有了甲片编联成甲的技术，皮甲的局部可以活动，使得防卫身躯上转动关节的部位（如肩臂相交处、前腹和后腰等处）可以得到活动编缀的甲片的保护。其中长沙浏城桥一号墓出土的那种制工精致的皮甲，约是春秋末期的标本。现在还存在的最早的一部记录了皮甲制造技艺的古代文献，也是这一时期的作品，那就是春秋时期齐国的一部官书——《考工记》②，其中有"函人为甲"的制度。

　　《考工记》关于制造皮甲的技艺讲了以下几方面的问题：一是有了专门制造皮甲的工匠——函人；有了规范的式样，"凡为甲，必先为容"。二是总结出了皮甲的原材料坚韧的程度与甲片的长度，以及皮甲使用年限的规律，"犀甲，七属，寿百年；兕甲，六属，寿二百年；合甲，五属，寿三百年"。七属、六属、五属之"属"，郑玄注："属读如灌注之注，谓上旅下旅札续之数也，革坚者札长。郑司农云，合甲：削革里肉，但取其

---

① 关于中国人一般的高度，见吴金鼎《山东人体质之研究》，1931 年版。所记录的全国组，男子身高平均1.66 米，推算出男子躯干长度大约72 厘米。据已测定的新石器时代人骨，其身高与现代人的数字相近，因此，本文涉及人的高度时，即采用该文的数字。

② 郭沫若：《考工记的年代与国别》，《沫若文集》第十六卷，人民文学出版社，1962 年。

表，合以为甲。"① 可见，当时制造皮甲，是根据不同的皮料的牢固程度来决定甲片的长度，因甲片较长近似书札，所以又称"甲札"。皮质越牢固的甲札越长，制成以后使用的年限也越长。三是区分了制革、锻革、钻孔等工序，并指出每道工序应该注意的事项。

只有按照上面的规定制出的皮甲，才能保证致密坚牢，穿着合体，便于作战。《考工记》的记录说明，当时皮甲制作的技艺已经相当成熟，也反映了当时皮甲使用是非常普遍的。从近年来考古发掘中所获得的春秋至战国时期的皮甲实物资料看，其特点正是和《考工记》的记录相吻合。其中时代较迟一些的标本常常是由两层皮革合成的"合甲"，表面还涂有漆。

看到这些皮甲，不禁让人想起《楚辞·国殇》中的辞句"操吴科兮披犀甲"。这犀甲应该是在车战中使用的防护装具。这一点还可以从与皮甲伴同出土的兵器和马具、车器得到证实。浏城桥一号墓中与皮甲共出的兵器有铜剑四（附漆剑柲一）、铜戈七、铜戟一、铜矛四、铜镞四十六、竹矢箙一、竹弓三、皮盾一。所出的戈、矛多是长柄的，其中戈柲长 3.03～3.14 米，矛柄长 2.8～2.97 米，这种长度在 3 米左右的戈、矛，绝不适于步兵野战，显然是车战中使用的。同出的还有两套车軎和一件车上的伞盖，而马具仅有两组马衔，可见是驾车的辕马用的。藤店一号墓与皮甲共出的有铜兵器 42 件（剑二、戈一、矛一、戈矛合戟一、钺一、镞三十六）、竹弓二、木弓一、漆盾一、箭箙一，兵器的柄只存一件，残长尚有 3.56 米，可见也是用于车战的。同出的车器有四件车軎和一件车伞，马具也只见马衔 4 件和一些小铜马饰。拍马山五号墓出土的兵器较少，有铜剑、戈、矛各一，铜镞十，但有一件高约 80、宽 42、厚 0.2 厘米的涂漆木盾。

由以上材料，我们可以初步得出以下结论。

---

① "属"，此处谓上旅、下旅札续之数，而《汉书·刑法志》引"魏氏武卒衣三属之甲"，注"服虔曰：作大甲三属，竟人身也。苏林曰：兜鍪也，盆领也，髀也。如淳曰：上身一、髀一、缴一，凡三属。师古曰：如说是也，属，联也，音之欲反"，与此处不同。见中华书局标点本第 1086～1087 页（本文集中所引的二十四史，一概采用中华书局校点本，以下不再注版本，仅标明页数）。又，"削札"亦见于《战国策·燕策》，苏代见燕王哙，说燕王"身自削甲札"。

（一）从殷商到春秋，甚至迟至战国时期，作为主要护体装备的皮甲，在防御青铜兵器戈、矛、剑、镞的攻击方面是有效的。

（二）这种皮甲是与大型的盾牌互相配合使用，以抗御敌方兵器的伤害。

（三）这种皮甲主要是用于车战，与长柄的青铜戟、矛、戈、殳等及远射的弓矢配合使用。在一般情况下，可以防范突然的袭击。

（四）驾车的辕马，也用皮马甲保护。

以上情况，是由当时的社会制度和社会生产力所决定的。殷商到春秋是奴隶制社会，奴隶主阶级是军队的主要成分，战争的目的就是镇压奴隶的反抗和进行征服及掠夺，以获取新的奴隶、土地和财富。与此相应的战争方式就是车战，奴隶主阶级拥有作战的车辆、战马，以及包括皮甲的全套的兵器装备。由于社会生产力的限制，最精锐的进攻性兵器，是青铜制品，因此皮甲完全可以达到保护躯体的目的。综上所述，这一时期皮甲①的制作达到前所未有的高峰，但同时也日渐衰落。随着生产力的发展和随之而来的社会制度的大变革，皮甲在防护装具中的主要位置，即将让给质料更牢固的新的类型——铁铠。

三　殷周的青铜甲胄

青铜铸造业，标志着我国古代奴隶社会生产技术的最高水平，具有时代的特点。当人们掌握了青铜铸造工艺以后，锋利的青铜兵器取代了笨重的石质兵器，进攻兵器的变化自然引起防护装具的革新，青铜铸造的甲胄应是这个时期出现的②。但是，进攻性兵器已经改用青铜制成以后，是否

---

① 这时期的甲也还有其他质料的。上村岭1767号墓里发现有排列整齐的长方形骨札，出土时分为两排，每片长9.5～10.2、宽1.8～7.8厘米，上、中、下部各有两个穿孔（见中国科学院考古研究所《上村岭虢国墓地》，科学出版社，1959年，图版三二：1）。有人认为它们也是一种卫体的骨甲，见［日］林巳奈夫《中国殷周时代之武器》第408～409页，1972年。

② 例如在欧洲，古代希腊使用青铜兵器时，也使用青铜的头盔、胸甲和胫甲等防护装具。

皮甲也应为青铜的甲所代替呢？从现在所能获得的考古材料，还看不到青铜甲取代皮甲的迹象。当然，殷周时期已经使用了青铜的护甲，尤其是青铜铸成的胄（头盔），例如在安阳侯家庄 1004 号殷代大墓里，发掘出了数量不少的青铜胄，但至今还没有出土殷代的青铜甲的标本。

1934～1935 年，梁思永先生在发掘安阳侯家庄 1004 号墓时，在南墓道的北口发现有大量青铜胄①，它们和戈、矛等兵器放置在一起，总数约在 140 顶以上。铜胄的形制大体近似，都是范铸的，合范的缝正当胄的中线，于是形成一条纵切的脊棱，把全胄均匀地分成左右两部分，胄面上的纹饰就是以这条脊棱为中线向左右对称展开。胄的左右和后部向下伸展，用以保护耳朵和颈部。不少的铜胄正面铸出兽面纹饰，在额头中线处是扁圆形的兽鼻，巨大的兽目和眉毛在鼻上向左右伸展，与双耳相接，有的还加有两支上翘的尖角。圆鼻的下缘就是胄的前沿，在相当于兽嘴的地方，则露出了战士的面孔，显得很威武。也有的胄上不饰兽面，只简单地铸出两只大眼睛。更有的连眼睛也没有，而是凸出两个大圆涡纹。胄的顶部都有向上竖立的铜管，用以安装缨饰（图八）②。整个铜胄的剖面呈"◯"形。一般高 20 厘米以上，重 2000～3000 克之间，胄面打磨光滑，兽面等装饰都浮出胄面。但胄的里面则仍保持着铸制时的糙面，凸凹不平，凡有装饰花纹处也都向外凸出。因此我们推测，当时的战士戴胄时，头上还一定要加裹头巾，或许在胄内还附有软的织物作衬里。这些铜胄使我们联想到商周时期金文中的"胄"字（图九），它形象地模拟着实物③，同时表现出高高竖立在胄顶的缨饰，而这些缨饰在出土的铜胄上已经看不到了。在传世的青铜器里，也有传为安阳侯家庄出土的一件铜胄，高 23.5 厘米，重 1800 克，其形状与侯家庄出土标本大体相同，只是纹饰比较简单④。

① 陈梦家：《殷代铜器》，《考古学报》第七册，1954 年；梁思永编：《殷墟发掘展览目录》，《梁思永考古论文集》附录，科学出版社，1959 年。
② 梁思永未定稿、高去寻辑补：《侯家庄》第五本《1004 号大墓》，"中央"研究院历史语言研究所，1970 年。
③ 容庚：《金文编》，科学出版社，1959 年。
④ M. 罗尔：《中国青铜时代的武器》（Max Loehr, *Chinese Bronze Age Weapons*, 1956）。

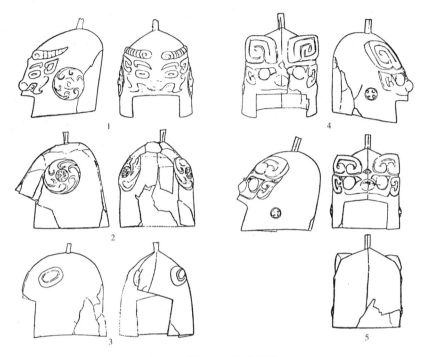

图八　安阳出土殷代铜胄

比殷代的青铜胄时代晚的标本，在我国也有出土，各地均出土过一些西周时期的青铜胄，尤其以北京昌平白浮西周墓中出土的标本最值得注意①。在白浮二号墓和三号墓中各出土了一件青铜胄，都已残破，其中二号墓中的那一件（M2：10）已经修复，铜胄左右两侧向下伸展，形成护耳，在胄顶中央纵置网状长脊，脊的中部有可以系缨的环孔，全胄的表面平素，无任何纹饰。通高23、脊高3、脊长18厘米（图一〇：1）。三号墓的那一件（M3：1）残破较甚，它的形制大致和前一件相同，只是胄顶没有纵

图九　小盂鼎铭中的"胄"字

———————————

① 北京市文物管理处：《北京地区的又一重要考古收获——昌平白浮西周木椁墓的新启示》，《考古》1976年第4期。

脊，置有一圆纽，纽中穿孔，用来系缨，胄面也是平素的。通高 23 厘米（图一○：2）。同时，在二号墓里除了铜胄以外，还在墓主腿部发现有一组排列整齐的小铜泡，共计 125 个，可能是缀在皮靴上护腿用的。

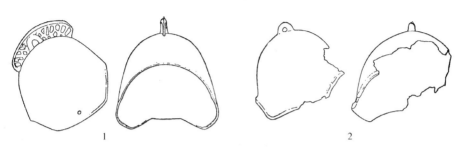

图一○　昌平白浮出土西周铜胄
1. M2：10　2. M3：1

除了在北京地区的西周墓里出土的青铜胄以外，更多的发现是在东北地区，已发表的材料有以下几项。

（一）1963 年 6 月，辽宁昭乌达盟宁城县（今内蒙古宁城县）南山根 101 号墓出土一件铜胄（M101：29）。铜胄的前后两面大致相同，都在沿边宽带上凸出一列圆泡钉。左右两侧下垂，形成护耳。在两侧护耳的下角，各有两个小纽。在胄顶中心竖立着一个方纽，上横穿一方孔。胄上还附有四根皮条痕迹，自顶上方纽穿过后向四边下垂，其中两条各穿过两侧护耳下的小纽，说明戴胄之后用皮条结扎。通高 23.8 厘米。这座墓的时代应是西周晚期到春秋早期[1]。此外，1958 年在这里也曾出土了一件铜胄[2]，形制与上述一件相同，通高 24 厘米（图一一：1）。

（二）1956 年春，在昭盟赤峰市美丽河出土过一件铜胄[3]，形制与前述南山根出土标本大致相同，仅仅在缘部没有泡钉，胄左右两侧只各有一个小纽（图一一：2）。通高 23 厘米。

（三）1958 年，在辽宁锦西（今葫芦岛市）乌金塘的东周墓里出土了

①　辽宁省昭乌达盟文物工作站：《宁城县南山根的石椁墓》，《考古学报》1973 年第 2 期。
②　李逸友：《内蒙昭乌达盟出土的铜器调查》，《考古》1959 年第 6 期。
③　内蒙古自治区文物工作队：《内蒙古出土文物选集》，文物出版社，1963 年。

另一件铜胄①，形制较小，制作也较简单（图一一：3）。通高19、顶纽高
1.8厘米。

除了上述标本外，以前在赤峰等地也曾发现过类似的铜胄（图一一：
4）②。

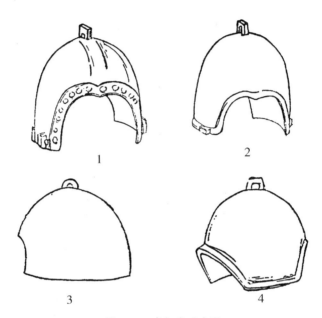

1   2

3   4

图一一　青铜胄示意图
1. 宁城南山根出土　2. 赤峰美丽河出土　3. 锦西乌金塘出土　4. 出土地点不详

伴随着这种形制的铜胄的出土遗物中，常常出现有青铜的双侧曲刃短
剑、多纽镜形饰品等物，因此很可能是东胡族的遗物③。

最后再说一下有关青铜铠甲的问题。从其他国家的考古材料中可以知
道，那里青铜铠甲的原始形态是一种整片的胸甲④，以后发展成用甲片编
缀的铠甲。我国中原地区的殷周时代考古发掘中，青铜甲的材料则罕见。

① 锦州市博物馆：《辽宁锦西乌金塘东周墓调查记》，《考古》1960年第5期。
② 见日本《考古学杂志》第二十八卷二号，第109页。
③ 中国科学院考古研究所：《新中国的考古收获》，文物出版社，1961年。
④ 例如古代希腊的材料，在荷马的史诗《伊里亚特》里所描述的胸甲，就是一种整片的青铜胸
甲。这种希腊青铜甲的实物，参看安东尼·斯诺德格拉斯：《希腊早期的甲胄和武器》（An-
thony Snodgrgass, *Early Greek Armour and Weapons*, 1964），图版30、31。

近年来，在考古发掘中还获得有一些大型或小型的青铜甲泡，例如在上村岭虢国墓地，一共出土过 148 枚，器壁很薄，边缘有小穿孔。以标本 M1602∶88 为例，直径约 25 厘米①。同样类型的青铜泡，1949 年以前在河南浚县辛村的西周墓里也曾出土过，大、中、小各类"甲泡"共有 105 枚，有的背面还有残存的麻絮或布纹。

有人认为，这种青铜泡是缝在衣革上护身用的甲片②，有些小铜泡则是缀在靴子上的。但是这种青铜泡极薄，似乎难以抗御矢石的攻击，恐怕主要是起装饰作用。文献中提到过防护驾战车辕马的金属马甲，如《诗·秦风·小戎》中的"俴驷孔群"，注："俴驷，四介马也。孔，甚也。……俴，笺云：俴，浅也，谓以薄金为介之札。介，甲也。"又《诗·郑风·清人》也有"驷介旁旁"之句。但是我们还没有获得过有关的考古材料，所以对于当时的"俴驷"到底是什么样子，还不清楚。

总之，关于殷周的青铜甲的实物资料极为少见。同时，历史文献中也很少有关于青铜甲的线索，更多的是保留着关于皮甲的记录。《荀子·议兵》记"楚人鲛革、犀兕以为甲，鞈如金石"。甚至触犯了刑律所受的处罚，如《国语·齐语》记桓公时"制重罪赎以犀甲一戟"，云梦睡虎地秦律的简中大量"赀一甲"的简文③，所指的也都是皮甲。青铜制品不能取代皮甲作为主要防护装具，究其原因，一方面可能是由于青铜本身的缺欠，正和在铁器发明以前，青铜制品终不能完全取代石质的生产工具一样；更主要的还应该是经过多年的生产经验的积累，皮甲已制造得相当牢固了。在车战中，皮甲配合巨大的盾牌——吴科④（吴魁），足以防卫青铜兵器的攻击。所以，只有当更精锐的钢铁兵器出现在战争舞台上，皮甲才无法与它抗衡，退居到次要的位置，而防护装具的主角，同样改由钢铁制

---

① 中国科学院考古研究所：《上村岭虢国墓地》，科学出版社，1959 年。
② 郭宝钧：《濬县辛村》，科学出版社，1964 年。
③ 季勋：《云梦睡虎地秦简概述》，《文物》1976 年第 5 期。
④ 《楚辞·国殇》的"吴科"，今本多作"吴戈"，王注云："或曰操吴科"，《太平御览》三五六所引亦作吴科。吴科即吴魁，《释名》："盾大而平者曰吴魁。"可参看姜亮夫《屈原赋校注》第 264 页，人民文学出版社，1957 年。

造的铠甲来扮演了。这一变革的开始是在春秋战国之交。

四　铁铠的出现

恩格斯指出："装备、编成、编制、战术和战略，首先依赖于当时的生产水平和交通状况。这里起变革作用的，不是天才统帅的'悟性的自由创造'，而是更好的武器的发明和士兵成分的改变。"[①] 因此，当人们掌握了冶铁技术以后，铁质的兵器和铁质的防护装具就开始登上舞台，从而引起了军事装备和作战技术等方面的巨大变革。为了说明这一问题，我们首先要弄清楚，在我国是什么时候开始以铁为原料来制造防护装具的。

铁质的铠甲是什么时候出现的？对于这一问题，过去是不大清楚的。宋程大昌《演繁录》铁甲条说："仲长子《昌言·政损益篇》云：'古者以兵车战而甲无铁札之制。今诚以革甲当强弩，亦必丧师亡国也。'按：此即后汉时甲有铁札矣，未知前汉如何？"这个例子说明，早在宋代，人们已经连西汉有没有铁铠都弄不清楚了。

《尚书·费誓》："善敹乃甲胄"，《正义》引《经典释文》曰："皆言甲胄秦世已来始有铠、兜鍪之文。古之作甲用皮，秦汉以来用铁，铠、鍪二字皆从金，盖用铁为之，而因以作名也。"从《说文》来看，铠、釬、鉟、锻诸字皆从"金"旁，依照前说，它们当时也都应是以铁制成的。但是，认为铁甲是自秦汉以来才开始使用，这并不准确。据《战国策·韩策》，苏秦游说韩王时，与"甲盾鞮鍪"一起提到的有"铁幕"。《史记·苏秦列传》也有"坚甲铁幕"的记录。铁幕，司马贞《索隐》引刘云："谓以铁为臂胫之衣"。可见它是一种铁质的胫甲。《吕氏春秋·贵卒篇》也提到"赵氏攻中山，中山之人多力者曰吾丘鸠，衣铁甲操铁杖以战"，

---

① 恩格斯：《反杜林论》，《马克思恩格斯选集》第三卷第206页，人民出版社，1972年。

明确提到了铁甲。这两则文献说明，早在战国时代就已经使用了铁质的铠甲①。这一情况已为近年来的考古新发现所证实。

《考工记》说，在燕国，"夫人而能为函也"，凡是男子都能制造皮甲。《战国策·燕策》也记有燕王哙"身自削甲札"的事迹。这些说明燕国制造皮甲的技术，在当时较其余诸国先进。而现在我们所发现的时代最早的铁铠，正是在燕下都遗址出土的，这似乎可以说明，燕国有着制造甲胄的优良工艺传统。这件标本是一具由铁甲片编缀成的兜鍪，与它同时出土了质量很高的钢铁兵器，有剑、戟和矛，它们是战国后期的遗物，1965年出土于河北易县燕下都44号墓②。铁兜鍪用89片铁甲片编成，虽经部分扰动并已散失了3片甲片，但基本保存原状，现已复原。全高26厘米。顶部用两片半圆形甲片合缀成圆形平顶，以下主要用圆角长方形的甲片自顶向下编缀，共7层。甲片的编法都是上层压下层，前片压后片。用于护颈、护额的5片甲片形状较特殊；在额部正中的那片甲片，向下伸出一个护住眉心的突出部分（图一二）。每片甲片的大小视其位置不同而有差异，一般高5、宽4厘米左右。总观这件兜鍪的形制，和过去传洛阳金村出土的铜镜上武士像所戴的兜鍪大致相近③。与这件兜鍪所用铁甲片形制相同的实物，过去在燕下都13、21、22号遗址中曾有出土④。燕下都出土的这件铁兜鍪清楚地说明，在战国后期已经出现了铁制的防护装具，而且制造技术相当成熟。

在战国后期出现了铁制的防护装具，绝不是偶然的现象，它不仅反映当时社会生产的水平，而且是出于当时社会上阶级斗争的需要。早在春秋时期，铁器已经登上了舞台，促进了农业生产的发展，成为促进社会变革

---

① 除以上文献外，《韩非子·内储说上》："夫矢来有向，则积铁以备一向；矢来无向，则为铁室以尽备之。备之则体不伤。""积铁"注："谓聚铁于身以备一处，即甲之不全者也。""铁室"注："谓甲之全者，自首至足无不有铁，故曰铁室。"但陈奇猷认为，旧注是不对的，他说："积铁，谓以铁聚为屏蔽，所以备一方来之矢，非谓不全之甲。""铁室，谓以铁为室，如此，则四面皆有屏蔽。"见《韩非子集释》上册第536页，上海人民出版社，1974年。

② 河北省文物管理处：《河北易县燕下都44号墓发掘报告》，《考古》1975年第4期。

③ ［日］梅原末治：《洛阳金村古墓聚英（增订）》，1945年。

④ 河北省文化局文物工作队：《河北易县燕下都故城勘察和试掘》，《考古学报》1965年第1期。

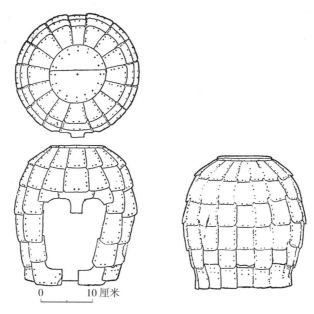

0   10 厘米

图一二　燕下都出土铁兜鍪

的一个重要因素①，也为生产用于战争的铁制兵器和防护装具准备了技术方面的条件②。

恩格斯认为："暴力的胜利是以武器的生产为基础的，而武器的生产又是以整个生产为基础。"③ 正是在此基础之上，战国时期兵器的生产发生了重大的变革，主要表现在两个方面。（1）冶铁技术的进步，钢铁兵器逐渐使用。从近年来的考古发掘工作来看，在楚国④和燕国⑤的疆域内，出土了数量较多的铁制兵器。据文献记载，韩国的铁兵器也很有名⑥。在黄河流域的战国墓里，也曾有铁兵器出土⑦。较之青铜兵器，钢铁兵器的进攻

①　郭沫若：《中国古代史的分期问题》，《红旗》1972 年第 7 期。
②　北京钢铁学院《中国冶金简史》编写小组编：《中国冶金简史》，科学出版社，1978 年。
③　恩格斯：《反杜林论》，《马克思恩格斯选集》第三卷第 207 页，人民出版社，1972 年。
④　湖南省文物工作队：《长沙、衡阳出土战国时代的铁器》，《考古通讯》1956 年第 1 期。
⑤　河北省文物管理处：《河北易县燕下都 44 号墓发掘报告》，《考古》1975 年第 4 期。
⑥　《战国策·韩策一》记载，韩国兵器精良，剑戟锋利，还有坚甲盾、鞮鍪、铁幕等，这些兵器中可能有许多是铁制的。
⑦　黄河水库考古工作队：《1957 年河南陕县发掘简报》，《考古通讯》1958 年第 11 期。

和杀伤能力大为提高。（2）战国时期，各国军队普遍装备了弩①，提高了远射兵器的性能，增大了射程和穿透能力。面对着铁制兵器和强弩的攻击，防护装具必须做出相应的变革。同时，由于步兵和骑兵大量的使用，笨重的战车逐渐落伍，那种适合于车战的兵器组合和防护装具也必须进行重大的变革，才能符合于新的战术要求。以上的各种因素促使铁制的铠甲和兜鍪出现在战国时代的战场上，引发了防护装具的一次变革。

铁铠的使用，标志着我国古代甲胄发展到了一个新的阶段。这个阶段延续了两千多年，直到整个封建社会终结。当然，由于当时各地的工艺技术的发展是不平衡的，所以并不是其他几国都像燕那样，早就使用铁铠和钢铁兵器装备军队。例如秦国，在生产技术方面，战国晚期已经出现的用块炼铁固态渗碳、多层叠打制钢的方法，当时已经使用了，西安半坡第98号秦墓就出土过用这种方法制成的凿子②。如果把这种进步的生产技术用于军事用途，也可能会生产出精锐的进攻性兵器。但事实是，迟到秦始皇陵外城东墙外的陶俑坑中出土的兵器，除了个别的铁镞之外，还都是铜质的。战士主要装备的进攻兵器是由青铜铸造的，自然防护装具也极少有可能大量装备先进的铁铠。至于像真人大小的陶俑身上所披的铠甲，看来不少是模拟皮甲，还有的保留着仅有前面护胸而背后无甲的原始形制。当然，部分秦俑铠甲可能是金属铠甲的模拟物，不过秦的军队是否已经装备有铁铠，这还有待今后考古发掘来证实。

从已经发现的考古资料来看，迄今还没有发现秦国铠甲的实物，这里只能叙述一下秦始皇陵东侧出土的披甲陶俑，以说明当时铠甲的形制（图七〇：5）③。

秦俑坑出土陶俑的高度和真人大致相同，身高 1.75～1.86 米，身上塑

---

① 高至喜：《记长沙、常德出土弩机的战国墓——兼谈有关弩机、弓矢的几个问题》，《文物》1964 年第 6 期。

② 杨根等：《战国两汉铁器的金相学考查初步报告》，《考古学报》1960 年第 1 期。

③ 始皇陵秦俑坑考古发掘队：《临潼县秦俑坑试掘第一号简报》，《文物》1975 年第 11 期；始皇陵秦俑坑考古发掘队：《秦始皇陵东侧第二号兵马俑坑钻探试掘简报》，《文物》1978 年第 5 期。

造出的铠甲，正是和真正铠甲大致相同的模拟物。这些铠甲可以分为二类六型①。

第一类，护甲是由整片的皮革或其他材料制成的，在它的上面嵌缀甲片，四周留有宽宽的边缘。又可以分为三型。

一型：仅在前身有护甲，两肩设带后系，在背后交叉，与腰部的系带相连，在身后打结系牢。护甲系一整片，在四周留出较宽的边沿，居中嵌缀甲片，所用甲片较后两型大些（图一三：1）。

二型：由身甲和披膊组成，都是整片的，结构与一型接近。披膊在四缘留有宽边，中间嵌缀甲片，但身甲只是在胸部和腰腹部嵌缀有甲片，使用的甲片要小一些（图一三：2）。

三型：身甲是整片的，前身较长，下摆呈尖角形；后身较短，下缘平直。在胸部以下嵌缀甲片，使用的甲片较小，周围的宽边上绘有彩色几何花纹。在前胸和后面肩背处，护甲外面没有嵌缀甲片，只是露出几处花结状带头，花结状带头的位置是胸背各两处（一件背部有三处），两肩各一处，另在右肩前有扣系用的扣结一处，也带有花结带头。或许是在护甲内置有整块的护板，那几处带结是为了系联护板用的。其中一件两肩有整片披膊，披膊上没有嵌缀甲片（图一三：3）；另一件没有披膊（图一三：4）。

第二类，铠甲是由甲片编缀成的，又可以分为三型。

一型：身甲较短，全甲由长方形甲片编缀而成，无披膊（图一四：1）。

二型：身甲较一型稍长，两肩有披膊，披膊也是由甲片编缀成的（图一四：2、3）。

三型：身甲较长，而且在领部加有高的"盆领"，左右两肩的披膊向下延伸，一直扩到腕部，其前还接缀有由三片甲片编成的舌形护手（图一四：4）。

---

① 简报中把铠甲分为七式，本文中的一类一型相当于简报中的Ⅲ式，二型相当于Ⅱ式，三型相当于Ⅴ、Ⅶ式；二类一型相当Ⅵ式，二型相当于Ⅰ式，三型相当于Ⅳ式。

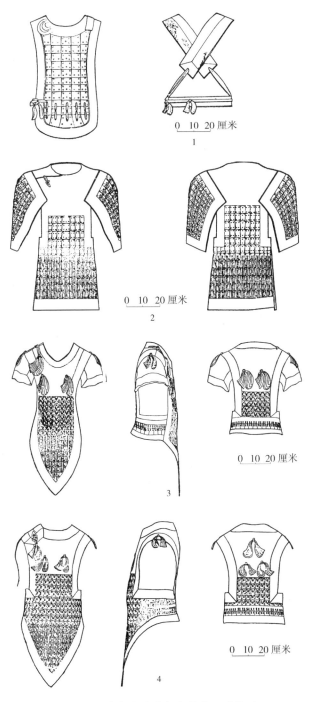

图一三　秦始皇陵陶俑所披第一类铠甲
1. 一型铠甲　2. 二型铠甲　3、4. 三型铠甲

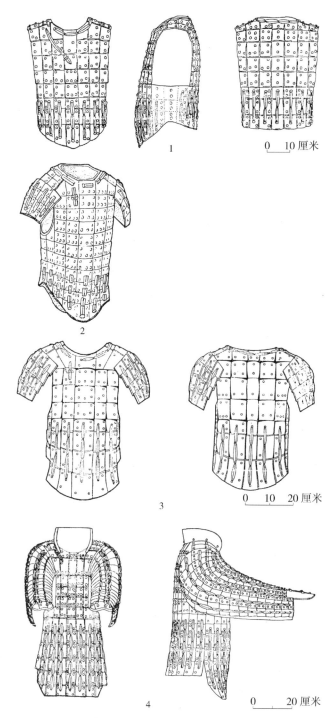

图一四　秦始皇陵陶俑所披第二类铠甲
1. 一型铠甲　2、3. 二型铠甲　4. 三型铠甲

综观上述二类六型铠甲，第一类出土数量很少，看来是当时军队中指挥人·员使用的防护装具，很可能下面的整片甲衣是皮革制成的，上面嵌缀的甲片有可能是金属制造的。其中的一型铠甲应是比较原始的形态。它的形制和我们在前面介绍过的傈僳族使用的原始的皮甲接近。出土陶俑中，披一型铠甲的很少，应是代表秦国军队早期使用的铠甲的遗留。从出土陶俑来看，大量出现的是第二类铠甲，这类铠甲应是当时秦国军队中主要的防护装具。因此，我们以第二类铠甲为例进行分析，其结构特点如下。

（一）均由长方形的甲片编缀而成，甲片的形制据已观察到的标本，大致有方形、纵长方形和横长方形三种。方形和纵长方形甲片较大，用于编缀身甲。例如，一型铠甲所用纵长方形甲片，高8、宽5.7厘米。三型铠甲所用方形甲片高7、宽6厘米，纵长方形甲片高9、宽6.5厘米。横长方形甲片较小，一般用于编缀披膊。三型铠甲的护臂甲也是横长方形甲片编成的，长4～7.5厘米、宽4厘米。甲片上用于编缀的穿孔，从一组至六组不等。用于特殊部位的甲片则有所变化，如三型铠甲的盆领部分和护手部分，甲片的形制都较为特殊。

（二）甲片编缀方法大致有两种。一种是上下左右固定的编法，用于甲身腰以上部分；另一种是左右固定编缀，上下活动联缀的编法，用于披膊及甲身腰以下部分，以便于活动。组合成整甲时，先横编，再纵联。横编以胸部中间一片为中心，向左右缀编，都是前片压后片；纵联部分，胸部的固定甲片都是上片压下片；腹部的活动联缀甲片，都是下片压上片。

（三）编成的铠甲都是前长后短，而且前边下缘呈弧形。其中一型铠甲前长55、后长49厘米；二型铠甲约长64厘米；三型铠甲前长80、后长68厘米。铠甲长度的增加，主要加长了腰以下的活动联缀部分，如一型铠甲的活动联缀甲片只有三排，二型铠甲则一般有三排，三型铠甲则增至五排。同样，在一领铠甲上前长后短，往往是减少一排活动联缀的甲片，二型铠甲就是这样的。三型铠甲则是在后身减少了一排活动联缀甲片，同时还减少了两排固定联缀甲片。前、后胸的甲宽一般约在28～32厘米之间，由于是由中间一片向左右缀编的，所以甲片的数目都是奇数，常常是七片或五片，或者从中间一片向左右各编三片，或者向左右各编两片。

（四）披膊和身甲在肩部缀编在一起，在领部有甲带相联，用带鈕扣于右侧第二排甲片处，为铠甲开合的地方。在两腋下甲片相连接处作固定编缀，由此证明，铠甲在穿的时候都是从头上往下套的。

（五）披着铠甲时，下面衬垫有较厚的战袍，以免磨伤战士的肌肤。

（六）铠甲形制的不同，主要是为了不同的兵种的需要，其中一型主要供骑兵使用，铠甲较短，是为了乘马方便。三型是专为战车上的车御使用的，所以缀编有长长的护臂甲，并有护手甲，铠甲的甲身也最长。二型则是为一般步兵战士和战车上的战士使用的，也是秦国军队中普遍而且大量装备的铠甲类型。

（七）值得注意的是，所有出土陶俑的头上都没有戴兜鍪。

总之，从秦始皇陵俑所披铠甲来看，说明当时铠甲的结构已经相当完善了。后代的铠甲正是在这样的基础上发展起来的。甲片的编缀法与易县燕下都出土的铁兜鍪大致相同，例如固定甲片，纵编时都是上排压下排，横编时自中间向两侧编，前片压后片，可见当时各地区铠甲的编缀是大致相同的，具有时代的特点。这表明，战国还是继承着春秋时代皮甲的甲片形制和编缀的方法，在其基础上进一步发展。

"兵戈乱浮云"的战国时代，激烈的战争对兵器装备的生产起了极大的促进作用，为铁制兵器的生产和使用开拓了道路。东汉后期的孔融曾感叹道："古圣作犀兕革铠，今盆领铁铠，绝古甚远！"[①] 大发思古之幽情。但是一切事物总要向前发展的历史规律是不能阻拦的，钢铁的坚甲利兵终究取代了已经落后的青铜兵器和犀兕革铠，成为军队的主要兵器装备，只是这一变革经历了相当长的历史过程，皮甲从主要护体装具的地位下降到从属于铁铠的次要地位，那已经是晚到西汉时期的事了。

---

① 《太平御览》卷三五六引孔融《寅刑论》，中华书局影印宋刻本，第 1636 页（本文集引此书均用此本，不另注，仅标明页数）。

五　西汉的玄甲

　　铁制的兵器取代青铜的兵器，大约经过了战国到东汉这一历史过程。战国时代，铁制兵器登上舞台，遂使以前居于主要地位的青铜兵器黯然失色。到了西汉时期，铁质兵器排挤青铜兵器，占据绝对优势。再到东汉时期，铁质兵器完全占据了军事舞台，青铜兵器则消形灭迹。与这一发展过程相应的是铁质防护装具——铠甲的发展。铁铠在战国时期已经出现，到了汉代才日益完善而占据主要地位。但是皮甲与青铜兵器的遭遇还有所不同，当铁铠成了主角以后，皮甲仅是降为它的配角，仍旧作为一种重要的辅助性的防护装具而存在，一直沿用到火器代替冷兵器、甲胄退出历史舞台为止。下面主要讨论西汉时期的铁铠甲。

　　汉代的铁铠，在古代文献里又称"玄甲"。《史记·卫将军骠骑列传》："骠骑将军（霍去病）自四年军后三年，元狩六年而卒。天子悼之，发属国玄甲军，陈自长安至茂陵，为冢象祁连山。"这种玄甲送葬的制度是当时很隆重的葬礼，东汉时依旧沿袭。《东观汉记》："祭遵薨……乃赠将军，给侯印绶，遣校尉发骑士四百人被玄甲兜鍪兵车军阵送葬。"[1] "玄甲"一词又常见于汉魏的文学作品中，例如，班固《封燕山铭》："玄甲耀日，朱旗绛天。"[2] 又如曹丕在黄初六年（225 年）到广陵故城临江观兵时所赋诗中，有"戈矛成山林，玄甲耀日光"之句[3]。以上二例都是以玄甲耀日来形容军容之盛，同时也是用"玄甲"一词来概括军队中所装备的铠甲。那么，"玄甲"是什么质料的铠甲呢？《史记·卫将军骠骑列传·正义》："玄甲，铁甲也。"[4] 可能因为铁是黑色金属，所以铁铠称为"玄甲"。

---

① 《太平御览》卷三五六兵部兜鍪条引文，第 1637 页。又同书卷三五五，兵部甲上所引文大致相同，第 1633 页。

② 《六臣注文选》卷五六，《四部丛刊》本，第 28 册。

③ 《三国志·魏书·文帝纪》注引《魏书》，第 85 页。

④ 《史记》卷一一一《卫将军骠骑列传》，第 2940 页。

西汉时期为霍去病等名将送葬的玄甲军阵的形象，我们已经无法看到，但是模拟送葬军阵的陶俑群，却在咸阳杨家湾被发现了。1965年，在传为周勃墓附近的10个土坑中，出土彩绘陶俑2500件以上，这些模拟战士的陶俑中，约40%的身上披着铠甲[1]。值得注意的是，铠甲的式样虽然不同，但均涂成黑色，上面再用红色或白色区划出甲片的细部。这一组陶俑正是象征着身披"玄甲"的军队，其铠甲的式样自然是模拟当时现实生活中的铁铠。陶制彩绘的模拟品，只能表示铠甲形制的大略情况。要真正了解西汉铠甲的坚精程度，就必须考察当时的实物。近年来的考古发掘中，就不止一次地获得了极为珍贵的西汉铁铠实物资料，使我们对于西汉的铁铠有了进一步的认识。现将几项主要发现按出土时间先后简述如下。

1957～1958年，洛阳西郊3023号西汉晚期墓，在骨架的足部出土一领铁铠，已锈蚀残毁，保存下来的有328片甲片。在少数甲片上附有绢痕，在一部分甲片上保存有穿连用的麻索痕迹（图一五）[2]。

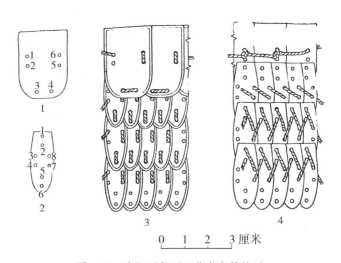

图一五　洛阳西郊西汉墓出土铁铠甲

① 陕西省文物管理委员会等：《陕西省咸阳市杨家湾出土大批西汉彩绘陶俑》，《文物》1966年第3期。

② 中国科学院考古研究所洛阳发掘队：《洛阳西郊汉墓发掘报告》，《考古学报》1963年第2期。

1959 年，在内蒙古自治区呼和浩特市郊二十家子汉代城址的清理工作中，于一座房基里发掘出一片铁甲片①。1960 年，在城外西北角第七发掘区 T703 的窖穴里，又出土一领完整的铁铠甲（图一六），它大约是武帝晚期的遗物。这是一领从当时的军事城堡中获得的用于实战的铠甲，所用甲片的总数约 650 片左右，共重约 11140 克。此外，还出土有一领时代稍迟的残铁铠，以及 303 片零散的甲片②。这些是研究西汉铁铠的珍贵资料。

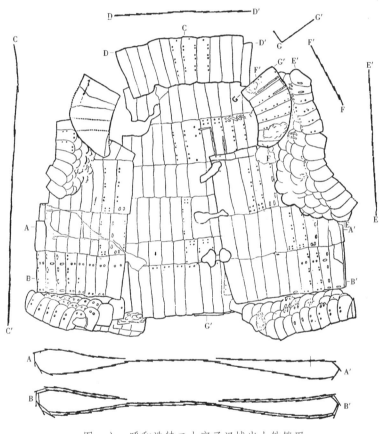

图一六　呼和浩特二十家子汉城出土铁铠甲

① 内蒙古自治区文物工作队：《1959 年呼和浩特郊区美岱古城发掘简报》，《文物》1961 年第 9 期。

② 内蒙古自治区文物工作队：《呼和浩特二十家子古城出土的西汉铁甲》，《考古》1975 年第 4 期。

　　1959 年 11 月，在福建崇安城村西南发掘了一处西汉城址①，从出土遗物分析，城址大约从西汉中期一直延续到王莽时期②。在城址里曾清理出 36 片铁甲片。

　　1963 年，在内蒙古乌兰布和沙漠北部调查的汉城遗址中，曾在布隆淖古城（汉临戎废墟）见到数十片甲片③。在保尔浩特（土城子）古城（汉瓶浑废墟）也出土有大量的铁甲片，形制约有十多种，与二十家子汉城出土的大致相近④。

　　1968 年，在河北满城西汉一号墓（刘胜墓）出铁铠一领，与铁制的刀、剑和戟等兵器放在一起⑤。铁铠是卷起来存放的，出土时已经锈蚀在一起。根据汉代大丧礼仪，东园明器中有甲一、胄一⑥，刘胜墓中的铠甲可能与丧仪有关。锈蚀的铁铠经过细心的复原（图一七），恢复成一领用两种小型甲片编缀成的鱼麟甲，由甲身、筒袖和垂缘构成（图一八）。全

图一七　河北满城西汉刘胜墓　　　图一八　满城一号西汉墓铁
　　出土铁铠复原模型　　　　　　　铠甲复原示意图

---

① 福建省文物管理委员会：《福建崇安城村汉城遗址试掘》，《考古》1960 年第 10 期。
② 陈直：《福建崇安城村汉城遗址时代的推测》，《考古》1961 年第 4 期。
③ 侯仁之等：《乌兰布和沙漠的考古发现和地理环境的变迁》，《考古》1973 年第 2 期。
④ 承蒙内蒙古文物工作队陆思贤同志见告。
⑤ 中国社会科学院考古研究所等编：《满城汉墓》，文物出版社，1978 年。
⑥ 《后汉书·礼仪志下》，第 3146 页。

铠共用甲片 2859 片，重 16. 85 千克。

1975 ~ 1977 年，在汉长安城发掘了武库遗址①，于其中的第一建筑遗址（可能是一处储藏兵器的大库房）中，发现了数量很多的铁铠甲的甲片，常常是残锈成块，没有发现成领的铠甲。甲片大致可以分成大、中、小三型，有些还能看出相邻甲片编缀的情况。另外，在武库遗址西面围墙外南面，还发现了一大块锈蚀在一起的铁铠甲，重约七八十市斤，很可能是好几领铠甲叠压锈蚀成一块的。

1977 年，在安徽阜阳双古堆一号墓（可能是西汉初年汝阴侯夏侯灶的坟墓）出土铁铠一领②，原来是卷起来放在一个木笥里面的，现木笥已朽，铠甲的编绳也已朽断，发掘时已经散乱，只有少部分甲片还保持着原来卷着的形状。出土甲片总数为 3008 片，总重 20204. 6 克，约合 20 多千克。甲片中有一片呈正圆形，沿边沿有编缀用的穿孔，它很像燕下都出土的铁兜鍪顶部正中的甲片，只是燕下都那件是由两片半圆形的甲片拼合成整圆的，所以双古堆一号墓中出土的这些铁甲片中，除了用来编缀铠甲的以外，很可能还有一组用来编缀兜鍪的甲片，也就是说，随葬的是一整套铁制甲胄。

此外，1949 年以前，在额济纳河流域的汉代烽燧遗址中也曾出土。其中一片出土于 A10（瓦因托尼）的下层③。

根据以上材料，使我们对西汉的铁铠有了初步的了解。下面按甲片的式样、编缀以及铠甲的形制加以分析。

（一）甲片的式样

从已经出土的西汉铁甲片和有关陶俑来观察，大致可以分为三类（表一）。

---

① 中国社会科学院考古研究所汉城工作队：《汉长安城武库遗址发掘的初步收获》，《考古》1978 年第 4 期。
② 安徽省文物工作队等：《阜阳双古堆汉汝阴侯墓发掘简报》，《文物》1978 年第 8 期。
③ B. 夏义普：《内蒙古居延海地区考古研究》（B. Sommarström，*Arehaeological Researches in the Edsen - gol Region*，Inner Mongolia，1956 – 1958）。

表一　西汉铁铠甲片分类表

类	一		二		三	
型	一	二	一	二	一	二
甲片	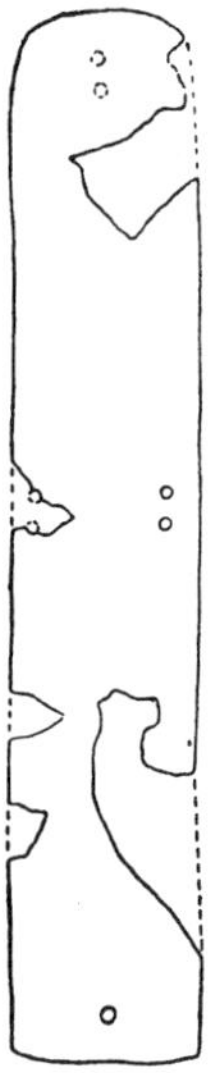 T401②：6	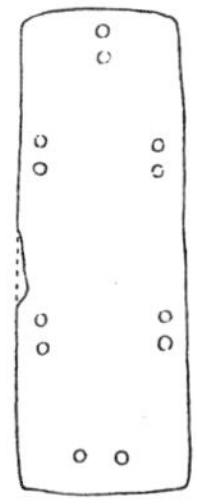 T85②：2	 M1：5177	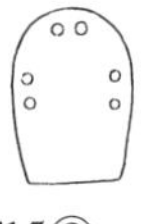 T15②：8 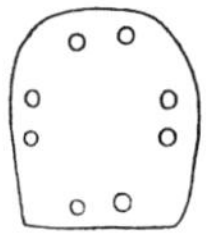 T100②：6	 T703③：97  T34②：1	 洛阳 M3023
出土地点	呼市二十家子汉城	同左	满城刘胜墓	呼市二十家子汉城	同左	洛阳西郊西汉墓（M3023）

　　第一类，大型甲片，均作长条形，其形状近于简札①，或称这种甲片为甲札。又可分为大小两型。

　　一型：见于杨家湾陶俑上所绘铠甲，用这种甲札纵编 3 片、横排 8 片即可护住前胸，如以躯干长 70 厘米计，则甲札高度（加上编缀时重叠部分）至少需要 25～30 厘米。在二十家子出土的甲片中，有一片标本（T401②：6）与此近似，高 23.4、宽 4.4 厘米，甲片上的穿孔，可能是上下缘各纵置一组二孔，两侧边各三组，每组各二孔。

---

① 甲札因这种甲片似札而得名。《战国策·燕策》苏代说，燕王哙有"身自削甲札"之句。注："札，牒也，甲之革缘如之。"又《吕氏春秋》卷八："晋惠公之左路石奋投而击缪公之甲，中之者已六札矣。"以上所言为革甲，以后这种长方形甲片概称甲札，铁铠亦沿用。

二型：高度仅及第一型的一半左右，二十家子铁铠主要是用这型甲片编成，高11、宽3.4厘米，边孔六组十二孔，也有九组十八孔、十组二十孔等，重30克。汉长安城武库遗址发现的大型甲片，高11、宽2厘米，也属于这一型。

第二类，中型甲片，基本上呈圆角长方形，也可以分为两型。

一型：长方形，四角抹圆。汉长安城武库遗址出土的中型甲片属于这一型，高5、宽2～3厘米，上、下缘和左、右侧都有编缀用的穿孔。满城刘胜墓铁铠用来编缀两袖和垂缘的也是这一型甲片。阜阳汝阴侯墓铁甲片，大部分是属于这一型的。

二型：长方形，下缘平直，上缘两角抹圆呈弧线状，两侧边至下部时微向内收，使两下角成稍大于90°的钝角，全貌呈舌状。二十家子铁铠肩部和垂缘所用甲片属这一型，高4.6～5、宽2.7～3厘米，重10克，边孔三组六孔。洛阳西郊3023号墓出的大型甲片也属此型。在这一型中，有的甲片高、宽比例近似，近于方形，如二十家子出土甲片标本T100②：6和T703②：101，有的下缘两钝角的角度很大，几呈圆形。居延出土的标本（A6：8）亦属此型。崇安汉城方形甲片属于此型，高、宽均为5厘米，或高6、宽5厘米。

第三类，小型甲片，也可以分两型。

一型：近似第二类二型，但是两侧边内收更为显著。例如二十家子标本T703③：97、T34②：1等，高仅2.8、宽2厘米。与之相配合的还有一种近似长方形的甲片，大小也大致相近。满城刘胜墓铠甲用来编缀甲身的甲片，以及汉长安武库遗址高2、宽1.5厘米的小甲片，均属此型。

二型：甲片较一型修长，近似柳叶状。洛阳西郊3023号墓所出甲片大多数属这一型，共有324片，高2.5、宽1厘米，左右上下各有一组二孔。

除以上三类基本形制外，还有因特殊部位（如编领部）的需要而制成的甲片。

（二）甲片的编缀方法

编组甲片通常是用麻绳，也有用皮绦的。二十家子铁铠所用麻绳有三种，一种是细麻绳，是大量使用的；一种是搓得较精细的三股麻绳，用在编缀甲片的活动部位，坚实耐磨；一种是没有经过加工搓拧的麻皮，单股或合股使用，数量少而且不用于重要部位。洛阳3023墓中的铁铠也是用麻绳编缀的。其余的标本，如满城一号墓出土的铠甲，可能也是用麻绳编缀的。

编缀的方法大致是先横编后纵联，横编时是从中心一片向左、右编缀，纵联时则由上向下，所以铠甲片一般是上排压下排，前片压后片。根据部位不同，有两种编法，一般的是纵横都固定编住；但在特殊部位（如肩部、腰胯部等处需要活动），则是采用左右横向固定，上下纵向作活动编缀，将编组的绳索留有可供上下活动的长度。这种活动编缀的甲片，编时则需下排压上排。

总体来看，铠甲的编缀方法是简单而有规律的，这是由于作战时的需要，如果编缀过于复杂，战斗中稍有损毁就很难及时修复。出土标本中，只有洛阳3023号墓的那件残铠甲，据报告复原的编法是单绳来回穿联，相当复杂，这也许是一个例外。

（三）铠甲的形制

根据文献，汉代的铁铠除身甲外，保护颈部的称作"盆领"或"鈚锻"，保护臂部的部分称作"釬"。保护头部的胄即"首铠"，称作"兜鍪"。鍪是一种炊器，"似釜而反唇"[1]。大约因铁首铠的样子像鍪，所以这样称呼它。我们所观察到的西汉铁铠的形制，都是相当于后代的"身甲"部分，杨家湾陶俑都只上身披甲，二十家子和满城出土的标本也都只有上身。因此，我们分析形制也主要是谈身甲部分。据已发表材料，西汉铁铠可以分为两类六型（表二）。

---

[1] 《急就篇》鍪，颜注，《津逮秘书》本，第四七册。

表二　西汉铁铠形制表

类	一		
型	一	二	三
铠甲			
出土地点	咸阳杨家湾陶俑	咸阳杨家湾陶俑	呼市二十家子汉城实物
类	二		
型	一	二	三
铠甲	（残）		（残）
出土地点	呼市二十家子 汉城实物	咸阳杨家湾陶俑	洛阳西郊 M3023 实物

　　第一类，札甲，主要使用的甲片是一类的一、二型，部分使用了二类甲片。又可分为三型。

　　一型：仅护住胸、背的札甲，胸甲和背甲在肩部用带系连，使用的一类一型大甲片，标本见杨家湾出土的陶立俑和骑马俑（图一九：1）。前胸部分用甲片三排，最上一排六片，下两排均八片，全甲呈⌂形，长仅至腰部。背甲同于胸甲。胸、背甲下二排在腋下相联，第一排左右角各有带，向上系结于肩头。所用甲片，第一、二排高度相同，第三排较高，约为上二排甲片的 1.5 倍。骑马俑所披铠甲全属这一型。

二型：除胸、背外，加有披膊，甲片较一型小，应属甲片一类二型。标本见于杨家湾出土的陶立俑，胸甲有甲片四排（有的标本绘出五排），每排六片。上面三排高及腰部，是固定编缀；最下一排位于腰下，是活动编缀。两肩有披膊，约有三排五、六片甲片，是活动编缀（图一九：2）。

三型：见于二十家子汉城出土标本，除胸、背外，甲有盆领，胸、背用一类二型甲片四排，胸中开襟，用铁扣扣合。肩部披膊用二类二型甲片六排做成活动编缀，腋下不封口。甲下缘亦用二类二型甲片三排做成活动编缀，垂于腰部以下，全铠通高64厘米（图一六）。

第二类，鱼麟甲，主要使用的是二类和三类甲片，一般不用一类甲

图一九　杨家湾出土西汉陶俑所披铠甲
1. 一类一型铠甲　2. 一类二型铠甲　3. 二类二型铠甲

片。又可分三型。

一型：见于二十家子出土的残铠甲①，用二类一型甲片编缀，形同鱼鳞。

二型：用三类一型小甲片编缀，甲片细密呈鱼鳞状，满城一号墓出土标本属于此型。又见杨家湾陶俑，其中有一件形体较大的标本，所披铠甲是鱼鳞甲，腰带以上部分是细密的鱼鳞甲，甲片约有十四、五排。但腰带以下所编活动甲片，仍为札甲（图一九：3）。

三型：用三类二型小甲片编成，参见洛阳 3023 号墓出土的标本（图一五）。

粗略分析，可以初步看出西汉时期铁铠的发展变化（亦见表二）。

西汉初期的铁铠，还主要是使用大型甲片的札甲，使用中型、小型甲片的鱼鳞甲极为罕见。杨家湾出土的陶俑是西汉初期的标本，所披铠甲主要是第一类一型和二型，其中又以一类一型为多，骑俑所披甲则全用这一型。根据简报，杨家湾只出土一件披着第二类二型鱼鳞甲的陶俑，此俑比其他陶俑都高大，着华丽长靴。鱼鳞甲工密质坚，防卫能力强，其身份似乎比那些大量的足穿麻鞋的战士身份要高，这可能也反映了当时军队中的等级区分。这件披鱼鳞甲的俑，腰以下部分仍用札甲，说明当时鱼鳞甲还不够普遍。

到武帝时期，这一情况有了变化，铁铠的质量有了进一步的提高。以二十家子出土的材料为例，出土的 303 片零散甲片中，只见到一片第一类一型的大甲片。札甲的形制已经主要是第一类三型，即札甲和部分鱼鳞甲的结合了。发展到武帝以后，由中型或小型甲片编缀的鱼鳞甲已成为主要的防护装具。二十家子出土的第二类一型残铁铠，可能是代表了一般战士的装备；一些身份更高的人，则使用更为细密的小甲片编成的第二类二型或三型的鱼鳞甲。这一变化也可以由二十家子汉城出土零散甲片的比例数字看出来（这些零散甲片的时代是由武帝时延续到西汉晚期）。303 片甲片

---

① 内蒙古自治区文物工作队：《呼和浩特二十家子古城出土的西汉铁甲》，《考古》1975 年第 4 期。

中，属于我们这里讲的第一类甲片有 52 片，约占 17.2%；第三类甲片有 11 片，约占 3.6%；其余的都属于第二类甲片，占绝大多数。这种统计虽然很不精确，但可以反映出当时主要使用的甲片的形制。

从西汉铠甲的日趋精密的发展过程，进一步看到了在战国时尚处于萌芽时期的铁铠，到西汉时已经成熟，成为最主要的防护装具。而且，铠甲制造的工艺水平也达到相当成熟的地步，从甲片的制造、编缀方法和铠甲的形制等方面，都形成了一定的制度。也可以说，中国古代铁铠的基本特点，在这时期已经大致具备了，以后只是在它的基础上进一步发展。而在甲片的基本形状和编组的方法等方面，变化并不大，变化主要表现在以下两个方面：一是铠甲的精坚程度日益提高；二是铠甲的类型日益繁多，防卫的身躯部位日益加大。

铁铠在西汉时期一跃而成为主要的防护装具，首先是以当时的生产力水平为基础，主要是冶铁技术的发展和炼钢技术的应用。战国晚期已经掌握了淬火和铸铁可锻化热处理技术[1]，在此基础上，西汉时仍以块炼铁多层叠打的钢为主要材料，制造刀、剑等兵器，并以淬火来局部提高刃部的硬度和保持兵器所必需的韧性；并且在块炼渗碳钢的基础上，逐步形成"百炼钢"的技术[2]。与之相应的是，为了对付日益锐利的钢铁兵器的进攻，防护装具也随之改进，采用了先进的技术。根据已做金相鉴定的西汉铁甲片标本，表面为铁素体的退火组织，中心部分的碳稍高（0.1% ~ 0.12%），含有层状 $FeO - 2FeO \cdot SiO_2$ 共晶夹杂物，这表明，所用材料仍是块炼铁。锻成甲片后，经过退火，进行表面脱碳，以提高延性。经过鉴定的标本，有河北满城一号墓出土的甲片（M1：5117），和内蒙古二十家子出土的甲片（T126②：1），虽然出土地点不同，使用者的身份也不同，但甲片具有相似的组织，证明当时兵器的制作者已经较好地掌握了锻造铠甲的技术[3]。正是由于冶锻技术和加工工艺的巨大进步，铁铠登上舞台才

---

① 李众：《中国封建社会前期钢铁冶炼技术发展探讨》，《考古学报》1975 年第 2 期。
② 李众：《中国封建社会前期钢铁冶炼技术发展探讨》，《考古学报》1975 年第 2 期。
③ 李众：《中国封建社会前期钢铁冶炼技术发展探讨》，《考古学报》1975 年第 2 期。

有雄厚的物质基础。但是，只有生产力的发展和冶锻技术的进步，铁制的铠甲还不一定会登上舞台，正是由于当时军事的迫切需要，使得生产这种新的较完善的防护装具提到日程上来。秦末的农民大起义、楚汉之争到西汉政权统一全国的连年战争，促进了兵器的发展变革，积累了很多有用的资料，对武器系统的改进起了很大作用。

前面已经讲到，西汉铁铠由较简朴的大型札甲向精锻细密的鱼鳞甲的发展，主要是在武帝时期。当时，西汉王朝的一些有远见的政治家主张抗击匈奴的军事侵扰。特别是晁错，他在文帝时的《言兵事书》中，已经提出了一套抗击匈奴的战略方针。晁错在强调士兵的重要作用的同时，也提出了"器用利"的作用，指出"甲不坚密，与袒裼同；弩不可以及远，与短兵同"[①]。西汉时期兵器和防护装具的进一步发展，正是在这种战略思想指导下实现的。尤其在武帝当政以后，由于实行了盐铁官营，在全国共设铁官49处，集中了冶铁的人力物力，每年用于采矿和冶铸的人数达10万人以上，进一步促进了钢铁生产的发展[②]，为钢铁兵器和防护装具的生产准备了充分的物质基础和技术条件。所以，正是在武帝时期，铠、弩的生产有了比较大的发展，大批质量精良、性能良好的铠和弩供应到抗击匈奴的前线，保证了战斗的顺利进行。我们从居延汉简里保留下来的记录可以清楚地看出，后来战斗在居延地区的军队里，战士的主要装备是弩和铠[③]。例如，在当时甲渠候官所在地的破城子，出土过以下的简：

> 第十五隧长李严，铁鞮瞀二中毋絮今已装，铁铠二中毋絮今已装，六石弩一组缓今已更组，五石弩一太弦三分今已亭。稾矢十二干桮呼未能会，茧矢三十干桮呼未能会。（甲·12；3·26）[④]。

① 《汉书·晁错传》，第2280页。
② 北京钢铁学院理论学习小组：《先秦、两汉时期的冶铁技术与儒法斗争》，《考古》1974年第6期。
③ 关于居延地区战士所装备的弩的概要介绍，可参看徐苹芳等《关于居延汉简的发现和研究》第49～50页"士兵的装备"一节，《考古》1960年第1期。
④ 中国科学院考古研究所：《居延汉简甲编》，科学出版社，1959年。

　　这枚简记录了当时一个燧长检查和修理的兵器，其中有两套铁铠甲和鞮瞀（居延简中所写的鞮瞀、钼瞀，均系兜鍪）、两张弩和长箭（藁矢）、短箭（茧矢）。另外，在汉简中还可找到更多记录有铁铠和兜鍪的简文，如：

　　　　□铁铠☑（甲·2286；520·26）

　　　　●登山燧，铁鞮瞀一（228·18）

　　　　铠、鞮瞀各一，系长弦一（377·1）

　　　　□铠鞮瞀各☑（486·17）

　　　　铁钼瞀若干，其若干币绝可继（49·26）

　　　　□土燧长□宣，铁铠二口，铁□□☑……（3·7）①

　　由以上诸简文可以看到，在居延烽燧的守卫者中，铁铠和铁兜鍪是普遍使用的②。前引霍去病死后发属国玄甲军送葬，也足以证明边郡的部队大量地装备了"玄甲"，即铁铠。经过战火的考验，铁铠的质量和结构不断得到改进，而且从品种单一向多样化发展，这一发展变化在东汉三国时期就更为突出了。

　　需要在这里附带谈一下，除了铁铠和铁兜鍪外，在汉简中也记录了在居延地区的部队也装备有皮甲，简文中称为"革甲"和"革鞮瞀"，看来，皮甲是配合铁铠使用的辅助防护装具。现举几条有关皮甲的简文于下：

　　　　革甲提（鞮）瞀　卩（甲·1030）

　　　　革甲十五（甲·1033）

　　　　骍北亭卒东郡博平里皇随来　有方一，三石承弩一，弩幡一，靳干幡各一，革甲鞮瞀各一（甲·121）

　　　　革鞮瞀四　有方一（甲·1283）

---

① 劳榦：《居延汉简考释》，商务印书馆，1949 年。

② 劳榦：《居延汉简考释》，商务印书馆，1949 年。

1976 年，在广西贵县罗泊湾一号墓里发现一支写着"从器志"的木
牍①，里面记录有随葬的兵器和其他器物，其中有"甲瞀各一缯缘"，这应
是一套皮制的甲胄，但墓内没有发现相应的遗物，也许已经腐朽了。至于
西汉时期皮甲的标本，在长沙的西汉墓里发现过。1955 年，在长沙南郊侯
家塘清理的一座西汉墓里，发现有皮甲的残片②，据发掘者叙述，甲片分
长方形、方圆形和椭圆形等几种形式，都是用薄革两相夹合的"合甲"，
外表髹漆，制工精致（图二〇）。和楚墓出土的皮甲片相比，主要不同处
有两点，即在制工上更为精致，在形制上尺寸更小。这些甲片最长的只有
6 厘米，一般的长仅 3.3~4.5 厘米。如果说浏城桥春秋皮甲排列七、八层
即可护住躯干，这里的小甲片至少要排列十几层才成。这种形体较小的皮
甲片的编缀方法，可以参考民族学的材料。云南丽江地区过去保存有一副
12 世纪时的纳西族皮甲，是由长条形的小甲片编成的，除了前开襟可能与
古代皮甲不同外，其编缀情况可以作为参考③。

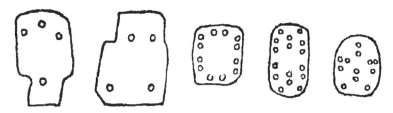

图二〇　侯家塘出土西汉髹漆皮甲片

需要注意的是，侯家塘西汉墓出土的髹漆皮甲，已经是铁甲大量使用
时期的产物，这时作为防护装具的皮甲虽然还继续使用，但是从形制到制
法等方面都有了很大的变化，显然是受到铁甲形制的影响，或者仿效了铁
甲片。从此之后，皮甲虽然还一直使用着，但其形制等方面更多地仿效同

① 广西壮族自治区文物工作队：《广西贵县罗泊湾一号墓发掘简报》，《文物》1978 年第 9 期。
② 湖南省文物管理委员会：《被盗掘的古墓葬，是否还值得清理——记 55·长·侯·中 M081 号
　墓发掘》，《文物参考资料》1956 年第 10 期。
③ J. F. 骆克：《中国西南部的古代纳西王国》（Joseph. F. Rock，*The Ancient Na-Khi Kingdom of
　South West China*，1947）。另见 J. F. 骆克《中国（内地）——西藏边境地区纳西族的生活和
　文化》（*The Life and Culture of the Na-Khi tribe of the China-Tibet Borderland*，1973）。

时代的铁铠。在乐浪王根墓里随葬有一领皮甲①，出土时已散乱。甲片有两种形制。较小的长 5.4、宽 3.6 厘米，上侧有二横孔，两侧及下缘各有一组二孔。较大的甲片长 7.4、宽 3.2 厘米，上有七组十四孔。皮甲片表面髹黑漆。和侯家塘出土的一样，王根墓出土皮甲也是仿效铁甲的产品。

六　东汉、三国时的铁铠

有关东汉时期铠甲的考古资料比较零散，缺乏出土的实物标本，但在 1949 年以后的考古工作中，还是发现了一些当时铠甲的图像材料：

1955 年秋，在河南陕县刘家渠三号墓出土一件绿釉陶楼（M3：1），楼上附有手持弩机的小陶俑，是戴兜鍪披铠甲的武士（图二一）。这座墓的时代，发掘报告定为东汉后期②。

1962 年 10 月，在河南新野城东张楼村北一座东汉晚期的砖墓里，出土的画像砖中有四块蹶张砖，砖上的人像身披铠甲（图二二）③。

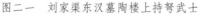

图二一　刘家渠东汉墓陶楼上持弩武士　　　　图二二　新野出土画像砖画像

1964 年，江苏徐州十里铺画像石墓前室横额正面，刻有两个武士互相

---

① ［日］榧本杜人等：《乐浪汉墓》第二册《石巖里第二一九号墓发掘调查报告》，1975 年。
② 黄河水库考古队：《河南陕县刘家渠汉墓》，《考古学报》1965 年第 1 期。
③ 王褒祥：《河南新野出土的汉代画象（像）砖》，《考古》1964 年第 2 期。

搏斗。左侧的武士身披铠甲，手持长戟；右侧一人赤膊，他旁边地上放着
钩镶、环首刀和一领铠甲（图二三）。这座墓的年代，简报推定属于汉末
灵帝时期，即167~189年之间①。

图二三　徐州十里铺画像石画像

时代与十里铺画像石墓相近或更迟一些的沂南画像石墓里，前室南壁
正中刻有挂兵器的架子，上面挂有两面盾牌和一领铠甲，架旁的两个立柱
上，各放置一顶兜鍪②。

结合孝堂山画像石墓所刻画的披甲战斗的图像，我们可以看出，东汉
时期，铠甲的形制有了进一步的发展，除了身甲部分外，保护脖颈的"盆
领"，保护两肩和上臂的"披膊"，护住两腿的"鹘尾"和"腿裙"，都比
较完善了，这由沂南的石刻中可以清楚地看出来。形制的完备，自然提高
了防护身体各部位的效能。

1972~1973年发掘的内蒙古和林格尔东汉壁画墓③和1972年甘肃嘉峪
关清理的嘉峪关新城公社三号魏晋画像砖墓④中，都可以看到装备着这种
形制完备的铠甲的战士图像（图二四）。特别是在和林格尔壁画墓的宁城

①　江苏省文物管理委员会：《江苏徐州十里铺汉画象（像）石墓》，《考古》1966年第2期。
②　南京博物院、山东省文物管理处：《沂南古画像石墓发掘报告》，文化部文物管理局，1956年。
③　内蒙古自治区博物馆文物工作队：《和林格尔汉墓壁画》，文物出版社，1978年。
④　甘肃省文物队等：《嘉峪关壁画墓发掘报告》，文物出版社，1985年。

图和护乌桓校尉幕府图中，画有众多身披铠甲、头戴兜鍪的战士，他们头戴顶上飘洒红缨的兜鍪，身披的铠甲由身甲、盆领和披膊组成，下边还缀有较长的腿裙，可惜因该墓壁画粗率，没有表现出细部，所以只能看出大略的轮廓。

图二四　嘉峪关魏晋画像砖墓中所绘装备铠甲的战士

同时，随着冶金技术的发展，铠甲的质量也有了进一步提高。西汉时期已经出现的"百炼钢"，这时有了进一步的发展。1974 年 7 月，山东临沂苍山地区出土一件"永初六年"（112 年）"卅涷"的错金铭文环首刀，全长 111.5 厘米①。经过金相鉴定，确可观察出近 30 层，是将块炼铁反复加热，折叠锻打渗碳而成的"百炼钢"②。过去在日本还曾出土过一件东汉中平时（184～189 年）的环首刀，铭文中有"百炼清刚"字样③，也应是这种"百炼钢"制成的。这种"百炼钢"的新技术，在东汉末年已经应用于制造铠甲。陈琳《武库赋》："铠则东胡阙巩，百炼精刚，函师震旅，韦人制缝，玄羽缥甲，灼爚流光"④。可以看出，当时已经使用"百炼精刚"

---

① 刘心健等：《山东苍山发现东汉永初纪年铁刀》，《文物》1974 年第 12 期。
② 李众：《中国封建社会前期钢铁冶炼技术发展探讨》，《考古学报》1975 年第 2 期。
③ ［日］梅原末治：《奈良县栎本东大寺山古坟的汉中平纪年的铁刀》，日本《考古学杂志》48 卷第 2 号。
④ 《太平御览》卷三五六引，第 1636 页。

来制造铠甲了。但是一般所使用的钢铠，可能不需要达到卅炼大刀那样叠锻近 30 次的精度，因为甲片没有刀、矛等所需的锋刃。诸葛亮《作刚铠教》："敕作部皆作五折刚铠，十折矛以给之"①。由此推测，当时的钢铠大约是叠锻五次而成的。诸葛亮时锻造的铠甲是有名的，直到六朝时，还把精坚的铠甲传为诸葛亮所造②。

在铠甲形制进一步完善和锻造技术进一步发展的基础上，铠甲的种类有了新的发展，曹植《先帝赐臣铠表》③ 中，就列有以下几种铠甲：

黑光铠

明光铠

两当铠

环锁铠

马铠

上述几种类型的铠甲，在当时都是较稀有和珍贵的，后来发展成为装备军队的主要类型，例如两当铠和马铠，是南北朝时期最主要的铠甲，这正是在两汉铠甲的基础上发展起来的。

七　战国秦汉时期少数民族的甲胄

战国秦汉时期少数民族的甲胄材料，以西南的滇族的材料最多。1955 年以来，在云南晋宁石寨山进行了多次发掘，清理了以滇王为首的几十座滇族王室贵族的坟墓④。这些坟墓可以分为三种不同的类型，它们代表三个不同的时期。最早的一类约当战国末至西汉初年，其中出土的遗物富有滇族本族文化特色，很少见到中原文化的影响。在这类墓中发现的青铜贮

---

① 《太平御览》卷三五三引，第 1626 页。
② 《南史·殷孝祖传》（《宋书·殷孝祖传》同此）和《宋书·王玄谟传》，均记有诸葛亮筒袖铠。
③ 《北堂书钞》卷二一引曹植《先帝赐臣铠表》："先帝赐臣铠，黑光、明光各一领，两当铠一领，环锁铠一领，马铠一领，今代以升平，兵革无事，乞悉以付铠曹自理"。又见《太平御览》卷三五六所引，文字大致相同，第 1636 页。
④ 云南省博物馆：《云南晋宁石寨山古墓群发掘报告》，文物出版社，1959 年。

贝器盖上，有两件铸有表现战争场面的立体群像，分别出土于六号墓和十三号墓中。其中一件（M6∶1）铸有高6厘米的人像22个，还有5匹马；另一件（M13∶356）铸有13个人，只有一匹马。这些人像中骑在马上的均头戴兜鍪、身披铠甲。步行的战士也有不少是有甲胄的（图二五）。除此以外，还有一些镂空的青铜饰牌，有的也有头戴兜鍪、身披铠甲的武士形象。例如，十三号墓出的"捕俘镂花铜饰"（M13∶109）上，就有两个全身甲胄的武士。另一件相同题材的铜饰出土于三号墓①，可惜已残缺，只有一个甲胄武士的形象还较完整（M3∶72）。另有一些小型铜人像，也是披甲的，如十三号墓出土的一件（M13∶123），足下有扣榫，应是从其他器物上脱落的附件②。综合以上资料，我们可以对滇族的铠甲的形制有一个粗略的了解。

图二五　云南晋宁石寨山滇人墓出土战争场面铜贮贝器盖

滇族的甲胄由头戴的兜鍪和身披的铠甲组成。兜鍪呈卵圆形，顶部正中竖立着一朵很大的盔缨。铠甲由身甲、披膊和盆领构成，盆领较高，护

---

① 云南省博物馆：《云南晋宁石寨山古墓群出土铜铁器补遗》，《文物》1964年第12期。
② 云南省博物馆：《云南晋宁石寨山古墓群出土铜铁器补遗》，《文物》1964年第12期。

住脖颈。披膊有的是一整片，也有的可以清楚地看出是由上下横列的甲片组成的，以标本 M13：109 前面武士所穿铠甲最为明显。一般的步兵战士，腿上看不到护甲。只有居中骑在马上的主将，看得出在大腿上带有腿裙，遮护住膝盖以上的部位。但是不论主将还是步兵战士，全都是赤足的。骑在战马上的骑士也全是赤足的，战马没有鞍和镫，但在马头前戴有形体较大的当卢。

在表现战争场面的铜贮贝器盖上，与滇族相对抗的是一种头梳双辫的民族，也可能是《史记·西南夷列传》中所记的"昆明"人①，他们也披有铠甲，其形制大致和滇族的铠甲相同，只是头上没有飘洒高缨的兜鍪。

由于这些甲胄材料都是从铜铸的人像上看到的，因此难以判断其质料；石寨山墓群的发掘品中，却没有获得有关的甲胄实物，只是在十三号墓和十二号墓中发现有金质的臂护。十三号墓中出土两件，一件（M13：26）由两片拼合成圆筒状，长 19 厘米，重 239 克，边沿上有联缀用的穿孔；另一件（M13：42）则是圆筒状，长 18.5 厘米，重 200.7 克，边缘亦有联缀用的小穿孔。这种臂护应是套在手腕以上，肘关节以下的部位，下面还要衬有皮革或丝织品的衬底。臂护用贵重的黄金来制造，看来装饰的功能胜于实战的功能。虽然有这几件金臂护，通过它们还是无法了解滇族甲胄的真实情况，这一缺憾正好由后来在江川李家山所获得的资料来弥补。

1972 年，在云南江川李家山发掘了一处滇文化的墓群②，已经发掘的墓葬也可以分为三种类型。其中第一类正相当于石寨山的第一类，大约是相当于战国末年到西汉初这一时期的。在这一类墓里出土青铜制成的铠甲，伴同这些铠甲出土有大量的青铜兵器（仅有一柄铜柄铁剑），多具有滇文化的地方特点。李家山出土的青铜铠甲大致可分两类，一类是整片的铠甲，其中有用薄铜片锤打成形的盆领状的颈铠、护腕的臂护、护腿的胫

① 冯汉骥：《云南晋宁石寨山出土文物的族属问题试探》，《考古》1961 年第 9 期；林声：《晋宁石寨山出土铜器图像所反映的西汉滇池地区的奴隶社会》，《文物》1975 年第 2 期。

② 云南省博物馆：《云南江川李家山古墓群发掘报告》，《考古学报》1975 年第 2 期。

甲，还有整片铸成的背甲，介绍如下。

颈铠 盆领状，上口和下口稍外侈，领正中开口，边缘有四个穿孔，两相对称，可以用来穿系，只二十四号墓出土一件（M24：62），高18、厚0.5厘米。

背甲 铸造，出土时均残毁，其中二十四号墓出的一件（M24：63）大致可以复原，甲上铸有人面、蛇、虫、绳辫等图案花纹（图二六），甲的边缘有小穿孔。另有一件，仅存两片残片，饰有蛙纹和六角纹等图案，上部边缘还有立体的兽形装饰。

臂护 一共出土了5件（M1：3、M7：7、M12：15、M13：4、M24：26），其中只

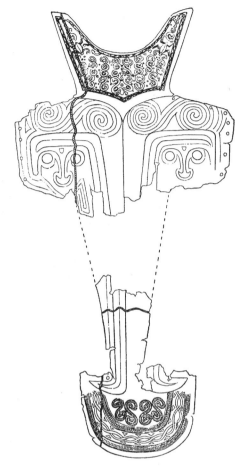

图二六 云南江川李家山出土
铜背甲（M24：63）

有一件（M13：4）比较完整。圆筒形，上粗下细，背面开口，边缘有对称的小圆孔。正面有线刻虎、豹、猪、鱼、蜂、虾等动物图像。通长21.7、上端直径8.5、下端直径6.6、铜片厚0.5厘米（图二七）。

胫甲 圆筒状，背面开口，边缘有对称小圆孔。发现2件（M24：55a、b），形式相同，其中一件（M24：55a）较完整，长30.7、上径12.5、下径8.3、铜片厚0.5厘米。

另一类是由小型甲片编缀成的，这种甲片有大小两种，都作长方形，

大的长 20～71、宽 6.5～14 厘米，共出 68 片（残碎未计入），大部分无纹饰，少数有折线暗纹和线刻蛙纹、八角形纹、圆圈纹（图二八）；小的长 3.2～4.1、宽 1.8～3.8 厘米，共出 1000 多片，边缘有 8 个对称的穿孔，大部分无纹饰，少数有凸起的乳丁纹和线刻的圆圈纹、绳辫纹（图二九）。出土时均已散乱，无法复原。

值得注意的是，在二十四号墓里发现有颈铠一件、背甲一件、臂护一件和胫甲两件，还有很多甲片，这正好可以看出滇族整套铠甲的组成。颈戴盆领颈铠，背上有整片的青铜背甲，背甲下面应还有皮革或其他质料的甲衣，在腕以上套有臂护，小腿上套着胫甲，至于护肩的披膊，可能是用甲片编缀成的。胸甲未发现，也许是由整片的青铜做成的，和背甲一样，但也有可能是用甲片编缀的。由于出土的甲片数量很多，也可能它们是另一领由甲片编缀的青铜甲。江川李家山发掘中出土的整片铸成的带有精美花纹的背甲，为推测我国青铜文化盛行的殷周时期是否用过整片的青铜铠甲，提供了引人探索的资料。

图二七　云南江川李家山出土铜臂护（M 13：4）

　　此外，稍后的云南安宁太极山墓群中，也曾出土有薄铜片制成的臂护，其时代相当于西汉初期①。

　　除云南地区外，在内蒙古地区过去也发现过铜制的小型甲片②，有可能是匈奴等北方少数民族的遗物，看来应该是同时代铁铠甲片的模拟物。

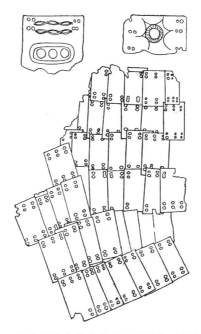

图二八　云南江川李家山出土小铜甲片（M 24：62）

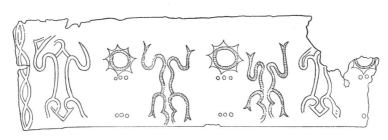

图二九　云南江川李家山出土大铜甲片（M 24：53）

① 云南省文物工作队：《云南安宁太极山古墓葬清理报告》，《考古》1965 年第 9 期。
② ［日］江上波夫等：《内蒙古长城地带》，1953 年。

八　西晋的筒袖铠

公元 280 年，西晋统一了全国。由河内世家大族司马氏建立的西晋王朝，代表了世家大族的利益，重建了门阀地主的统治，大封宗室为王，当时大小封国竟达五百多个，从而孕育着更大的分裂，因此严重地影响了社会生产力，导致了生产发展的停滞。反映在防护装具的制造方面，也呈现一种停滞状态。

当时军队所装备的铠甲的主要形制是"筒袖铠"，这由西晋的陶俑可予证明。在其首都洛阳地区的墓葬里，随葬的俑群中常有披铠的武士俑①。这些标本上所表示出的铠甲，形制都是相同的，胸背联缀在一起，在肩部有不长的筒袖。铠甲上有的刻划出鱼鳞纹，用以模拟现实生活中使用的鱼鳞甲。另一些铠甲上刻划有龟背纹，可能是模拟自一种皮甲的纹饰。这些陶俑的头上都戴兜鍪，兜鍪两侧有护耳，并在前额正当眉心处稍下突，顶部中心竖有长缨。其中有一件标本，与太康八年（287 年）的残志石伴同出土，可以作为判断这类陶俑具体年代的标准（图三〇：1）。同样式样的陶俑，在郑州地区的西晋墓里也出土过②。过去传世的一些西晋时期的陶俑，也常看到身披这种筒袖铠的形象③。

这种筒袖铠，就是承继三国时流行的一种甲制，它常常被称做"诸葛亮筒袖铠"。例如，《南史·殷孝祖传》记载，宋武帝曾给他"诸葛亮筒袖铠、铁帽，二十五石弩射之不能入"（《宋书》本传略同）。又《宋书·王玄谟传》记载，王玄谟"除大将军、江州刺史、副司徒、建安王，于赭圻赐以诸葛亮筒袖铠"。可能是由于三国时期诸葛亮在蜀汉很注意军事装备的生产，曾经制造过比较精坚的钢铠，后来就把这类铠甲冠上了他的名

---

① 河南省文化局文物工作队第二队：《洛阳晋墓的发掘》，《考古学报》1957 年第 1 期。
② 河南省文化局文物工作队第一队：《河南郑州晋墓发掘记》，《考古通讯》1957 年第 1 期。
③ 例如，日本人小林市太郎《汉唐古俗和明器土偶》一书所附图版五六，不过，作者把它错认为汉俑了。

字。但是筒袖铠并不是迟至三国时期才出现的，本文前面叙述的刘家渠东汉墓出土陶楼上的持弩武士俑，所披的铠甲就已经是这种类型的了。筒袖铠经过三国时期的发展改进，到了西晋时，继承了这种形制的铠甲，并一直是军队中装备的铠甲的主要形制。

东晋时期仍旧承袭着西晋的甲制，无大变化。例如，云南昭通后海子东晋太元年间（376～396年）霍承嗣墓中，南壁下层的壁画是一座建筑物，在其右方绘着一个戴兜鍪、披铠甲的武士①，所穿的铠甲也是这种筒袖铠（图三〇：2）。

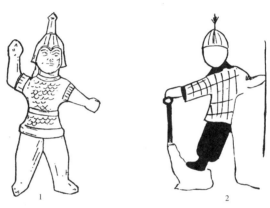

图三〇　晋代的铠甲
1. 洛阳西晋墓陶俑（M1：15）　2. 云南东晋霍承嗣墓壁画

到了南北朝初期，由前引刘宋的材料可以了解到，当时南方还使用筒袖铠。在北方，从出土的陶俑可知，这种形制的铠甲也还使用过一段时期，例如西安草场坡一号墓里出土的披铠陶俑②，有的铠甲的式样还是盆领、筒袖。迟到北魏太和年间，也还可以看到类似的形象，山西大同石家寨北魏太和八年（484年）司马金龙墓里出土的一组披铠陶俑③，所披铠甲还是这种式样（图三一：1）。

---

① 云南省文物工作队：《云南昭通后海子东晋壁画墓清理简报》，《文物》1963年第12期。
② 陕西省文物管理委员会：《西安南郊草厂（场）坡村北朝墓的发掘》，《考古》1959年第6期。
③ 山西省大同市博物馆等：《山西大同石家寨北魏司马金龙墓》，《文物》1972年第3期。

南北朝时期，筒袖铠已逐渐被淘汰，代之流行的是两当铠。与两当铠配合使用的是保护战马的具装铠。这一变化，是由当时的社会制度、军队的组成、战术的变化等多方面的因素决定的。

九　南北朝的两当铠和具装铠

男儿欲作健，结伴不须多。鹞子经天飞，群雀两向波。

放马大泽中，草好马著膘。牌子铁裲裆，钚锋鹤尾条。

前行看后行，齐著铁裲裆；前头看后头，齐著铁钚锋。

这首南朝梁的企喻歌辞，乐府中属于横吹曲辞①，生动地刻画出南北朝时骑兵的形象。战士骑着肥壮的骏马，身披铁两当铠，头戴插饰着鹤尾条的铁兜鍪，列队驰骋在大泽中。这首企喻歌共四曲，虽列入梁鼓角横吹曲中，实际上它是北方的歌谣，呈现着豪放、热烈的北方民间色彩，原本不是南方的作品②。北歌而成为南朝乐曲，却从另一个侧面说明，铁两当铠是当时南方和北方普遍使用的一种铠甲。

"两当铠"的名称来源，是因为它的形制和服饰中的两当（裲裆）形状相似。《释名》："裲裆，其一当胸，其一当背也。"两当铠的特征，也正是"一当胸，一当背"，在肩上用带前后扣联。两当铠虽然盛行于南北朝时期，但可以从汉代的甲制中找到渊源关系。杨家湾西汉陶俑所披的一类一型铠甲，胸甲和背甲就在肩上用带系联，这一类型的铠甲当时较适于骑兵使用，所以，杨家湾的骑俑都只装备这种一类一型铠甲。但是西汉的一类一型铠甲在腋下是联在一起的，而两当在腋下是不相联的。

真正的两当铠，是在三国时期才出现的，前引曹植《先帝赐臣铠表》，

---

① 郭茂倩：《乐府诗集》二十五，横吹曲辞，《四部丛刊》本第六册。
② 《古今乐录》谓企喻歌本为北歌，并说："企喻歌四曲……最后'男儿可怜虫'一曲是苻融诗，本云'深山解谷口，把骨无人收'。"

记录有一领两当铠。《太平御览》卷三五六又引曹植表曰："两当铠，十领，兜鍪自副；铠百领，兜鍪自副。"一方面说明曹魏时已经开始装备这种式样的铠甲；另一方面又可以从数量上看出，它比一般铠甲要少得多，反映出它可能是一种新的比较优质的铠甲。此外，晋庾翼与慕容书中有"邓百山昔送此犀皮两当铠一领，虽不能精好，复是异物，故复致之"①。看来，当时两当铠是比较稀有的。

到了南北朝时期，两当铠逐渐成为军队中的主要装备，而且被定为武官的主要服制。例如，北齐河清年间（562~565年）所定的宫卫制度中，左、右卫将军都披两当甲②。又《北史·阳尼传》记载，阳休之由较高的文官降为骁骑将军，就改变了服饰，"衣裲裆甲"。这都说明，当时武官的服制是披两当铠。

由于两当铠是南北朝时使用的主要铠甲，所以在这一时期的陶俑上和石刻里所表现的铠甲，两当铠所占比例很大。出土的主要标本，北方的有西安任家口北魏正光元年（520年）邵真墓出土的陶俑③，头戴兜鍪，披两当铠，大口袴，缚袴（图三一：2）。河北曲阳嘉峪村北魏正光五年（524年），韩贿妻高氏墓出土残陶俑④，也是戴兜鍪，披两当铠，腰束带，腰以上刻划出三排甲片，甲片作圆角长方形。兜鍪和铠甲涂红彩，内衣残存蓝、绿彩（图三二）。与正光五年陶俑的时代接近、形象也相近似的一件雕像，是龙门石窟莲华洞下层第四龛的天王像⑤，虽然已有残缺，但可以清楚地看出所披的两当铠和铠上的长方形甲片（图三一：3）。另外，还有1949年以前在洛阳邙山被盗掘出的两组陶俑，一组是孝昌元年（525

① 《太平御览》卷三五六引，第1638页，又《初学记》卷二二引文"邓百山"作"邓百川"。
② 北齐河清年间所定宫卫制度，见《隋书·礼仪志》。其中关于左、右卫将军的服制云："在左者皆左卫将军总之，在右者皆右卫将军总之，以备警卫。其领军、中领将军，侍从出入，则著两裆甲，手执棨杖。左右卫将军、将军则两裆甲，手执檀杖。"第280~281页。
③ 陕西省文物管理委员会：《西安任家口M229号北魏墓清理简报》，《文物参考资料》1955年第12期。
④ 河北省博物馆等：《河北曲阳发现北魏墓》，《考古》1972年第5期。
⑤ ［日］水野清一：《龙门石窟之研究》，1931年。

年）元熙墓出土的，现已流失国外①，其中有不少俑是披两当铠的（图三
一：4）。另一组是建义元年（528 年）元邵墓出土的，现藏洛阳博物馆②，
其中有的陶俑在袴褶外罩两当（图三一：5）。还有几件传世的陶俑，从其
形象看，和韩贿妻高氏墓出土的标本相当近似，都披两当铠，也可以作为
参考资料（图三一：6）。

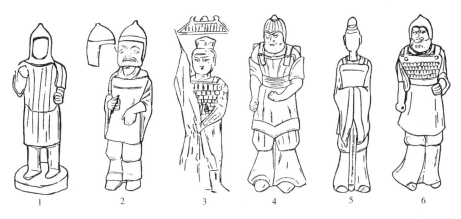

图三一　北魏的铠甲

1. 司马金龙墓陶俑　2. 邵真墓陶俑　3. 龙门石窟莲花洞右壁下层第四龛侧雕像　4. 元熙墓陶
俑　5. 元邵墓陶俑　6. 传世的北魏陶俑（6 采自日本平凡社《世界考古学大系》之 7，第 5 页
图 7）

　　再看南方的材料，在武汉周家大湾发掘的刘宋纪年墓里出土的陶俑③，
可以约略看出身披两当的形象。其中墓 101 出有元嘉二十七年（450 年）
纪年砖，墓 207 出有孝建二年（455 年）纪年砖。以孝建二年墓出土的陶
俑为例，头戴小冠，双手拱于胸前，身披两当（图三三）。

　　另外，在河南邓县学庄彩色画像砖墓出土的画像砖上，凡是披铠武
士，都是身着袴褶，在褶上罩以两当铠，肩部联扣胸甲和背甲的扣带刻画

①　元熙墓出土陶俑，现藏加拿大安大略考古博物馆，1969 年编的馆藏品指南 14 页第 18 图，就
　　是这一俑群的照片。又见亨利·特勒布纳尔《（安大略考古博物馆）远东艺术藏品》（Henry
　　Trubner, *The Far Eastern Collection*）第 40 页图版 43。该墓墓志，参见赵万里《汉魏南北朝墓
　　志集释》第三册图版 134。
②　洛阳博物馆：《洛阳北魏元邵墓》，《考古》1973 年第 4 期。
③　湖北省博物馆：《武汉地区四座南朝纪年墓》，《考古》1965 年第 4 期。

图三二　北魏正光五年　　　　图三三　武汉周家大湾刘宋墓
高氏墓陶俑　　　　　　　　206 出土陶俑

得很清晰①。

综合以上材料，可以较清楚地了解两当铠的形制，它是由一片胸甲和一片背甲组成，在肩部用带扣联起来，腰上束带。在质料方面，有铁铠和

图三四　隋唐的两当衫

1. 隋张盛墓白瓷俑（正、背面）　2. 隋封氏墓陶俑　3. 唐敦煌第 156 窟壁画（仪卫）　4. 唐敦煌第 194 窟壁画（侍臣）

① 河南省文物工作队：《邓县彩色画象（像）砖墓》，文物出版社，1958 年。

皮甲之分，铁铠所用甲片有长方形的，即所谓"牌子铁裲裆"，另外也有鱼鳞甲。在谈到两当铠时，还应注意到当时武官的服制还有一种两当衫，前面讲的元邵墓陶俑身披的两当，和刘宋孝建二年墓陶俑身披的两当，有可能是模拟皮质的两当铠，也可能就是这种作为武官服制的两当衫，这种服制到隋唐仍然沿用（图三四）①。而且，这种两当衫也可以用来衬在铠甲里面，因为铁铠会磨损肌体不能直接披在人体上。《宋书·柳元景传》描述薛安都单骑突阵时，"乃脱兜鍪，解所带铠，唯著绛纳两当。"这可能也是南北朝时军队中流行的做法之一。

在两当铠盛行时，一种新型的防护装具也开始大量使用，那就是保护战马的"具装铠"②。

保护战马的防护装具，在汉代已有使用，主要是皮革制成的"当胸"③。长沙西晋永宁二年（302 年）墓出土的陶骑俑和陶马，可以看出当时的马当胸的形象（图三五：1）。从文献记载看，东汉末年已经出现了比较完备的马铠了。曹操在《军策令》里，提到"（袁）本初马铠三百具，吾不能

---

① 《南齐书·高帝纪》记载，荆州刺史沈攸之"有素书十数行，常韬在裆角，云是明帝与己约誓。十二月，遂举兵，其妾崔氏、许氏谏攸之曰：'官年已老，那不为百口计！'攸之指裲裆角示之，称太后令召己下都。"这里指的两当，不是铠甲。陈永定元年（557 年）所定舆服制度，因袭梁的旧制，其中规定："直阁将军诸殿主帅，朱服，朱冠，正直绛衫，从则裲裆衫。"（《隋书·礼仪志》）可见，两当衫是武将的一种服制，直到唐代，仪卫制度里规定的服制还有两当衫。《新唐书·仪卫志》记载，朝会时散手仗"以亲勋翊卫为之，服绯絁裲裆，绣野马"。又太皇太后卤簿中"次内给使百二十人，平帻，大口袴，绯裲裆"。所以，在考古资料里，经常可以看到有关的材料，如河北景县封氏墓群、陕西三原隋开皇二年（582 年）李和墓、安阳隋开皇十五年（595 年）张盛墓出土的瓷俑，长沙黄泥塘隋墓、武汉周家大湾 241 号隋墓的画像砖，都有这种着两当衫的武官的形象。至于唐代的材料，如麟德元年（664 年）葬的郑仁泰墓、天宝三年（744 年）豆卢建墓的陶俑、天宝四年（745 年）苏思勖墓石门左扉线雕画。较清楚的图像，是敦煌墓高窟一五六、一九四窟壁画维摩诘变下听讲帝王的侍臣和仪卫的画像。
② 马铠，晋以后多称为"具装"或"具装铠"。《宋史·仪卫志》："甲骑具装：甲，人铠也；具装，马铠也。"
③ 《后汉书·鲍永传》："拔佩刀截马当匈"，注云"当匈以韦为之也"，第1018 页。按："当匈"即"当胸"，后来也称为"荡胸"（见《武经总要》），此处的"当匈"，应是马前垂下防护马体的皮甲。

有十具"①。可见，当时军队中装备有马铠的骑兵的数量很少②。司马炎就曾送给卢钦"御府人马铠"③，可见当时马铠也是较名贵的。但是到十六国和南北朝这一时期，马铠成为军队中较普遍的装备，常常是数以百千计甚

图三五　西晋的马当胸和东晋南北朝的甲骑具装
1. 长沙西晋墓陶马　2. 上海博物馆藏北魏陶俑　3. 东晋霍承嗣墓壁画　4. 冬寿墓壁画　5. 麦积山麦察第 127 窟北魏壁画　6. 敦煌第 285 窟西魏壁画

① 《太平御览》卷三五六引《魏武军策令》，第 1636 页。
② 据《三国志·魏书·武帝纪》和《袁绍传》第 195 页，官渡之战时，袁绍"简精卒十万，骑万匹"，而马铠才三百具，可见比例之少，仅为百分之三左右。
③ 《晋书·卢钦传》。

至以万计①。因此，这一时期的墓葬中，常常出土甲骑具装俑和绘有甲骑具装的画像砖、壁画等。较早的甲骑具装图像，是昭通东晋太元年间的壁画（图三五：3）②，和永和十三年（即升平元年，357 年）冬寿墓的壁画（图三五：4）③。年代稍迟一些的有西安草场坡一号墓出土的一组甲骑具装俑（图三六）④。

北魏时的标本，有太和八年（484 年）司马金龙墓⑤、孝昌元年（525 年）元熙墓、建义元年（528 年）元邵墓（图三七）等墓出土的甲骑具装俑。上海博物馆还藏有一组这一时期的甲骑具装俑（图三五：2），也可作为参考。河北赞皇东魏武定二年（544 年）李希宗墓⑥、河北磁县东魏武定五年（547 年）葬赵胡仁墓⑦、陕西咸阳底张湾北周建德元年（572 年）墓⑧、山西祁县北齐天统三年（567 年）韩裔墓⑨和河北景县封氏墓群，也出土有甲骑具装俑⑩。石窟寺壁画里保留的图像，以麦积山麦察第 127 窟北魏壁画（图三五：5）⑪，敦煌第 285 窟西魏大统年间和第 296 窟北周壁画为代表（图三五：6、三八）⑫。在当时南北交错地区的河南邓县，发现一座嵌有彩色画像砖的墓葬，墓里也有披着具装的战马画像⑬。

① 《晋书·桓彝传》记载，桓石虔、桓石民兄弟击败梁成时，缴获"具装铠三百领"。《石勒载记》记石勒俘末的战役里，夺得铠马五千匹；石勒大败姬澹时，俘获铠马万匹。《姚兴载记》记姚兴击败乞伏乾归，"收铠马六万匹"。

② 云南省文物工作队：《云南昭通后海子东晋壁画墓清理简报》，《文物》1963 年第 12 期。

③ 洪晴玉：《关于冬寿墓的发现和研究》，《考古》1959 年第 1 期。

④ 陕西省文物管理委员会：《西安南郊草厂（场）坡村北朝墓的发掘》，《考古》1959 年第 6 期。

⑤ 山西省大同市博物馆等：《山西大同石家寨北魏司马金龙墓》，《文物》1972 年第 3 期。

⑥ 石家庄地区革委会文化局文物发掘组：《河北赞皇东魏李希宗墓》，《考古》1977 年第 6 期。

⑦ 磁县文化馆：《河北磁县东陈村东魏墓》，《考古》1977 年第 6 期。

⑧ 全国基本建设工程中出土文物展览会工作委员会：《全国基本建设工程中出土文物展览图录》，中国古典艺术出版社，1955 年。

⑨ 陶正刚：《山西祁县白圭北齐韩裔墓》，《文物》1975 年第 4 期。

⑩ 张季：《河北景县封氏墓群调查记》，《考古通讯》1957 年第 3 期。

⑪ 文化部社会文化事业管理局：《麦积山石窟》，1954 年。

⑫ 敦煌文物研究所：《敦煌壁画集》，1957 年。

⑬ 河南省文物工作队：《邓县彩色画象（像）砖墓》，文物出版社，1958 年。

图三六　西安草场坡十六国墓出土陶甲骑具装俑

图三七　洛阳北魏元邵墓
陶甲骑具装俑

图三八　北周的甲骑具装
敦煌第 296 窟壁画（敦煌文物研究所供稿）

在南方，江苏丹阳的一座南朝大墓里，发现有甲骑具装的砖刻画（图三九），在画砖的侧面还有"右具张第×"的编号①。同时，在吉林集安的

---

① 南京博物院：《江苏丹阳胡桥南朝大墓及砖刻壁画》，《文物》1974 年第 2 期。砖侧铭文拓本见第 50 页图一〇，"具装"作"具张"，可能是制砖的工匠使用了音相近的别字。

高句丽族石墓壁画中，常常有甲骑具装的形象，如麻线沟一号墓墓室北壁东端，就有甲骑具装的图像①，特别是三室冢中，画有两个骑士交马战斗的图像②，其中右侧一骑的马具装画得很清楚。

图三九　南朝的甲骑具装
江苏丹阳南朝墓砖画及砖侧铭文拓片

　　从以上所举的考古材料大致可以看出，马具装的发展变化是由比较简单、不够完善的早期形态，发展到各部位结构谨严、完备的成熟形态。邓县彩色画像砖上的图像，结构完备，细部刻画也很清晰，可以用来作为分析这一时期具装铠的典型标本。

　　邓县的着彩画像砖，表现的是一匹黑马，上披白色具装，由六部分组成，即面帘、鸡项、当胸、身甲、搭后和寄生（图四〇）③。除面帘和寄生外，都是用长方形的甲片编缀成形的。面帘是用来保护马头的，是一整片，双眼处开有孔洞，双耳间还树有一朵缨饰。寄生竖在马鞍后尻部，形似扇面，上涂粉绿彩，高度与马额的缨饰相当，它的作用可能是保护骑乘

① 吉林省博物馆辑安考古队：《吉林辑安麻线沟一号壁画墓》，《考古》1964 年第 10 期。
② ［日］池内宏等：《通沟》，1941 年。
③ 马具装各部分的名称，"当胸"汉代已有，见《后汉书·鲍永传》；"寄生"见《南齐书》；其余"面帘""鸡项""身甲""搭后"，均使用了后来《武经总要》的名称。

者的后背，这种寄生除扇面状外，也作树枝状或竹枝状①。寄生是具装的一个组成部分，但往往与具装并提②。陶俑上的寄生，多是另插上去的，因此在甲骑具装俑的马尻部，都有一个圆形插孔。用来编缀具装的甲片，图像中均作长方形，搭后所用的较小，其余部分的较大，在身甲的下缘包有宽边。马尾露在搭后处，是结扎起来的。以后，一直到北宋时期，马具装基本上还是这样的结构。

图四〇　南北朝时马具装示意图
1. 面帘　2. 鸡项　3. 当胸　4. 马身甲　5. 搭后　6. 寄生　7. 鞍具及镫

另一幅关于甲骑具装的壁画，很值得注意，就是敦煌第285窟的西魏壁画"得眼林"故事。画出的具装铠，形制和邓县的标本一样，骑士

———————

① 霍承嗣墓壁画寄生作树枝状。《南齐书·高帝纪》："太祖军容寡阙，乃编棕皮为马具装，析竹为寄生，夜举火进军，贼望见恐惧，未战而走。"第5~6页，可见，当时寄生作竹枝状。也有的寄生装饰得很华丽，如东昏侯萧宝卷，"马被银莲叶具装铠，杂羽孔翠寄生"，第105~106页。

② 详见《南齐书·高帝纪》和《东昏侯纪》。

所披的铠甲，是两当铠，这反映了当时的重装骑兵，主要是用这两类铠甲装备的。而两当铠在这一时期所以盛行，正是因为是适合于骑兵使用的铠甲。上海博物馆藏的北魏甲骑具装俑，也是人披两当铠，马披具装铠的。也有的俑或画像中，骑着披具装铠战马的战士，披两当铠，并在肩上加披"披膊"。这种加披膊的两当铠，还应是属于两当铠的一种。因此，披两当铠、骑带有具装的战马，是当时重装骑兵，也即是甲骑具装的主要形象。

第285窟壁画还显示出，与骑兵对抗的"强盗"都是步兵，身穿袴褶，手执刀、盾，但没有披铠甲（图三五：6）。从服装、兵器等方面看，与邓县彩色画像砖中持刀、盾的步兵的形象完全一样，这也就是当时一般步兵的典型形象。袴褶就是一般步兵的军装①。这就可以看出，南北朝时军队有两部分，一部分是人马都披铠的骑兵，另一部分是装备简陋的不披铠的步兵。从墓葬里大量随葬人马都披铠的甲骑具装俑，以及绘有、刻有甲骑具装形象的壁画、画像砖和砖刻画，可以知道这些是当时很被重视的兵种，是军队的核心。

上面列举的现象，反映了南北朝时期的军队组织和阶级关系。西晋时，世族门阀的势力恶性膨胀，形成封建的人身依附关系很强的部曲佃客荫户制，与此相联系的是，豪族地主拥有自己的部曲私兵，领兵的将领就以这种部曲形成军队的核心。这些豪门世族不仅有私兵部曲，而且拥有精良的军事装备和兵器，包括大量的甲骑具装。《晋书·桓宣传》记载，桓伊家拥有"马具装百具，步铠五百领"。《北齐书·高季式传》："季式兄弟贵盛，并有勋于时，自领部曲千余人，马八百匹，戈甲器仗皆备"。这些部曲形成了军队的核心。

使南北朝时骑兵形成军队核心的另一个因素，是自匈奴族统治者刘曜灭掉西晋后，北方开始了各民族统治者纷争的历史时期，而匈奴、鲜卑等

---

① 《南齐书·王奂传》："（永明）六年，迁散骑常侍，领军将军……上以行北诸戍士卒多繿缕，送袴褶三千具，领奂分赋之。"第848～849页。可见，袴褶是一般士卒的军装。

少数民族，原来的社会发展比较落后，进入中原前多是游牧经济，长于骑射，军队的主力是骑兵，军事制度又往往保留着氏族的纽带，进入中原后与门阀世族相结合，逐渐变成以部曲为核心的军队组织。骑兵的大量使用，促进了战马防护装具的发展。例如刘曜的亲卫部队——亲御郎，就是一支精锐的披甲乘铠马的重装骑兵部队①，形成了他的军队的核心。

由于以上原因，在南北朝时期，适用于重装骑兵的两种铠甲——两当铠和具装铠大量使用，成为当时最主要的防护装具。

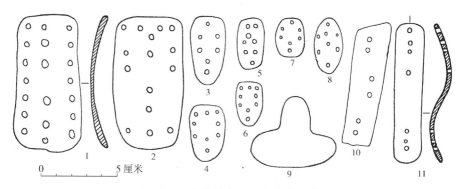

图四一　北燕冯素弗墓出土铁甲片

1. Ⅲ型　2. Ⅳ型　3. Ⅵ型　4. Ⅶ型　5. Ⅷ型　6. Ⅸ型　7. Ⅹ型　8. Ⅺ型　9. 凸型　10. 斜长方形　11. 弧形（据原简报所分型式）

最后谈一下具装铠的质料。它和人铠一样，有铁制和皮质两种。前面叙述过的司马金龙墓出土的甲骑具装俑，马具装上绘着宽宽的条纹，看来是模拟皮甲的样子。《宋书·武帝记》："使宁朔将军索邈领鲜卑具装虎班突骑千余匹，皆披练五色。"这种兽纹的具装，应是皮质的。邓县彩色画像砖上的图像，则可能是铁甲片编缀的具装铠。这种铁质的马具装，在北燕冯素弗墓曾获得实物②。这座墓出土一组铁甲片（图四一），包括人铠和马具装，简报中提到的 Ⅰ 型至 Ⅴ 型的大甲片，推测是用于马具装上的。承辽宁省博物馆同志的协助，据初步统计，出土的甲片重约 141 千克，其中

---

① 《晋书·刘曜载记》："召公卿已下子弟有勇干者为亲御郎，被甲乘铠马，动止自随，以充折冲之任。"第 2699 页。

② 黎瑶渤：《辽宁北票县西官营子北燕冯素弗墓》，《文物》1973 年第 3 期。

I 型至 IV 型甲片重约 42.5 千克，这个数字可能接近当时一领具装铠的总重量。现将有关甲片的形制和特征列表于下，并根据甲片的大小和形状，推测它们在具装上使用部位（表三）。

表三　北燕冯素弗墓出土铁甲片分类表

型式	形状	孔数	尺寸（厘米）			使用部位的推测
			长	宽	厚	
I	椭圆长方形，上窄下宽	42	13	6～6.5	0.3	身甲、搭后
II	长方形，下部呈半圆形	31	9.3	5～6	0.3	鸡项、当胸
III	长方形，片身略呈弧形	21	8.3	3.8～4.4	0.3	鸡项、当胸
IV	长方形	15	8.2	4～4.2	0.3	鸡项、当胸
V	长方形	14	7	3.6～4.3	0.3	面帘与鸡项相交处
弧形	形如曲带	7	8.8	1.7	0.2	适应马腹弧度的特殊部位
斜长方形	斜长方形，背面附有粗布痕	6	7.5	1.9～2.2	0.2	适应马腹弧度的特殊部位

一〇　南北朝的明光铠

南北朝时期，除了两当铠和具装铠外，从当时的陶俑和石雕上，还可以看到另外一种样式的铠甲。以洛阳出土的两组北魏陶俑为例：孝昌元年（525 年）元熙墓出土的俑群中，有手按长楯的披甲俑，所披铠甲的胸、背部分都是由左右两片近椭圆形的"护"组成，腰间束带（图四二：1、2）。建义元年（528 年）元邵墓也出土有形象极为近似的标本（图四二：3）。

这类陶俑较高大，高30.8厘米；而同墓所出土的甲骑具装俑，连人带马高仅27厘米左右；那些穿袴褶、持盾的一般士兵俑，高19.1厘米左右①。因此可以认为，这种俑在俑群中的地位是较为重要的，它们所披的铠甲也应是较为名贵的。

图四二　北魏的明光甲
1、2. 元熙墓陶俑　3. 元邵墓陶俑　4. 宁懋石室线雕　5. 孝子棺线雕

这种铠甲胸前、背后的大型金属圆护很像镜子，在战场上，圆护反照太阳光即发"明光"，正如汉代镜铭中的"见日之光，天下大明"一样②，所以它应该就是当时所称的"明光铠"。曹植的《先帝赐臣铠表》中记录的几种名贵的铠甲中，就有一领"明光"铠。到了南北朝时，这种铠甲还是很珍贵的，质量较高。北齐与北周的部队在邙山的一次战斗中，北周将领蔡祐就披着这种防护能力较强的铠甲参加战斗。《周书·蔡祐传》："祐时著明光铁铠，所向无前。敌人咸曰：'此是铁猛兽也'，皆遽避之。"以后，直到《唐六典》中，还在甲制里把明光铠列为第一种。

---

① 洛阳博物馆：《洛阳北魏元邵墓》，《考古》1973年第4期。
② 在洛阳烧沟属于汉武帝到新莽时期的墓里，出土有不少日光镜，铭文均为"见日之光，天下大明"。参看洛阳区考古发掘队《洛阳烧沟汉墓》第162页，图六九：5，图版肆壹：5，表二八，科学出版社，1959年。

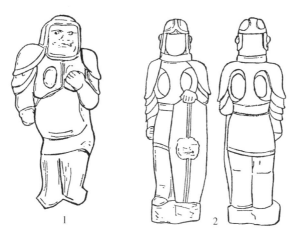

图四三　北朝的明光甲
1. 咸阳底张湾北周墓陶俑　2. 北齐范粹墓陶俑

图四四　北齐的明光铠
北响堂山第三窟中心柱宝床下小龛中神王雕像
1. 东侧北起第一龛　2. 西侧北起第一龛

在考古材料中，对明光铠刻画最细致的，是刻在北魏永安二年（529年）宁懋石室门扉上的线雕画①，其中有一个武士持盾执戟，身披明光铠，胸甲为左右两面大型圆护，腰束带，在肩部和大腿处，分别着有用甲片编缀的披膊和腿裙（图四二：4）。另一件传世的孝子棺石刻里，有一个披甲执刀的武士②，所披的明光铠作盆领状，也加有披膊（图四二：5）。北朝

① 图见《考古》1960年第4期3页图1。宁懋石室现藏美国波士顿艺术博物馆。
② ［日］长广敏雄：《六朝时代美术之研究》，1969年。

末年，明光铠的使用日趋普遍，披明光铠的陶俑和石刻经常被发现。东魏的材料，有河北赞皇武定二年（544 年）李希宗墓出土的持盾陶俑①和他弟弟李希礼墓出土的按楯陶俑②，还有磁县东陈村武定五年（547 年）赵胡仁墓的按楯陶俑③。北周的材料，有陕西咸阳建德元年（572 年）墓出土的陶俑（图四三：1）④。北齐的材料，有天统二年（566 年）崔昂墓出土的陶俑⑤和武平六年（575 年）范粹墓出土的陶俑⑥，都是披明光铠，左手按着饰有狮子面图案的长楯⑦的形象（图四三：2）。它们所戴的兜鍪，和元熙墓出土的标本近似，中脊起棱，额前伸出冲角，两侧有耳护，耳护上又加覆一重方形的护，这是流行于北魏时期迄于隋代的一种形制。在北响堂山北齐时期的洞窟里，披着铠甲的神王雕像，也都是披着明光铠，自领下居中纵束甲绊，至腹前打结，再束于腰上，胸前左右两面圆护，肩有披膊，足踏长靴（图四四）。可见明光铠到北朝末期日趋流行，表现出取代两当铠的趋势。

一一　隋代的甲胄

隋代的甲胄基本上继承着南北朝时期的形制，人铠是两当铠和明光铠，主要是使用明光铠。战马则披具装铠。军队的主力仍旧是人马都披着笨重铠甲的甲骑具装。据《隋书·礼仪志》，大业七年（611 年）隋炀帝进攻高丽时，军队的主力就是骑兵四十队，每十队为一团，都是甲骑具

① 石家庄地区革委会文化局文物发掘组：《河北赞皇东魏李希宗墓》，《考古》1977 年第 6 期。
② 石家庄地区文化局文物普查组：《河北省石家庄地区的考古新发现》，《文物资料丛刊》第 1 期，文物出版社，1977 年。
③ 磁县文化馆：《河北磁县东陈村东魏墓》，《考古》1977 年第 6 期。
④ 全国基本建设工程中出土文物展览会工作委员会：《全国基本建设工程中出土文物展览图录》，中国古典艺术出版社，1955 年。
⑤ 河北省博物馆等：《河北平山北齐崔昂墓调查报告》，《文物》1973 年第 11 期。
⑥ 河南省博物馆：《河南安阳北齐范粹墓发掘简报》，《文物》1972 年第 1 期。
⑦ 北齐至隋的陶俑，常执带有兽面图案的长楯。《隋书·礼仪志》记载，隋初，宫卫制度是"因周齐宫卫微有变革"，戎服临朝，大仗次外四行翊卫"以都督领各二人执金花狮子楯、刀"，故知楯面为狮子图案。

装。"第一团，皆青丝连明光甲，铁具装，青缨拂，建狻猊旗。第二团，绛丝连朱犀甲，兽文具装，赤缨拂，建貔貅旗。第三团，白丝连明光甲，铁具装，素缨拂，建辟邪旗。第四团，乌丝连玄犀甲，兽文具装，建缨拂，建六驳旗。"① 从这一段记载可以看出，当时骑兵所披铠甲的质料，与战马所被具装的质料和彩色是一致的，铁铠配以铁具装，皮甲配以皮具装。《隋书·张瀚传》记载，杨坚赠给张瀚以"绿沉甲，兽文具装"，也是一套配合在一起的皮甲和皮具装。从同书《礼仪志》中也可以看到，当时铁马具装是和明光甲配合使用的。从而说明，明光铠已经取代了两当铠，成为骑兵所装备的铁铠的主要类型。

考古材料里的有关模型和图像，正是反映了以上的甲制。陕西三原双盛村开皇二年（582 年）李和墓的石门扉上，有很精细的线雕画②，两扇石门上各刻有高达 1.06 米的披铠武士，头戴两侧有护耳的兜鍪，身披两当铠，左侧的刻出六排长方形甲片（札甲）；右侧的刻出鱼鳞甲。下穿袴，长靴（图四五）。该墓出土的陶俑里，还有在褶外罩两当的。至于这座墓里出土的贴金彩绘按楯俑，则披明光铠，铠甲作盆领，胸、背皆从中线分作左右两面圆护，腰部束带，肩有披膊（图四六）。

这种披明光铠的按楯立俑，出土很多。例如，西安韩森寨开皇十二年（592 年）吕武墓出土彩绘陶俑③，安阳开皇十五年（595 年）张盛墓出土白瓷俑④，安阳琪村开皇十六年（596 年）郑平墓出土陶俑⑤，咸阳底张湾开皇二十年（600 年）墓出土贴金陶俑⑥，西安郭家滩大业六年（610 年）姬威墓出土贴金彩绘陶俑⑦，西安白鹿原大业十一年（615 年）刘世恭墓

① 《隋书·礼仪志》，第 160 页。第四团兽文具装后的"建缨拂"，对照前面三团的甲制和颜色，"建缨拂"应为"缁缨拂"之误。

② 陕西省文物管理委员会：《陕西省三原县双盛村隋李和墓清理简报》，《文物》1966 年第 1 期。

③ 中国科学院考古研究所：《西安郊区隋唐墓》，科学出版社，1966 年。

④ 考古研究所安阳发掘队：《安阳隋张盛墓发掘记》，《考古》1959 年第 10 期。

⑤ 周到：《河南安阳琪村发现隋墓》，《考古通讯》1956 年第 6 期。

⑥ 全国基本建设工程中出土文物展览会工作委员会：《全国基本建设工程中出土文物展览图录》，中国古典艺术出版社，1955 年。

⑦ 陕西省文物管理委员会：《西安郭家滩隋姬威墓清理简报》，《文物》1959 年第 8 期。

出土彩绘陶俑①，等等（图四七）。

图四五　隋代的两当铠　　　　　图四六　隋代的明光铠
李和墓石门线雕　　　　　　　李和墓出土陶俑

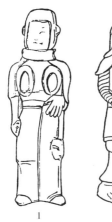

图四七　隋代的明光铠
1. 吕武墓陶俑　2. 张盛墓瓷俑　3. 郑平墓陶俑　4. 开皇二十年墓陶俑　5. 刘世恭墓陶俑

---

① 俞伟超：《西安白鹿原墓葬发掘报告》，《考古学报》1956 年第 3 期。

从这些标本可以看出，隋代明光铠的细部结构在早期和晚期有一些变化。较早的标本，都是像李和墓出土的那样，从胸背中心向左右分作两个大型圆护；较晚的标本，则是自颔下居中纵束甲绊，至胸以下打结，然后左右横束到身后，纵束甲绊的两侧是两个大型圆护，例如张盛墓的白瓷俑和姬威墓的贴金彩绘俑。这种明光甲是骑兵使用的，见前引《隋书·礼仪志》，但从陶俑所反映出的形象看，当时步兵也有使用的。最典型的标本是安徽合肥隋开皇六年（586 年）墓出土的两种武士俑①，披明光铠，腰带以下列缀三排甲片，并在它下面垂有长长的腿裙，由四排长方形甲片编缀成，直垂到脚部，背后和左右两侧都没有这种长的腿裙（图四八）。在前面缀有这样长的腿裙是无法骑马的，因此，它大概是属于步兵用的明光铠。

图四八　隋代带长腿裙的
明光铠示意图
1. 兜鍪　2. 披膊
3. 身甲　4. 腿裙

隋代的马具装铠，基本上和北朝的形制一样，出土有甲骑具装俑的墓葬，有开皇二年（582 年）李和墓和开皇三年刘伟墓②，出土的标本所刻画的马具装，结构都较简单（图四九：1、2）。李和墓骑俑所披铠，彩绘出细部，是一种长方形甲片缀成的札甲，自腰以上共有甲片五排，两肩的披膊由较小的甲片五排编缀而成（图五〇）。

隋代的甲胄制度和北朝晚期相比，没有什么变化，这种情况似乎反映出隋朝统一全国后，社会上的阶级关系和军事制度并没有发生很大的改变。隋文帝杨坚虽然进行了一些有利于加强中央集权的改革，但是并没有从根本上触动世族地主集团，门阀士族的政

① 安徽省展览、博物馆：《合肥西郊隋墓》，《考古》1976 年第 2 期。
② 黄河水库考古工作队：《一九五六年河南陕县刘家渠汉唐墓葬发掘简报》，《考古通讯》1957 年第 4 期。

图四九　隋代的甲骑具装
1. 李和墓陶俑　2. 刘伟墓陶俑

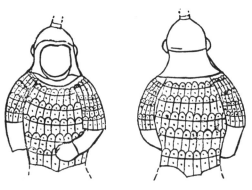

图五〇　隋代的铠甲
李和墓出土残陶俑

治经济势力以及部曲佃客荫户制依然保存着。东汉末年以来门阀豪族拥有武装部曲的情况依然沿续着，尤其是隋炀帝杨广上台以后，世族地主的力量有了更大的发展。反映在军队的组成方面，自然还是像南北朝时一样，以重装的骑兵——甲骑具装为主力，前引隋炀帝进攻高丽时的军队组成，就清楚地说明了这一点。

　　世族地主集团势力的膨胀使得阶级矛盾尖锐化，终于导致隋末农民大起义。农民起义的狂飙摧垮了隋王朝，也给门阀士族以致命的打击，在摧毁佃客部曲荫户制的同时，也铲除了和这一制度联系在一起的部曲私兵。千百万农民群众参加了起义军的行列，"长稍侵天半，轮刀耀日光"，纵横驰骋在各地的战场上。农民起义军的成分特点影响到战术和战略的变化，大量的步兵野战，配合以轻装骑兵的突击，成为当时的主要战术。门阀士族所依靠的以披着沉重的马具装的重装骑兵为核心的部队，被迫退出战争舞台，让位于由大量步兵和部分轻装骑兵组成的野战部队，战术也变得灵活机动。军事装备的生产和使用，也相应地发生了较大的变化。

一二　唐代的甲胄①

隋末农民大起义给了门阀士族以致命的打击，与部曲佃客荫户制联系在一起的部曲私兵也被除掉了。反映在考古材料方面，就是充斥在南北朝乃至隋代墓葬里的甲骑具装俑，也随着部曲私兵的退出历史舞台而消逝，仅仅在唐朝刚刚建立的时候还有孑余，例如段元哲墓出土的标本。随着中央集权的巩固。甲骑具装俑又出现在墓葬里时，它已经不是部曲私兵的模拟物，而是贵族仪仗的模拟物了。贞观五年（631 年）葬的淮南靖王李寿墓和中宗即位后（705 年以后）改葬的懿德太子李重润墓里，都出土有彩绘贴金的甲骑具装俑，全是属于王室的仪仗。这一现象不但反映出私兵部曲在唐代已被消除，也反映出与之相联系的以甲骑具装为军队核心的组织结构，转变成以一般农民为主要成分的军队；骑兵恢复了原来轻捷机动的特点，披具装铠的重装骑兵虽然还是军队组成的一部分，但已失去南北朝以来的特殊地位。

李世民善于组织轻骑突击，打乱敌人的战斗部署，造成局部优势，进而夺取全局胜利，这应是他汲取了农民起义军创造的新的战术的结果。李

① 这一节引用了 11 座有纪年的唐墓，详见文末附表，在文中出现时就不一一引注了。其中的咸阳苏君墓，因墓志被盗，仅存志盖，但大致可以推测埋葬的年代约在 664～668 年之间或稍迟一些，故也列入表中。

世民自己乘骑的战马往往是不披具装的，著名的"昭陵六骏"① 可为证明。当时军中的主将李世民的乘马不加具装，这从另一个侧面反映了当时不披具装的轻装骑兵在军队中的地位。比较晚一些的标本，例如在新疆阿斯塔那永昌元年（689 年）墓出土的披铠骑俑②，所骑骏马是不加具装的（图五一）。敦煌莫高窟唐代洞窟的壁画里，有不少表现战争的画面，所描绘的骑兵多是不加具装的，例如第 12 窟的壁画③和 130 窟的壁画（图五三：1）。在第 156 窟的张议潮出行图中，有成队的武装骑兵，都是人披铠甲，马不披具装的形象（图五二）。这些材料也是披具装的重装骑兵衰落的写照。

唐代甲胄的另一个变化，是随着步兵野战的需要，供步兵使用的"步兵甲"有了很大发展。根据《通典》所记的当时的制度，每队战士有 60% 的人装备有铠甲④。

李筌《太白阴经》卷四《军械篇》所记一军一万二千五百人中装备有"甲六分，七千五百领；战袍四分，五千领"。同书卷六《阴阳队图篇》记载，每队五十人，装备"甲三十领，六分；战袍二十领，四分"。也都记录了唐代军队中装备有铠甲的战士，占总人数的 60%。与汉代的资料相

图五一　唐代披铠骑兵
阿斯塔那 206 号墓陶俑

---

① "昭陵六骏"是李世民生前乘骑的六匹战马的石雕，其中"飒露紫""拳毛䯄"二石已被盗往美国，"特勒骠""青骓""什伐赤""白蹄乌"等四石现藏陕西省博物馆，"飒露紫"石雕上有丘行恭拔箭图像。据《旧唐书·丘行恭传》："贞观中有诏刻石为人马，以象行恭拔箭之状，立于昭陵阙前。"可见石刻真实地模拟了实战的景况，李世民的乘马的确是不披具装的。
② 新疆维吾尔自治区博物馆等：《1973 年吐鲁番阿斯塔那古墓群发掘简报》，《文物》1975 年第 7 期。
③ 敦煌文物研究所：《敦煌壁画》（画片），文物出版社，1964 年。
④ 《通典》卷一四八附"今制"，即唐代制度，每队战士的装备是"六分支甲，八分支头牟，四分支戟，一分支弩，一分支棒，三分弓箭，一分支枪，一分支排，八分支佩刀"。

比，此时披铠甲的战士的比例有较大的增加①。

下面具体谈一下唐代甲胄的形制和结构。据《唐六典》卷一六："甲之制十有三，一曰明光甲，二曰光要甲，三曰细鳞甲，四曰山文甲，五曰乌鎚甲，六曰白布甲，七曰皂绢甲，八曰布背甲，九曰步兵甲，十曰皮甲，十有一曰木甲，十有二曰锁子甲，十有三曰马甲。"但是文中对这些铠甲的形制和结构没有详细的描述，所以需借助于出土的陶俑和绘画②。

图五二　唐代披铠骑兵

敦煌第 156 窟张议潮出行图壁画局部（敦煌文物研究所供稿）

---

① 汉代军队中披铠甲战士的比例，无文字记录，承石兴邦同志见告，咸阳杨家湾汉俑的情况，是 500 余骑俑中，披铠的占 8％；2000 余步兵俑中，披铠的约占 43％。据此，汉代军队中披铠战士的比例应为 40％左右。

② 唐墓中出土的披甲陶俑，大致有两种类型。一类是四神俑，即通常所谓的镇墓俑，其中的当圹和当野的形象都是披铠武士。因是一种神化的造型，所以往往对所披甲胄加以艺术夸张，附上许多华饰，这种作风到盛唐后尤甚，这是应予注意的，但观察时除去那些华丽夸张的装饰，仍然能了解到甲胄的基本形制。另一类是仪卫俑里的披甲武士，其所反映现实的程度比较高。

图五三　唐代披铠的骑兵和步兵（敦煌文物研究所供稿）
1. 敦煌第 130 窟东壁南侧壁画　2. 敦煌第 130 窟东壁北侧壁画　3. 敦煌第 156 窟前室壁画

唐代初期，明光甲还保留着南北朝到隋朝的形制，这时的唐墓里还出现有戴兜鍪、披明光甲、手按长楯的陶俑，典型的标本有贞观十六年（642 年）独孤开远墓出土的陶俑（图五四：1）、西安韩森寨墓 549① 和白鹿原墓 43 等初唐墓里出土的陶俑（图五四：2）②。

晚一些的唐墓里，就看不到这种形象的陶俑了，而是开始出现具有唐代特征的明光甲。这种铠甲可按年代先后分成五种型式（表四）。

图五四　初唐的明光铠
1. 独孤开远墓陶俑　2. 白鹿原墓 43 陶俑

① 中国科学院考古研究所：《西安郊区隋唐墓》，科学出版社，1966 年。和这一标本同类的俑，有贞观十三年（639 年）墓出土的。
② 俞伟超：《西安白鹿原墓葬发掘报告》，《考古学报》1956 年第 3 期。

表四　唐代甲胄类型表

型式		典型标本	其他标本			
一型	示意图					
	出处	龙门潜溪寺南侧天王雕像				
二型	示意图					
	出处	郑仁泰墓陶俑（664年）	西安韩森寨出土陶俑（M590：1）	安阳大司空村唐墓陶俑	咸阳苏君墓陶俑	龙门敬善寺南侧天王雕像
三型	示意图					
	出处	李爽墓陶俑（668年）	西安郭家滩84号墓陶俑	咸阳苏君墓陶俑		

续表

型式		典型标本	其他标本			
四型	示意图					
	出处	元氏墓陶俑 （703 年）	郭恒墓陶俑 （708 年）	宋氏墓陶俑 （745 年）	吴守忠墓陶俑 （748 年）	敦煌第 319 窟 天王塑像
五型	示意图					
	出处	敦煌第 194 窟 天王塑像	榆林窟第 20 窟壁画南方天王			

　　第一型，接近隋代的明光甲，但有了新的变化，可以龙门石窟潜溪寺的天王雕像作为代表①。这尊像雕造完成于 650 年以前。所披铠甲的形制，是甲带十字形绊在胸前，左右各有一圆护，肩覆披膊。腰带下左右各一片"膝裙"，护住大腿，小腿上缚有"吊腿"。

　　第二型，以麟德元年（664 年）郑仁泰墓出土的涂金釉陶俑为代表，头戴兜鍪，有顿项及护耳。颈有项护，甲身前部分做左右两片，每片中心作一个小圆护，背部则连成一整片，胸背甲在两肩上用带前后扣联，甲带

---

① 龙门保管所：《龙门石窟》，文物出版社，1961 年。

由颈下纵束至胸前，再向左右分束到背后，然后再束到腹部。腰带下左右各一片膝裙，其下露出绿地绘宝相花纹的战裙。两肩的披膊作两重，上层作虎头状，虎口中吐露出下层那片金缘的绿色披膊。属于这一型但结构较简单的标本，有西安韩森寨初唐墓（墓590）①、安阳大司空村唐墓出土的陶俑②。另一件较精致的标本，是咸阳苏君墓出土的。龙门敬善寺南侧天王雕像所表现的铠甲③，由于没有自颈下纵束甲带，可以较清楚地看出胸甲左右两片从中联成甲身的情况，这尊石像雕造年代较郑仁泰的陶俑稍早。但迟到长安年间（701～704年）刻成的西安大雁塔门框上的线雕天王像④，所披胸甲仍保持这种式样。

第三型，以总章元年（668年）李爽墓出土的陶俑为代表，其中有一件高达99.5厘米的贴金彩绘俑，脚下踏牛，所戴兜鍪左右护耳外沿向上翻卷，颈上围有一周项护。披膊龙首状，胸甲从中分为左右两部分，上有凸起的圆形花饰，在上缘用带向后与背甲扣联。自颌下纵束甲带到胸甲处经一圆环与横带相交，腰带上半露出护脐的圆护。腰带下左右各垂一膝裙，小腿缚扎吊腿。腹甲绘作山纹状，同墓出土的另一件标本，腹甲绘成鱼鳞状。与这件标本完全相同的有咸阳苏君墓出土的涂金彩绘俑。西安郭家滩84号墓⑤和神龙三年（707年）任氏墓出土的陶俑，铠甲也属于这一型。值得注意的是，在苏君墓里，也出土有两件第二型的陶俑，说明第三型是第二型铠甲的进一步发展，但这种新型的铠甲出现后，前一种型式的铠甲仍然继续流行。

第四型，以长安三年（703年）独孤君妻元氏墓出土的彩釉陶俑为代表。兜鍪护耳上翻，顶竖长缨。项护以下纵束甲带，到胸前横束至背后，胸甲中分为左右两部分，上面各有一圆护。腰带下垂膝裙、鹖尾，下缚吊

① 中国科学院考古研究所：《西安郊区隋唐墓》，科学出版社，1966年。
② 马得志：《安阳大司空村的一个唐墓》，《考古通讯》1955年第4期。
③ 龙门保管所：《龙门石窟》，文物出版社，1961年。
④ 王子云：《中国古代石刻画选集》，中国古典艺术出版社，1957年。
⑤ 《西安郭家滩唐墓清理简报》，《考古通讯》1956年第6期，图版十八：3。

腿。肩覆披膊作龙首状。神龙三年（707年）李仁蕙墓、景龙二年（708年）郭恒墓的陶俑，所披铠甲都属这一型。年代再迟的标本，有天宝三年（744年）史思礼墓、天宝四年（745年）雷君妻宋氏墓、天宝七年（748年）吴守忠墓出土的陶俑所披的铠甲，都属于这一型。类似的标本，在《陕西省出土唐俑选集》一书中收集颇多①。在这些陶俑上增加了更多的装饰，在肩部常附加有火焰托衬的宝珠，兜鍪上装饰火焰纹或展翅欲飞的朱雀，所以观察甲胄形制变化时，就要注意不被这些眩目漂亮的装饰所吸引，而应注意它所反映出的最基本的式样。在敦煌莫高窟盛唐时期的洞窟中，也常见这一型的铠甲，第46窟、第319窟和第79窟的天王像可作为代表，在这些铠甲上，扣联胸甲和背甲的带子塑造的较为明显②。

上面所讲的四种型式，就是唐代甲胄的基本形制，它们之间的演变发展也是清楚的。继这四型铠甲以后，还出现一种新的形式的铠甲，可以列为第五型，以敦煌第194窟的天王塑像为典型标本，敦煌文物研究所把它定为中唐（763~820年）的作品③。兜鍪的护耳部分翻转上翘，甲身连成一个整体，背甲和胸甲相联的带子，经双肩前扣，胸部和腰部各束一带，腰带上半露护脐的圆护，披膊作虎头状，腿缚吊腿。它是从上述那四型铠甲变化来的，而开启了五代两宋甲制之先河。同样的标本，还可以举出榆林窟第25窟内壁画的南方天王像④，尤其是那耳护向上翻卷的兜鍪，已是开五代形制之先。

唐代的"步兵甲"，可以乾封二年（667年）高氏墓出土的彩绘陶俑为代表，头戴兜鍪，身甲前后在双肩上用带联扣，两肩所覆披膊作兽皮纹，腰带下垂两片很大的膝裙，上面绘出几排方形的甲片。敦煌发现的唐代绘画材料中，也常可以看到这种型式的铠甲，这可能是装备一般战士的

---

① 陕西省文物管理委员会：《陕西省出土唐俑选集》，图版139、150、151、164，文物出版社，1958年。

② 敦煌文物研究所：《敦煌彩塑》，图68、69、84、86，第12页图8，人民美术出版社，1960年。

③ 敦煌文物研究所：《敦煌彩塑》，图95~97，人民美术出版社，1960年。

④ 敦煌文物研究所：《敦煌艺术画库·4·榆林窟》，中国古典艺术出版社，1957年。

"步兵甲"（图五三：2、3）。在李重润墓中的一种戴虎头兜鍪的陶俑，所穿的铠甲也是这一型式，只是披膊作两重。以后在北宋的《武经总要》里著录的"步人甲"，正是继这种型式的铠甲演变而成的。

唐代的具装铠，其基本形制还是沿袭南北朝到隋朝的形制，贞观十三年（639 年）段元哲墓出土的甲骑具装俑，可以看出面帘、鸡项、身甲和搭后。咸阳底张湾出土的一件甲骑具装俑上，鸡项和当胸部分绘作横纹，如虎斑状①。李重润墓里出土的贴金彩绘甲骑具装俑，属于仪卫卤簿，但具装的形制还是模仿实战的具装铠的。关于这件标本的细部结构，在后面还要谈及。

唐代甲胄的质料，据《六典》记载，有铁、皮、绢、布等种，较为精坚的都是铁甲，包括明光、光要、细鳞、山文、乌锤和锁子甲。从陶俑等材料看，其中大多数都是模拟自实用的铁甲，比较常见的有细鳞甲和山文甲。李爽墓出土的身披三型铠甲的陶俑上，腹甲有的作鱼鳞纹，有的作山纹，表示模拟着铁制的细鳞甲和山文甲。除以上几种铁甲外，是长方形甲片编成的札甲。龙朔三年（663 年）道因碑座上的线雕画②，画中有一个披甲的武士，披膊和甲身都精细地刻出了长方形的甲札（图五五：1）。新疆焉耆明屋出土的一件唐代泥塑③，从残存的躯干部分，可以清楚地看出甲札的组织和排列（图五五：2）。过去在新疆地区发现的唐代铁甲片④，它们的形制和编缀情况与这件泥塑所表现相一致。

1976 年，在西安曲江池出土过一领唐代的铁铠甲⑤，但是在出土后散乱了，只收集到 322 片铁甲片（图五六）。甲片都是长条形的，四角抹圆，分为宽窄不同的三型。最宽的一型现存 139 枚，甲片长 9.6、宽 2.6、厚0.28 厘米，片上有七组 13 个编缀用的穿孔，孔径有大中小三种，分别为

① 《文物参考资料》1954 年第 10 期，图版 43。
② 王子云：《中国古代石刻画选集》，中国古典艺术出版社，1957 年。
③ 黄文弼：《塔里木盆地考古记》，科学出版社，1958 年。
④ ［日］原田淑人等：《中国古器图考（兵器篇）》，1932 年。
⑤ 西安市文管处：《西安曲江池出土唐代铁铠甲》，《文物》1978 年第 7 期。

图五五　唐代铠甲结构
1. 道因法师碑碑座线雕　2. 新疆焉耆明屋残塑像

0.4、0.3、0.2 厘米，每片重约 18 克。甲片的剖面下部平直，上部向背后弯曲。中型的现存 72 枚，片长 8.9、宽 2、厚 0.24 厘米，片上有七组 13 个穿孔，孔径只有大小两种，即 0.3 和 0.2 厘米，每片重约 11.5 克。甲片的剖面除上部向背后弯曲的以外，还有的除上部向后弯曲外，下部则反向朝前弯曲。最窄的一型现存 111 枚，甲片长 9、宽 1.3、厚 0.22 厘米，片上有七组 14 个穿孔，孔径都是 0.2 厘米，每片重约 5.5 克。甲片的剖面上部平直，在最下端处向后弯曲。从残存的有编缀关系的甲片观察，这些甲片是同型的先横编在一起，左片压在右片上，上片右侧的两组四个小穿孔，对准下片左侧的相应部位的两组穿孔，用较细的编索来编缀。然后把横编成条的甲片纵编起来，纵编时使用甲片上、下两端的大穿孔，使用的编索也较粗些。在最窄的一型甲片上，还在两组残存有编缀关系的甲片上，存有两个铆死在甲片上的小铜扣。可以看出，这些不同的甲片是用于铠甲的不同部位的，最宽的一型甲片是用来编缀身甲；中型的甲片可以编缀成更贴合身体的弧度，用于腰胯部位；最窄的一型甲片体窄质轻，残存的有编缀关系的甲片呈现较大的弧形，很可能是使用于编缀披膊的甲片。这领残铁铠的甲片和编缀方法，正是和前述道因碑座线雕及新疆焉耆明屋泥塑所表现的相一致。

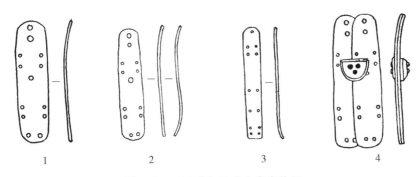

图五六　西安曲江池出土唐代铁甲

关于唐代的皮质甲胄，敦煌第 322 窟的天王塑像似可作为代表①，所塑的铠甲很像是模拟了皮甲。披膊和膝裙都是整片的，上面绘着横直的条纹（图五七）。太原附近出土的一些陶俑，铠甲的结构都比较简单，甲身连成一片，也很可能表现的是皮甲。与汉代一样，这时也有先把皮革制成甲片，然后编缀成铠甲，过去新疆地区曾发现过这样的实物标本②。在米兰堡发现过用骆驼皮制成的甲片，两面髹漆，有的多至七层，以朱、黑两色漆为主，有的地方也施褐色及黄色漆。甲片上有同心圆等纹饰，是用刮擦的方法透过不同的漆层取得的，这应是"剔犀"工艺尚未成型的早期形态——"锥毗"③。

铁甲和皮甲是实战用的护体装具，所以在唐律中禁止人民持有，如有违犯，处罚是很严厉的④。但在《六典》中所记录的十三种甲制中，除铁甲和皮甲以外，占比例最大的是以绢布一类纺织品来命名的铠甲，例如白布甲、皂绢甲、布背甲等，当时仪卫卤簿所使用的，主要是这种外形华丽

① 敦煌文物研究所：《敦煌彩塑》，人民美术出版社，1960 年。
② ［日］原田淑人等：《中国古器图考（兵器篇）》，1932 年。
③ 王世襄：《中国古代漆工杂述》，《文物》1979 年第 3 期。
④ 《唐律疏议》卷一六《擅兴》，商务印书馆，1939 年。

的绢布甲①。李仙蕙墓里出土有高达 1.34
米的彩绘陶俑，全身所擐铠甲上都用红、
蓝、黄、绿等色彩绘着繁缛的花纹，有流
云、缠枝花卉、宝相花纹等等，接近于唐
代纺织品的纹饰，很可能是华丽的绢甲的
模拟。新疆阿斯塔那 206 号唐墓出土的彩
绘木俑②，也是表示这种绢甲。《六典》
中书大朝会时，各军的兜鍪甲铠颜色不
一，分别作黄、白、黑、青等色，有些也
可能属于绢布甲。另外，不少铠甲的边缘
是用华丽的绢布包裹的，例如郑仁泰墓的
涂金釉陶俑的膝裙，是模拟了铁质涂金的
札甲，它的边缘绘着绿、红、蓝等色构成
的宝相花纹，表示在铠甲外缘包裹着宽宽
的绢边。绢布甲的外观很漂亮，但无实战
价值，大约主要是仪仗用的。

与铠甲相配合，仪仗中使用的马具装
也是很漂亮的③，懿德太子李重润墓出土
的那些彩绘贴金甲骑具装俑，正是典型的
标本。马面帘表面贴金，双耳间竖有叶状

图五七　敦煌莫高窟 322 窟
甲胄天王

金饰、鸡项、当胸和马身甲连缀在一起，刻出一排排细密的长方形甲片，
整个下缘都包有朱红色的宽边，上面饰有彩色的团花纹饰。搭后也刻出细
密的甲片和包有朱红的宽边、束尾。在鞍后尻部，有原插寄生的小孔。这

---

①　这种绢布甲，一种可能是以绢布制成，其间实以坚实质料的东西以防卫；另一种可能是把铁
　　甲缀在绢布的后面，表面上只看到绢布。

②　新疆维吾尔自治区博物馆：《新疆出土文物》，文物出版社，1975 年。

③　唐代"大驾卤簿"里有甲骑具装。《新唐书·仪卫志》："外铁甲伏飞二十四人，带弓箭、横
　　刀，甲骑具装。"又"左右骁卫郎将各一人，各领翊卫二十八人，甲骑具装，执副仗，居散手
　　卫外"。

种外观华丽的马具装，完全是为了表示统治阶级的豪华和威仪，不是用于战斗。

另外，根据文献还知道，在唐代使用过纸做的铠甲①，这种纸甲并不是真正有效的防护装具，或许是封建统治者愚弄士兵为其卖命的一种手段。

一三　五代到宋的甲制

五代十国时期，全国处于分裂割据局面，每个封建小朝廷都依靠着所拥有的武装力量来维持，兵器装备的类型基本上沿袭着唐朝晚期的传统。这一时期铠甲的式样，就是在唐代甲胄最后一种类型（第五型）的基础上稍做改进。但是，从现在已经知道的考古材料看，当时全国各地发现的铠甲的式样还是比较一致的。

五代时期的甲胄资料，比较重要的有两批，分属前蜀和南唐。在前蜀王建墓地宫中石棺床的两侧，一共排列着十二尊半身石像，它们是披甲武士装束的十二神，所披铠甲雕刻得很精细②。身甲分胸、背两部分，在肩部用宽带扣联，带端用铰具穿扣。身甲上分别刻出长方形甲片、鱼鳞甲片或者山文甲。肩覆披膊，上面有的刻成鱼鳞甲，有的平素无纹做一整片。腰束大带，并在胸部另细束一带（图五八）。十二尊像中一半束发，另一半头戴兜鍪。兜鍪的式样虽然各有变化，但大致可以分为两类。一类是圆形的兜鍪，后面缀有垂至肩背的"顿项"；另一类是圆形的兜鍪，旁伸耳护，耳护又向上翻卷。在额部都嵌有火焰宝珠及兽面等图案装饰，顶部洒垂着一朵长缨（图五九）。这些雕像都是半身的，腰带以下部分只有参考墓中宝盝盖上装饰的银片武士像。以外重盝盖面右侧武士为例：兜鍪和铠甲型式均同十二神像，甲胄皆贴金，在腰带以下左右各垂一片膝裙，中垂

---

① 《新唐书·徐商传》记载，徐商在山东宽乡置备征军时曾"襞纸为甲"。
② 十二神为天一、腾蛇、朱雀、六合、勾陈、青龙、天后、太阴、玄武、太常、白虎、天空，参看冯汉骥《前蜀王建墓发掘报告》，文物出版社，1964年。

图五八　前蜀的铠甲
王建墓棺床旁石刻十二神中之天后
1. 正面　2. 背面

图五九　前蜀的兜鍪
王建墓棺床旁石刻十二神
1. 西三：玄武　2. 东三：六合　3. 西五：白虎　4. 东二：腾蛇

鹘尾，脚踏靴（图六〇）。距王建墓远隔千里的南唐李昪、李璟墓里，石雕和陶俑上所表现的甲胄[①]，与王建墓出土的标本型式是一致的。李昪葬于南唐保大元年（943年），该墓中室北壁正门两侧各有一尊武士像，均披甲按剑，头戴兜鍪，耳护向上翻卷，顶部正中缀一朵大圆缨。披膊和身甲刻出鱼鳞纹，身甲分胸背两片，用带由肩上扣于胸前。腰束带。在披膊、身甲等的边缘上，都刻着华丽的花饰，有的是花瓣

图六〇　王建墓宝盝外重
盖上的披铠武士像

① 南京博物院：《南唐二陵发掘报告》，文物出版社，1957 年。

匀称的梅花，可能是模拟铠甲的绢布包边（图六一：1）。墓里还有持盾武士俑①，甲胄型式和石雕一样，在腰带下垂腿裙，下面露出长及足部的战袍（图六一：2）。北宋建隆二年（961年）葬的李璟墓里，也有类似的披甲持盾陶俑，甲胄型式和李昇墓的相同，但是制工不如前者细致。

图六一　南唐的铠甲　　　　　　　　图六二　五代的铠甲
1. 李昇墓中室北壁东侧石雕　2. 李昇墓陶俑　　　1. 敦煌第261窟天王塑像
　　　　　　　　　　　　　　　　　　　　　2. 榆林窟第12窟壁画

除了以上的标本外，在敦煌的五代时期的洞窟里，也可以看到当时铠甲的形象。例如第261窟里的天王像②，铠甲的型式和王建墓、李昇墓的标本一样。但是所戴兜鍪由中脊向下伸出一个箭头状的护叶，直伸到武士眉心的部位（图六二：1）。这样型式的护叶，和辽应历九年（959年）驸马卫国王墓出土的铁兜鍪额前的护叶相似③，应也是当时流行的式样。又如榆林窟第12窟五代壁画中，有天龙八部的画像④，这些护法的神将都是

① 这种俑可能是随葬明器里的"镇殿将军"，或称"金甲将军"，见徐苹芳《唐宋墓葬中"明器神煞"与"墓仪"制度——读〈大汉原陵秘葬经〉札记》，《考古》1963年第2期。
② 敦煌文物研究所：《敦煌彩塑》，人民美术出版社，1960年。
③ 热河省博物馆筹备组：《赤峰县大营子辽墓发掘报告》，《考古学报》1956年第3期。
④ 敦煌文物研究所：《敦煌艺术画库·4·榆林窟》，中国古典艺术出版社，1957年。

身擐甲胄的，铠甲的型式也和王建墓等的标本相同（图六二：2）。以上所列举的标本说明，五代时期，甲胄的型式逐渐规范化，形成较一致的型式。到了北宋，就在五代甲制的基础上形成了一定的制度。

宋太祖赵匡胤消灭了南唐、吴越、后蜀、南汉、北汉等地方割据政权，重建统一的中央集权的封建国家。他很重视军事装备的生产，如在开宝八年（975 年），"颇以简稽军实为务，京师所造兵器十日一进，谓之旬课，上亲阅之，制作精绝，尤为犀利。其国工之署，有南北二作坊、弓弩院，诸州有作院，皆役工徒，限其常课。南北作坊岁造涂金脊铁甲、素甲、浑铜甲、墨漆皮甲、铁身皮副甲、锁襜兜鍪、金钱朱漆皮马具装，铁钢朱漆皮马具装……凡三万二千……诸州岁造黄桦黑漆弓弩……皮甲、兜鍪、铁甲叶、箭镞等凡六百十余万"[1]。这就为宋初进行统一战争准备了充足的兵器装备。也正是在这样大规模的兵器装备生产的基础上，兵器装备的形制形成了完整的官定制度。庆历四年（1044 年）成书的《武经总要》一书[2]，就对当时的兵器装备制度做了详尽的记录。在该书前集卷一三《器图》中，有五领甲胄（图六三）和一领马甲（具装）的图像，使我们能够比较全面地了解北宋的甲制和组成铠甲的各部分的具体形制。书中对铠甲的图像有简要的说明："其制有甲身，上缀披膊，下属吊腿，首则兜鍪顿项。"以《器图》中所示的"步人甲"为例，甲身（图中又作"身甲"）是一整片，由 12 列小长方形甲片组成，上面是保护胸、背的部分，用带子从肩上系联，腰部用带子从后向前束，腰下垂有左右两片膝裙。甲身上缀披膊（图中又作"掩膊"），左右两片披膊在颈背后联成一体，以带组结在颈下。兜鍪呈圆形覆钵状，后缀顿项，顶部洒插着三朵长缨（图六三：1、2）。另一领铠甲的装饰较为华丽，身甲的胸、背部分上作山文，腰带以下有腿裙、鹘尾，披膊肩部作虎头状（图六三：7、8），可以清楚

---

① 《文献通考》卷一六一。

② 《武经总要前集》，中华书局影印郑振铎原藏明弘冶、正德年间（明孝宗至明武宗）刊本，见《中国古代科技图录丛编初集》四，1959 年。此外，《四库全书珍本》影印了清文渊阁四库全书本，但器图不如弘正刊本。

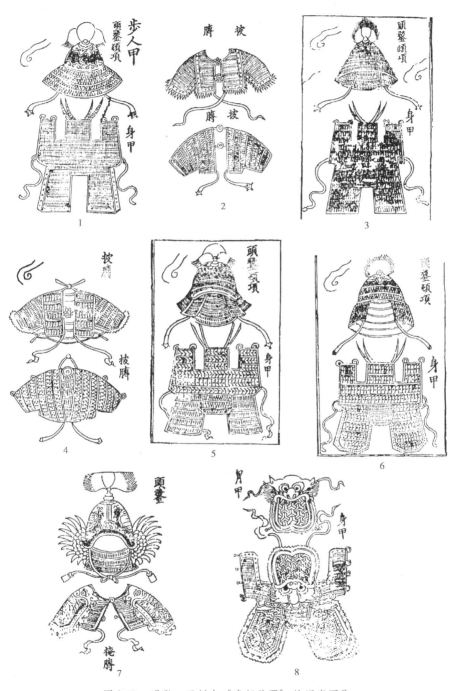

图六三　明弘~正刻本《武经总要》的甲胄图像

地看出与唐代甲胄之间的承继关系。对现存于河南巩县的北宋诸陵前的石刻进行观察，里面的擐甲武士的兜鍪和铠甲①，正是合于《武经总要》所记录的甲胄制度（图六四：1）。

图六四　宋代的甲胄

1. 巩县宋仁宗陵前石刻　2. 运城关帝庙内石雕　3. 遵义宋墓石雕　4. 江苏姜仁惠墓木俑
5. 成都南宋墓陶俑　6. 川西宋墓陶俑

① 郭湖生等：《河南巩县宋陵调查》，《考古》1964 年第 11 期。

宋代出土遗物所见的甲胄，与《武经总要》的甲制大致相符合。例如山西运城的一尊半身石雕像（图六四：2）①、江苏泰县至和三年（1056年）姜仁惠墓木俑（图六四：4）②、贵州遵义宋墓石雕像（图六四：3）③、四川宋墓的陶俑（图六四：6）④。都是合于《武经总要》的甲制的。成都南宋绍兴十七年（1147年）墓中出土陶俑的兜鍪和铠甲（图六四：5）⑤，依然符合《武经总要》的甲制。由此推知，在南宋时期，还是遵照北宋时已经形成的定制。

最后谈一下马甲（具装）。迟到宋代，由于军队的组织、战略战术等方面的变化，马具装的使用已和南北朝到隋时大为不同，但还是军队中所使用的一种防护装具。北宋初年，马具装有铁质和皮质的，铁质的如铁钢朱漆皮马具装和金钱朱漆皮马具装。随后，真宗至英宗时期，军队日益腐败，军事装备的生产受到一定的影响，当时不作为主要军事装备的马具装，就更不受重视了。到了曾公亮纂修《武经总要》的时期，看来铁质的马具装已经停止了生产，仅只生产皮质的马甲（具装）。书中对马甲的总述是："裹马装则并以皮，或如列铁，或如笏头，上者以银饰，次则朱漆二种而已。"书中著录的一副马甲，总结了前代的制度，结构完整，包括了面帘（并附有一具"半面帘"）、鸡项、荡胸（即"当胸"）、马身甲和搭后五部分（图六五），披在马身上，则护住了头、颈和躯干（图六六）。这种皮质髹漆的马甲的颜色，最初有黑色的，以后改用朱红色。《宋史·兵志》记载："（政和）三年诏：马甲曩用黑髹，今易以朱。"⑥宋代统治阶级为了讲排场、逞威风，在卤簿里使用装饰华丽的马具装，称为"马

---

① 山西省博物馆：《山西石雕艺术》，朝花美术出版社，1962年。
② 南京博物院等：《江苏出土文物选集》，文物出版社，1963年。
③ 贵州省博物馆筹备处：《贵州遵义专区的两座宋墓简介》，《文物参考资料》1955年第9期。
④ 刘志远等：《川西的小型宋墓》，《文物参考资料》1955年第9期。
⑤ 洪剑民：《略谈成都近郊五代至南宋的墓葬形制》，《考古》1959年第1期。这类陶俑也应为"当圹""当野"，参看徐苹芳《唐宋墓葬中"明器神煞"与"墓仪"制度——读〈大汉原陵秘葬经〉札记》之"当圹当野"条。
⑥ 《宋会要辑稿·舆服六》所记，与此大致相同。

珂”，"如常马甲，加珂拂于前膺及后鞦"①。

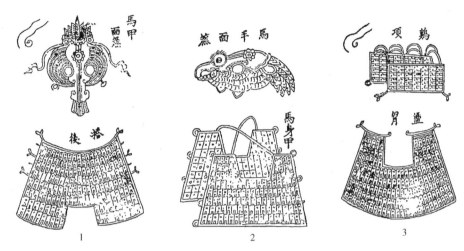

图六五　明弘～正刻本《武经总要》的马甲图像

在北宋马具装日渐衰退的时候，北方的契丹和女真族的军队中，马具装的使用则是另一种情况。契丹和女真族是尚带有氏族制残余的封建军事政权，这种落后的社会制度与军事组织相联系，就是和南北朝时北方各族一样，军队的核心是与氏族制残余有关的重铠骑兵。辽应历九年（959 年）墓里出土了大量铁甲片，共重 100 千克左右，其中有一种上宽下窄的大型甲片，长 10.2、宽 3.5～4 厘米，可能就在马具装上使用②。据《辽史·兵卫志》，契丹军队中是装备着铁马甲的③。至于女真族，在进攻中原的战争中，还是把重装的骑兵作为军队的核心。女真军队主将兀术自己就乘骑甲

① 《宋史·仪卫志》提到"马珂"。《宋会要辑稿》云："马珂之制，铜面，雕翎，鼻拂，攀胸上缀铜杏叶、红丝拂，入（按：据《宋史·仪卫志》，应为"又"字之误）胸前及腹下皆有攀缀铜铃，后有跋尘，锦包尾，独卤簿中金吾卫将军导驾者皆用之。"传世的宋画里，可以看到马珂的形象，有饰有白翎的贴金面帘，大红鼻拂，大红洒金花的鸡项，胸攀缀铜铃，深绿贴金的跋尘，大红洒金花织锦包尾，见美国纽约大都会美术馆编《五千年的艺术杰作》（The Metropolitan Museum of Art, *Master pieces of Fifty Centuries*, 1970）卷首第 36 页彩色版，又见书中展品第 136 号单色照片。该书中称为《贡马图》，名称不确，应为出行卤簿的一部分，图中那匹无人乘骑的白马是一匹诞马（备用马），诞马后面的两骑，马上均饰马珂。
② 热河省博物馆筹备组：《赤峰县大营子辽墓发掘报告》，《考古学报》1956 年第 3 期。
③ 《辽史·兵卫志》："辽国兵制，凡民年十五以上，五十以下隶兵籍，每正军一名，马三匹……人铁甲九事，马偶，马甲、皮铁视其力，弓四，箭四百……"

马，他亲统的四千牙兵，皆重铠全装，人披铠，马披具装，号为"铁浮图"①。在建炎四年（1130 年）四月保卫建康的战役里，宋军也曾缴获金兵马甲 293 副②。

除了上述宋辽金的甲胄材料外，1972 年，在西夏八号陵发掘中获得了一些铜甲片③，共有 52 片，多已残断，有的表面鎏金（图六七）。甲片的形制基本上与西安曲江池发现的唐代铁甲片一样，作四角抹圆的长条形，长 9.9、宽 2.1 厘米，上有七组 12 个穿孔。也有小一些的，长 5.8、宽 1.8 厘米，上有五组 9 个穿孔。这些鎏金的铜甲片，大概是当时西夏王室使用的装饰华美的铠甲，而一般实战铠甲恐怕不是这样子的，军队中也是装备着铁质的铠甲。

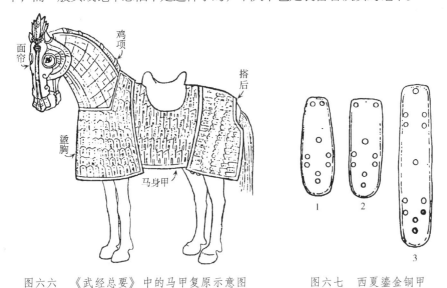

图六六　《武经总要》中的马甲复原示意图　　　图六七　西夏鎏金铜甲

一四　有关唐宋甲胄制造的一些问题

（一）官营军事手工业中的造甲作坊

甲胄是军队的主要防护装具，在我国古代一直是由国家控制生产的。

---

① 《三朝北盟会编》卷二〇一，引杨汝翼《顺昌战胜破贼录》。
② 岳珂：《金陀粹编》卷五《鄂王行实编年》。
③ 宁夏回族自治区博物馆：《西夏八号陵发掘简报》，《文物》1978 年第 8 期。

唐初贞观六年（632年），把沿袭隋代的少府设甲铠署的制度改为"甲坊署"，专门负责甲铠的生产。据《六典》，甲坊署设令一人，正八品下。丞一人，正九品下。监作二人，从九品下。又说："甲坊令、弩坊令，各掌其所修之物，督其缮造，辨其粗良，丞为之贰。凡财物之出纳，库藏之储备，必谨守之。"① 同时，在北都军器监，也缮造甲弩之属，纳于武库。

北宋初期开宝元年（968年），在首都设弓弩院，"掌造弓弩甲胄器械旗剑御镫之名物。以诸司使副内侍二员，监领兵匠千四十二人"②。以后，又设立南、北作坊。开宝八年（975年），赵匡胤亲自校阅所制造的各种装备，十日阅一次，谓之旬课。由于最高统治者的重视，提高了产量和质量，"戎具精劲，近古未有"③。以后，随着最高统治阶层转向因循保守，对军备生产极不重视，甚至在康定元年（1040年）造了一些没有什么防护能力的纸甲，拨给陕西地区的弓手④。到了神宗赵顼时，在王安石指导下，采取了一系列变法措施，也加强了军事装备的生产。在熙宁三年（1070年），整顿和重修了赵匡胤时创建的南、北作坊，改为东、西作坊；熙宁七年（1074年），又为盛暑时的工作匠人建造凉棚⑤。同时，王安石推荐沈括兼管了军器监。经过沈括的刻苦经营，在不长的时期内，兵器的质量和数量都有显著的提高。为了制造"柔薄而韧"的铁甲，他特别研究了冷锻和热锻的工艺⑥。结果，军器监制造的大批兵器，"足可数十年之用"⑦，为抗击西夏提供了充足的物质资料。

（二）唐宋时期的甲胄制造技术

唐宋时期生产的铠甲，主要是铁甲。一副铁甲的制造是相当花费工时的，制造时，大约需要以下几道工序，首先要把铁制成甲札（甲片），再

---

① 《新唐书·百官志》，记器军监下设甲坊署，"甲坊署令一人，正八品下。丞一人，正九品下。掌出纳甲胄绳筋角杂作"。

② 《宋会要辑稿·职官》。

③ 《文献通考》卷一六一。

④ 《文献通考》卷一六一。

⑤ 《宋会要辑稿·方域三》。

⑥ 沈括：《梦溪笔谈·器用》"青堂羌锻甲"条，新校正本，第195页，中华书局，1957年。

⑦ 《净德集》卷四《奏乞罢军器冗作状》。

经过打札、粗磨、穿孔、错穴并裁札、错棱、粗磨等工序。将甲札制好以后，再用皮革条编缀成整领铠甲①。铠甲里面还要挂衬里，以防止磨损披铠战士的肌体②。因此制造一领铠甲，往往需要几十天乃至上百天才能完成。由于工艺繁杂，所以在北宋东、西作坊中共分五十一作③，其中与制造铁甲有关的有铁甲作、钉钗作、铁身作、纲甲作、柔甲作、错磨作、鳞子作、钉头牟作、磨头牟作等，加上制造马甲及皮甲等的马甲作、马甲生叶作、漆衣甲作、马甲造熟作、皮甲作，以及打线作、打磨麻线作等，占了很大的比例。因系手工操作，而一领铠甲又包括几百片或多到千余片甲片，制成后的重量往往有差别，以至于在战士领取了铠甲以后，要清数铁甲叶的数量和称量铠甲的重量，然后分别进行登记④。

关于铠甲的型号，据《唐书·马燧传》，当时制造的铠甲，是根据士卒的高矮，分别规定了大、中、小三种尺寸不同的型号，以区别不同对象，按体分型发给，以利于进趋战斗。又因为铠甲重量较大，所以选兵时，先要注意到他是不是能够"胜举衣甲"，过分羸弱的则予以

---

① 唐代的甲胄制造情况，没有文献保留下来，日本延长五年（927年）仿效唐制撰定的《延喜式》，可以作为研究唐制的参考。该书卷四九《兵库寮》中，记录了造一领挂甲所需的工序和工时，录文如下：

挂甲一领〔札八百枚〕长功百九十二日，中功二百廿日，短功二百六十五日。（长功日）：打札廿日，麂（麆）磨四十日，穿孔廿日，错穴并裁札四十五日，错棱十三日，砥磨、青砥磨并莹四十日，横缝并连七日，缝颈牒并继著二日，著缘一日，擘拘并裁韦四日〔擘缩有手力，下同〕。中功日：打札廿三日，麂（麆）磨四十六日，穿孔廿三日，错穴裁札五十二日，错棱十五日，砥磨、青砥磨并莹四十六日，横缝并连八日，缝颈牒并继著二日，著缘一日，擘拘并裁韦四日。短工日：打札廿七日，麂（麆）磨五十六日，穿孔廿八日，错穴裁札六十三日，错棱十八日，砥磨、青砥磨并莹五十六日，横缝并连九日，缝颈牒并继著二日，著缘一日，擘拘并裁韦五日。

又，其中还记有修理挂甲料：

修理挂甲一领，料：漆四合，金漆七勺六撮，绯绝二尺五寸，绯丝三铢，丝五铢，调绵一屯六两，商布一丈三尺，洗革四半张，扫墨一合，马革一张半，丝一两三铢，单功四十一人。

见日本《国史大系·延喜式》（新订增补）卷四十九《兵库寮》，1942年。

② 《宋史·兵志》。

③ 《宋会要辑稿·方域三》。

④ 《通典》卷一四九杂教令引《大唐卫公李靖兵法》。

淘汰①。

关于宋代的铁甲，仅《宋史·兵志》中保存一些南宋时期的资料②。据《宋史·兵志》，绍兴四年（1134 年）规定全装甲的总重量是 45 ~ 50 斤，不得超过 50 斤。甲叶共计 1825 片，要求内外磨锃，每个部分的甲叶数、分重和每叶甲叶的重量如下：

披　　膊：504 叶，每叶重 0.26 两，共重 8 斤 3 两 4 分

甲　　身：332 叶，每叶重 0.47 两，共重 9 斤 12 两 4 分

腿裙鹘尾：679 叶，每叶重 0.45 两，共重 19 斤 1 两 5 钱 5 分

兜鍪帘叶：310 叶，每叶重 0.25 两，共重 4 斤 13 两 5 钱

又，兜鍪盔子眉子重 1 斤 1 两，皮线结头等重 5 斤 12 两 5 钱，以上合起来，总重 49 斤 12 两（实际是 48 斤 11 两 6 钱 5 分）。稍迟至乾道年间，各部分甲叶的重量都有所减轻，甲叶的数量则有所增加，这就使铠甲更加精工和细密，并且按不同的兵种设计了铠甲的重量。乾道四年（1168 年）三月十五日，王琪进三色甲，分别有枪手甲、弓箭手甲和弩手甲三种③，现将有关数字列表如下（表五）：

表五　南宋甲胄重量一览表

	甲身		披膊		头牟		总重
	甲叶数	重量	甲叶数	重量	甲叶数	重量	
枪手甲	1610—1810	31 斤 4 两 ︱ 36 斤 14 两	1028—1298	10 斤 9 两 4 钱 ︱ 14 斤	507—674	9 斤 ︱ 10 斤 12 两	53 斤 8 两 ︱ 58 斤 1 两
弓箭手甲	1812—1818	31 斤 12 两 ︱ 36 斤 12 两	646—850	7 斤 12 两 ︱ 10 斤	349—420	6 斤 10 两 ︱ 8 斤 8 两	47 斤 12 两 ︱ 55 斤

① 《通典》卷一四八。

② 除《宋史·兵志》外，《钦定四库全书武经总要提要》云，南宋有《御前军器集模》一书，其中的《造甲法》二卷曾收入《永乐大典》中，但现已不存。

③ 《宋会要辑稿·舆服六》。

	甲身		披膊		头牟		总重
	甲叶数	重量	甲叶数	重量	甲叶数	重量	
弩手甲	1178—1326	22 斤 10 两 | 25 斤 18 两	630—836	7 斤 8 两 | 9 斤 8 两	355—420	6 斤 12 两 | 9 斤	37 斤 10 两 | 45 斤 8 两

按：原文弓箭手甲，"甲身叶一千八百一十八斤"（斤为"片"字之误），弩手甲"头牟叶三百五十五斤"（斤为"片"之误）。另外，弓箭手甲，甲身的甲叶数"一千八百一十八片至一千八百一十二片"，斤为"片"字之误，而一千八百一十二片似为一千六百一十二片之误，因三十六斤十二两作一千八百一十八片，每片约三钱二分重，则三十一斤十二两，应作一千六百余片较合适。

以上这些甲，都是"皮线穿举"。由这一材料可以知道，当时制造的铠甲，根据不同的部位，甲叶的重量是甲身的最重，头牟的次之，披膊的最轻。以枪手甲为例，甲身每叶约重 0.31 ~ 0.32 两，披膊每叶约重 0.17 两，头牟每叶约重 0.28 两，比绍兴四年的全装甲的甲身叶和披膊叶轻得多，仅头牟叶的重量稍重一点。

关于制造铠甲的工数和费用，据《宋史·兵志》："绍兴三年（1133年）提举制造军器所言：以七十工造全装甲一，又长齐头甲每一甲工百四十一，短齐头甲用工七十四"。又朱熹《与曾左司事目札子》中，讲到了打造"步人弓箭手铁甲"的用工和费用："打造步人弓箭手铁甲，一年以三百日为期，两日一副，昨已打造到一百五十副了毕，申乞迟发继准枢密院剳子，检坐元降指挥只令如法椿收，窃缘上件铁甲计用皮铁匠一万八千，工钱五千二百余贯……"[①] 可知每副铁甲需用皮铁匠工一百二十，工钱约三贯半。建炎三年（1129 年）江东漕臣褚宗谔造"明举甲"三千，每副工费"八十缗有奇"[②]。足见当时制造一副铠甲所需的工时和工费是相当可观的。

---

① 《晦庵先生朱文公文集》卷二十，《四部备要》本。
② 《玉海》卷一五一引。

在制造技术方面，宋代的铁铠甲是相当精坚的。前已讲到王安石推荐当时的科学家沈括兼管军器监。沈括为了提高铠甲和各种兵器装备的质量，曾亲自调查访问几处冶炼作坊，收集资料，研究当时劳动人民冶炼钢铁的方法，分析灌钢和百炼钢、冷锻和热锻的区别，以提高兵器生产的工艺水平。他在《梦溪笔谈》里，特别记述了质量精良的冷锻铠甲的材料，"凡锻甲之法，其始甚厚，不用火，（今）〔冷〕锻之，比元厚三分减二乃成。其末留筯头许不锻，隐然如瘊子，欲以验未锻时厚薄，如浚河留土笋也，谓之'瘊子甲'"。又说镇戍军有这样类型的一副铁甲，用强弩距离五十步射它，都不能射进去①。可见当时锻甲的精坚。陶谷《清异录·武器》记有水莹铁甲，"十年不磨冶亦若镜面"②。也是表示当时铠甲制造精良的一个例子。

（三）火药兵器的发明和铠甲的废弃

铠甲制造的精坚，在北宋时期确是达到一个新的顶峰，但正是在这一时期，也是它走上了衰落的起点。导致它衰落乃至废弃的主要因素，是火器的使用。火药，这个"注定使整个作战方法改变的新因素"③，在北宋时期已经开始用于军事方面，《武经总要》中已经记录了制造火药的三种配方④，同时，在首都设有"广备攻城作"，领有火药、猛火油等作坊，并严禁制法外传⑤。咸平三年（1000年），唐福开始制造实战用的火药火箭。最早的管形火器，可能是南宋时期开始使用的。绍兴二年（1132年），陈规使用了巨竹筒制成的"火枪"。开庆元年（1259年），在寿春制成有

① 《新校正梦溪笔谈》，第195页。
② 《说郛》本，第120册。
③ 恩格斯：《军队》，《马克思恩格斯全集》第十四卷，人民出版社，1964年，第28页。
④ 《武经总要前集》卷一一、一二。
⑤ 《麈史》卷上引宋次道《东京记》，说八作司之外"又有广备攻城作，今东西广备隶军器监矣。其作凡十一目，所谓火药，青窑，猛火油，金火，大、小木，大、小炉，皮作，麻作，窑子作是也，皆有制度作用之法，俾各诵其文，而禁其传"。涵芬楼排印本，又据《宋会要辑稿》职官三〇之七，广备攻城作为二十一作，非十一作，其中确有火药、猛火油作，此条承徐苹芳同志见告。

"子窠"的"突火枪"。这种管形火器就是现代枪炮的最原始的形态①。当然，火器发明的初期，它的威力还不是很大，甲胄还具有防护的能力，但是随着社会的发展和工业生产的进步，火器的威力逼迫着笨重的铠甲退出了历史舞台，随着封建社会为资本主义社会所取代，落后于时代的铠甲就变成无用东西而被废弃了。

十五　从古代甲胄看中外文化交流

从上面对我国古代甲胄的初步分析，可以看出，它的发展自成系统，有着民族文化的特点。同时，也不应忽视自古以来中华民族就与邻近的东亚、中亚、西亚各民族，甚至远到欧洲或非洲的一些民族，都有着相互的文化交流，科学思想和各种技术相互传播。关于军事技术以及兵器装备的制造等方面，同样也是互有影响的，在这些方面，古代文献中常常有一些令人感兴趣的记录。有一个例子见于《汉书·陈汤传》，陈汤等领兵抵近郅支单于城时，看到"步兵百余人夹门鱼鳞陈，讲习用兵"②。有人认为，这就是按照罗马军团的方法，操练叠锁盾的龟甲形阵。同时，郅支单于城的结构，是在"土城外有重木城"，也符合罗马城防工事的典型做法。由此推测，这很可能是经过安息而传到这里的罗马军事技术③。这个例子，反映了当时各民族之间军事技术交流的一个侧面。作为主要防护装具的甲胄，各民族间也是这样交流和相互影响。由于材料不多，我们现在只能简要地提出一些值得注意的线索，至于进一步的剖析，只有以后再谈了。

中国古代的甲胄，对于我国东边一衣带水的近邻日本产生了很大影响。仅以甲骑具装为例，通过当时居住在东北边疆的高句丽族，再经过朝鲜半岛，把这种重装骑兵装备的人甲和马铠传到了日本。1958年底，在日

---

① 冯家升：《火药的发明和西传》，上海人民出版社，1957年。

② 《汉书·陈汤传》，第3019页。

③ 李约瑟：《中国科学技术史》第一卷（Joseph Needham, *Science & Civilisation in China*, Vol. I, 1954）。

本和歌山市大谷古坟中出土了一具战马使用的具装铠，以及鞍、辔和镫等全套马具①。还有战士披戴的铁胄、短甲和另一领用甲片编成的札甲，以及数量很多的铁质刀、剑、矛和箭镞。马具装使用的甲片有大小两种，都是长方形的，大型的长 11、宽 7 厘米，穿孔在上下左右靠边沿处、共十九孔（图六八：右上）；小型的长 8.1、上宽 6.1、下宽 5.5 厘米，有穿孔 12 个（图六八：右下）。两种甲片共约 400 余枚，可惜出土时编缀的绳索已残断，只有部分甲片的编缀关系还能看清楚，但是出土的马面帘，却保存得极完好。面帘是用铁板制成的，两眼处开有孔洞，颊部左右各安一片半圆形的护板，额部竖起用三片上缘半圆形的铁片铆成的花饰，中间一片的背面还铆有一个竖立的直鼻，可能是用来插缨饰的（图六八：左）。这具马面帘的形制，和高句丽壁画石墓中的图像完全一样，可以明显地看出它们之间的渊源关系。日本学者认为，大谷古坟属于豪族纪氏，是与侵略朝鲜的战争有关的家族，墓内的马具装和兵器深受大陆先进文化的影响。

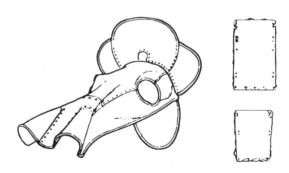

图六八　日本大谷古坟出土马具装的面帘和身甲片

到了隋唐时代，中国和日本之间有着极为密切的文化交流关系，当时日本朝廷曾仿效唐制，订立各种制度，有关铠甲的制度也依照唐制，因此，中国古代甲胄对日本有较大的影响。日本民族吸收了这些从大陆传来的技术，从而发展出具有独特民族风格的日本甲胄②。

---

① ［日］樋口隆康等：《大谷古坟》，1959 年。
② ［日］末永雅雄：《日本武器概论》，1972 年。

和我国西方的邻国的联系，古代是通过那条著名的"丝绸之路"，越过高山大漠的重重险阻，互相交往着。除了友谊的桥梁，历代的各次由东向西或由西向东的军事远征，更使得军事装备和技术有互相影响的可能性。前面提过的陈汤在郅支单于城看到的"鱼鳞阵"和城防工事，就是这类通过战争产生的东西军事技术的接触。

在古代甲胄的制作技术方面，我们应当注意到下面一点：古代波斯早在公元前480年，军队中已经普遍装备有铁质的鱼鳞甲。古希腊的历史家希罗多德曾经这样描述波斯皇帝泽尔士的波斯军队的装备："他们头上戴着称为阿拉斯的软毡帽，身上穿着五颜六色的带袖内衣，上面有像鱼鳞那样的铁鳞；腿上穿着裤子。"[①] 这说明，波斯人当时已经大量使用以小型铁甲片编缀的鱼鳞甲。而同样形制的用铁甲片编缀的铠甲，在我国开始使用的时间是较晚的，当时是不是有可能吸收了一些先进的外国技术呢？这是一个值得注意的问题，有待进一步的研究。

图六九　杜拉·尤罗波斯铠马骑士雕像

另一点值得注意的是马具装铠的使用。在我国古代，结构完整的具装铠，是伴随着十六国时期匈奴、鲜卑等少数民族进入中原地区而大量使用

---

① 希罗多德著、王嘉隽译：《历史（希腊波斯战争史）》，商务印书馆，1959年。

的。而同样类型的保护战马的铠甲，在古波斯出现的时期更早些。幼发拉底河畔的杜拉·尤罗波斯遗址正是在"丝绸之路"上，那里发现的安息时期图像中，有一个披着铠甲、头戴兜鍪的骑士，他的战马也是披着马铠的(图六九)①，整个图像和十六国以来在我国流行的甲骑具装极为相似。在古代，以游牧经济为主的一些民族并不受所谓国家疆域边界的限制，他们从东向西或从西向东的流动，常常导致了东西方文化和技术的交流。由于甲骑具装的大量使用，正是伴随着匈奴、鲜卑等民族进入中原的历史时期而出现的，所以，这种军事装备的制造和使用，也就很有可能是吸收了安息的技术而发展起来的，这又是一个值得以后进一步研究的问题。

如果说上述的铁质鱼鳞甲和马具装铠方面的情况还有待进一步研究的话，下面两种类型的铠甲，则可以肯定是接受了西亚的技术以后才在中国开始使用的，那就是"锁子甲"② 和唐代在我国新疆地区流行的一种波斯类型的铠甲。

锁子甲也称"环锁铠"，它的名字最早出现于曹植的《先帝赐臣铠表》中，当时是一种极少有的名贵铠甲，至今我们并没有发现过曹魏时期有关环锁甲的实物或图像资料，此后在古代文献中，也有很长时期没有再看到它的踪迹。直到前秦苻坚派吕光为都督西域征讨诸军事、进攻龟兹城时，西域诸军装备的铠甲是"铠如连锁，射不可入"，而吕光的部队对这种铠甲并不熟悉，看来，当时环锁铠还是一种有异域风味的新奇装备③。吕光击败龟兹后，带回了大量的战利品，其中自然会有这种铠甲。但是前面叙述的关于南北朝时期的甲胄材料中，也还没有明确为环锁铠的资料，所以知道它还不是那一时期普遍使用的类型。直到隋唐时期，环锁铠还是西域地区的特产之一，当时康国向唐廷供奉的贡品中，就有锁子甲④。不过，

---

① R. 格尔西曼：《伊朗》，《企鹅丛书》版（R. Ghirshman, *Iran*, Penguin Books, 1954）。

② B. 劳弗尔：《中国的陶俑》（B. Laufer, *Chinese Clay Figures*, Part I "Prolegomena on the History of Defensive Armor", 1914）。

③ 《晋书·吕光载记》，第 3055 页。

④ 《旧唐书·西域传》，第 5311 页。

当时中原地区已经掌握了制造这种铠甲的技术，它已经在《六典》的甲制中列在第十二位了。

关于唐代我国新疆地区流行的一种波斯类型的铠甲，在新疆库车城西北克孜喀拉罕石窟的壁画中，有这样的铠甲图像，在第十一、三十二窟甬道中，画有断发、披甲、佩剑、脚着长靴的武士供养人像，所披的铠甲就是这种式样的①。同样类型的壁画，在拜城克孜尔石窟等处也都有发现。这种铠甲的特点是有较高的向左右分开的立领，铠甲由胸前正中开合，束腰处较细，下摆的垂缘长及膝部，并且外展似裙。在中亚古康居的片治肯特城遗址的壁画里，也可以看到身披这种铠甲的骑士正在战斗的图像②。我们又可以从描绘波斯萨珊朝国王射猎的图像中，清楚地看到国王所披的正是这种类型的铠甲。可以看出，这是一种当时流行于波斯萨珊朝、向东经中亚直到现在我国新疆境内广大地区的一种铠甲类型，它是波斯萨珊朝文化影响下的产品。

还有一个问题也应附带说明一下。由于中国封建社会有着自己的特点，和西欧中世纪那种农奴制的庄园经济不同，反映到上层建筑方面，军队的组织也不同。中世纪的西欧，军队是以重装的骑士为核心，这种重装的“铁甲骑士”是由农奴主担任的。恩格斯指出：“在西欧各国，决定这一时期内每次会战胜负的兵种则是由骑士组成的正规重骑兵。”③ 步兵则是由农奴担任，兵器很差，更没有护身的甲胄。所以“骑士的数量不是很多的，我们发现，在多次大会战中，参战的骑士不到 800～1000 名。但是，他们只要将敌人的重装骑手逐出战场，通常足以对付任何数量的步兵”④。以至于“单枪匹马冲入这个没有保护的人群之中乱劈乱杀，这是从头到脚裹以铁甲的骑士的拿手好戏”⑤。在中国古代，中央集权的统一的封建专制

① 阎文儒：《新疆天山以南的石窟》，《文物》1962 年第 7、8 期合刊。
② M. M. 梯亚阔诺夫著、佟景韩等译：《边吉坎特的壁画和中亚的绘画》，《美术研究》1958 年第 2 期。“边吉坎特”今译为“片治肯特”。
③ 恩格斯：《骑兵》，《马克思恩格斯全集》第十四卷，人民出版社，1964 年，第 306 页。
④ 恩格斯：《骑兵》，《马克思恩格斯全集》第十四卷，人民出版社，1964 年，第 306 页。
⑤ 恩格斯：《军队》，《马克思恩格斯全集》第十四卷，人民出版社，1964 年，第 26 页。

国家所拥有的庞大的军队，是由农民组成的，当然，地主阶级占有各级指挥职务。在军队中，步兵和骑兵同是军队的主力，虽然也有一个阶段使用甲骑具装的重装骑兵形成军队的核心，但是它的成员并不具有像欧洲"铁甲骑士"那样的身份，也不是决定战斗的唯一兵种，所以反映在军队的防护装具方面也就不同了。在古代中国的兵器装具中，就没有西欧那种类型的重装骑士所用的铠甲。但是，这绝不意味着军队的战斗力会比欧洲那种"铁甲骑士"低，结论恰恰相反。举瓦尔施塔特战役为例就可以说明了。恩格斯是这样描述这一战役的：蒙古人"于1241年在西里西亚的瓦尔施塔特同波兰德国的联军会战。经过长时间的战斗，亚洲人击溃了疲惫的欧洲铁甲骑士。"[①] 当时蒙古骑兵的铠甲等装备，是受古代中国的武器系统的影响的。

一六 结论

（一）恩格斯在研究古代的军队时，大量的使用了考古学的材料。他在1867年为《美国新百科全书》写的《军队》这一条目中，当论述古代埃及的军队时，恩格斯指出，那一时期古代埃及的有关绘画和碑文，"这些都是我们考证埃及军事状况的主要的资料来源"[②]。在论述亚洲的军队时，又特别指出，"我们主要的资料来源也是古物"[③]。恩格斯根据这些考古材料，用辩证唯物主义和历史唯物主义的方法研究、分析古代军队，研究它的发展阶段和特点，阐明它的组织、装备以及战略、战术的变化，指出这些都取决于生产力发展的水平，取决于社会制度和社会的阶级结构。马克思读了《军队》一稿后高兴地写信给恩格斯。信中说："你的《军队》一文写得非常好"。他进一步指出："军队的历史比任何东西都更加清

---

① 恩格斯：《骑兵》，《马克思恩格斯全集》第十四卷，人民出版社，1964年，第305页。
② 恩格斯：《军队》，《马克思恩格斯全集》第十四卷，人民出版社，1964年，第5页。
③ 恩格斯：《军队》，《马克思恩格斯全集》第十四卷，人民出版社，1964年，第6页。

楚地表明，我们对生产力和社会关系之间的联系的看法是正确的。"① 无产阶级革命导师的这些论述，为我们研究有关中国古代军队的考古资料树立了光辉的典范，指明了我们今后采用考古资料中所提供的关于古代军队的装备、兵种等，来研究中国古代的兵器史和军事史所必须遵循的道路。

古代的甲胄是军事装备中重要的防护装具，对它的分析研究，有助于开展有关古代军事史的研究（图七〇）。通过对奴隶社会和封建社会前期的甲胄发展变化的分析可以清楚地看出，它的发展反映着当时的社会生产的发展水平，由皮甲到青铜的防护装具到铁铠的发展序列，正是体现了这一点。铁铠由粗糙到精制，以至到"百炼钢"制成的钢铠，也体现了这一点。正如恩格斯所指出："新的生产力同样是军事上每一种新的成就的前提。"② 而这些新的成就，都是古代劳动人民所创造出来的。"新的军事科学是新的社会关系的必然产物"，军事上的防护装具之所以能利用最先进的技术成就，是由于阶级斗争的需要，是和社会关系的发展变化相适应的。皮甲和青铜胄是奴隶制社会的产物，是与当时的社会制度相联系的车战相适应的，也是当时的社会生产力所决定的。封建制的初步建立，铁器走上历史舞台，笨重的战车过时了，与之适应的是铁制的防护装具开始出现，它又是和步兵与骑兵野战相适应的。可以看出，铁铠甲的出现、发展和衰亡，反映着我国封建社会的产生、发展和衰亡。"一般说来，军队在经济的发展中起着重要的作用。"③ 当时社会生产技术的最高水平，常常首先表现在兵器装备的生产上。在我国古代，冶铁技术的生产始于封建制的产生和奴隶制的瓦解阶段。铁质的器物主要用于生产部门和军事部门。应用在军事上，那就是锋利的刀剑和伴同它们出现的防护装具——铁铠。"可

---

① 马克思：《致恩格斯（1857 年 9 月 25 日）》，《马克思恩格斯全集》第二十九卷，人民出版社，1972 年，第 183 页。
② 恩格斯：《1852 年神圣同盟对法战争的可能性与展望》，《马克思恩格斯全集》第七卷，人民出版社，1959 年，第 562 页。
③ 马克思：《致恩格斯（1857 年 9 月 25 日）》，《马克思恩格斯全集》第二十九卷，人民出版社，1972 年，第 183 页。

图七〇 从原始时期到唐代甲胄防护部位发展示意图（图中涂黑处为甲胄部分）

1. 甲胄防护部位示意图（A. 身甲；B. 身甲下缀护腰的垂缘；C. 披搏；D. 膝裙；E. 臂护；F. 吊腿。头上：H. 胄；H＋G. 兜鍪） 2. 台湾兰屿耶美人的原始藤甲和藤胄，防护部位：A、H 3. 云南傈僳族原始皮甲与皮胄，防护部位：A、H 4. 四川彝族的皮甲，防护部位：A＋B 5. 秦代的甲，依秦始皇陵陶俑坑出土陶俑，防护部位：A＋B＋C 6. 西汉铠甲之一，依咸阳杨家湾出土陶俑，防护部位：A 7. 西汉铠甲之二，依咸阳杨家湾西汉墓出土陶俑，防护部位：A＋B＋C 8. 西汉铠甲之三，铠甲依满城汉墓铁铠，防护部位：A＋B＋C 9. 北朝两当铠、兜鍪，依洛阳北魏元熙墓出土陶俑，防护部位：A＋B＋C、H＋G 10. 北朝的明光铠、兜鍪，铠甲依北魏宁懋石室线雕，兜鍪依洛阳元邵墓出土陶俑，防护部位：A＋B＋C＋D、H＋G 11. 隋代的明光铠、兜鍪，依合肥隋墓出土陶俑，防护部位：A＋B＋C、H＋G 12. 唐代的明光铠、兜鍪，依西安李爽墓出土陶俑，防护部位：A＋B＋C＋D＋E＋F、H＋G

是，中国自从脱离奴隶制度进到封建制度以后，其经济、政治、文化的发展，就长期地陷在发展迟缓的状态中。"① 与这种封建社会的缓慢发展适应，冶铁炼钢业的发展也是缓慢的，铁铠甲的生产发展也是这样。战国时期，铁铠已经登上舞台，一直到明清，使用了两千余年，但工艺水平变化不大。西汉时期已经使用了钢质的甲片，其形制和编缀的方法，在以后的长时期内基本上没有多少变化。铁铠的变化主要表现在用这些甲片编缀而成的铠甲类型的变化。例如，从东汉到魏晋南北朝发展起来的世族地主经济，形成了人身依附关系很强的部曲佃客荫户制，出现了部曲私兵和与之相适应的以重装骑士（甲骑具装）为中心的军队组织，这时大量使用的防护装具的类型，就是两当铠和具装铠。隋末农民大起义沉重地打击了士族门阀，这种类型的铠甲逐渐衰落，而适于步兵野战的"步兵甲"（"步人甲"），这种类型的铠甲相应地发展了。在唐代铠甲形制的基础上，又经过五代和北宋初年的发展，铠甲的制造已经达到了中国古代的高峰，宋代的曾公亮对这时期铠甲的形制进行了总结，记录在《武经总要》一书之中。也正是从这一时期开始，甲胄开始走上衰亡的道路。

　　导致铠甲衰亡乃至废弃的主要原因，是火药这个"注定使整个作战方法改变的新因素"出场了，并且在北宋时期已经开始使用于军事方面。在《武经总要》中，已经记录了火药的三种配方。"但是火药和火器的采用决不是一种暴力行为，而是一种工业的，也就是经济的进步。"② 在封建社会中，落后的生产关系阻碍着生产力的发展，火器的改进是非常缓慢的，而甲胄的衰退也是缓慢的。资本主义取代封建社会，最终导致"市民的枪弹射穿了骑士的盔甲。贵族的统治跟身披铠甲的贵族骑兵队同归于尽了"③。在我国历史上，火器的出现、改进和铠甲的衰退，是从北宋开始的，等到清王朝的最终覆亡，甲胄的使用也就最终停止了，那时中国已经成了半殖民地半封建的社会了。

---

① 《中国革命和中国共产党》，《毛泽东选集》第二卷，人民出版社，1967 年，第 586 页。
② 恩格斯：《反杜林论》，《马克思恩格斯选集》第三卷，人民出版社，1972 年，第 206 页。
③ 恩格斯：《反杜林论》，《马克思恩格斯选集》第三卷，人民出版社，1972 年，第 206 页。

（二）甲胄本来是一种在战争中使用的防护装具，但是封建社会的一些最高统治者为了夸耀自己的威严和豪富，常常制造一些用贵重金属制成的华丽的铠甲。例如前秦的苻坚，曾经让能邈"造金银细铠，金为铤以缕之"①。南齐的萧宝卷在临近被推翻时，还骑着披有"银莲叶具装铠"的骏马，上面装着"杂羽孔翠寄生"出入宫门②。在这些最高统治者出行的仪仗卤簿中，装备着各种华丽的铠甲，后赵的石季龙"左右直卫万人，皆着五色细铠，光耀夺目"③。北周的皇帝临朝时，侍卫都披着金甲或银甲④。隋朝也沿袭着这种制度。连厉行俭朴的唐太宗李世民也讲排场，在他打败了王世充举行凯旋礼时，他自己就披着金甲，还带有披着具装的作为仪卫的骑兵⑤。淮安王李寿和懿德太子李重润墓里出土的那些贴金彩绘的甲骑具装俑，就是模拟当时的皇室的仪卫卤簿，也可以说是继承着唐太宗时的传统。

在唐代的卤簿里，已经开始改用各种漂亮的丝织品制成的"甲"了，这到了宋代就更为突出。北宋在太祖赵匡胤以后的几个皇帝，对外苟安求和，对内残酷地压榨人民，过着穷极奢侈的生活。出行时的"大驾卤簿"更是力求华丽，所使用的甲都是"以布为里，黄绝表之，青绿画为甲文，红绵缘，青绝为下裙，绛韦为络，金铜钑，长短至膝，前膺为人面二，自背连膺，缠以锦腾蛇"⑥。马上则披饰着华丽的"马珂"，五色缤纷，穷极奢侈。虽经王安石变法，有过短暂的变化，但到徽宗赵佶时，奢侈淫乐更加严重，最后导致了北宋的灭亡，那些华丽的仪仗卤簿就和赵佶本人一起，成了金人的战利品。

（三）"军队、警察、法庭等项国家机器，是阶级压迫阶级的工具。"⑦

---

① 《初学记》卷二二引车颖《秦书》，中华书局，1962 年。
② 《南齐书·东昏侯纪》，第 105～106 页。
③ 陆翙：《邺中记》。
④ 《隋书·仪卫志》，第 281～282 页。
⑤ 《新唐书·太宗记》："（武德四年）六月凯旋，太宗被金甲，陈铁骑一万，介士三万，前后鼓吹，献俘于太庙。"第 26 页。
⑥ 《宋史·仪卫志》，第 3470 页。
⑦ 《论人民民主专政》，《毛泽东选集》第四卷，人民出版社，1967 年，第 1413 页。

在封建社会里，军队是地主阶级压迫农民阶级的工具。为了镇压人民的反抗，封建统治者就必须力求把军队中的重型装备控制起来，不让人民持有这些装备，以防人民造反。秦汉以来，军队中主要的装备，是进攻性兵器中的强弩和防护装具中的铁铠。所以，历代的封建统治者都以法律的形式，规定一般人民不准私蓄弩铠，否则要处以严厉的刑罚。西汉末年的王莽，为了维护摇摇欲坠的统治，就曾多次发布禁令，"禁民不得挟弩铠"①。保存下来的最完整的禁令是唐代的。当时规定，弓箭、刀楯和短矛不在禁令之内，而人披的铠甲、马用的具装铠以及长矛和矟，都是禁止私有的。据唐律："诸私有禁兵器者，徒一年半。"《疏议》曰："私有禁兵器，谓甲、弩、矛、矟、具装等。依令，私家不合有。若有矛、矟者，各徒一年半。"又规定："弩一张，加二等。甲一领，及弩三张，流二千里。甲三领，及弩五张，绞。私造者，各加一等。"下注："甲谓皮、铁等，具装与甲同。即得阑遗，过三十日不送官者，同私有法。"对于私有甲和私有弩的定罪不同，有甲罪重，有弩坐轻。持有未造成的半成品，也要处罚，"造未成者，减二等。即私有甲弩，非全成者，杖一百，余非全成者勿论"。甚至在"征戎事讫，停留不输者"，也要受处罚②。这些规定是很严格的。封建统治者认为，只要禁止人民持有铠弩等兵器，就可以防止人民起来造反。但是历史的潮流并不是封建统治者的法律所能阻拦的，历代的农民起义，都是用粗劣的兵器打败了装备精良的地主阶级的军队。陈胜、吴广起义，"斩木为兵，揭竿为旗"，打败了装备精良的秦军，最后结束了秦王朝的统治。隋末的农民起义军也没有什么精良的装备，"长白山前知世郎，纯著红罗锦背裆。长矟侵天半，轮刀耀日光……忽闻官军至，提刀向前荡"。这首《无向辽东浪死歌》生动地描绘了隋末农民起义军的装备，没有装备精良的铠甲，却把那些人马披铠的隋王朝军队打得落花流水，最后结束了隋王朝的统治。

---

① 《汉书·王莽传中》，第 4118 页。
② 《唐律疏义》卷一六《擅兴》、卷二六《杂律》，商务印书馆，1939 年。

（四）我们在讨论古代甲胄时，还应该注意到甲胄虽然是一种重要的防护装具，但是它也是和任何其他兵器一样，并不能决定战争的胜负。在我国古代就有很多突出的战例，装备粗劣的部队打败了优势的敌人，下面举两个三国时期的例子。

第一个例子是曹操和袁绍的战争，曹操的军力与袁绍的军力相比，从人数和装备都处于劣势，但是由于在战争中，曹操争取了战争的主动权，后发制人，终于取得了胜利。仅从铠甲的数量来讲，两军相差悬殊，据曹操自己讲："袁本初铠万领，吾大铠二十领；本初马铠三百具，吾不能有十具，见其少遂不施也，吾遂出奇破之。"① 袁氏方面是代表分裂割据的没落大地主阶级，是一个十足的唯武器论者，他们认为失败是兵器不精的缘故。袁绍死了以后，他的儿子袁谭又吃了大败仗，就向他的弟弟袁尚哀叹："我铠甲不精，故前为曹操所败"②。曹操和袁谭所说的话形成鲜明的对比。

另一个例子，魏嘉平四年（252 年）发大军进攻东吴，吴将丁奉引麾下三千人拒战。当时天正大雪，丁奉为了麻痹敌人，命令部下解去所披的铠甲，放下长兵器，这样向敌阵接近。曹军将领看到敌人数量既少，又赤裸着身子，仅头戴兜鍪，手执短刃，感到非常好笑，继续置酒高会，不做迎敌准备。结果丁奉引军猛冲上来，纵兵斫杀，曹军大败。居于劣势而解甲裸身的军队，就这样出其不意地战胜了强敌③。

以上两个例子都说明，铠甲的精坚与否并不能完全影响具体战役的胜败。下面还可以举一个南宋军民抗击金兵的例子。金兵在 1140 年五月进逼顺昌，兀术军队的核心是他亲自率领的侍卫亲兵数千人，是人马披铠的重装骑兵，号称"铁浮图"（意为铁塔）。防守顺昌的南宋军队，从兵力、兵

---

① 《太平御览》卷三五六引《魏武军策令》。
② 《后汉书·袁绍传附子谭传》，第 2409 页。
③ 《太平御览》卷三五六引《吴历》："时寒雪，（诸葛）恪使丁奉等皆解铠，但着兜鍪，持刀缘遏上，北军见裸身缘遏，皆大笑，不即严兵，便乱斫，遂破北国。"第 1637 页。又见《三国志·吴书·丁奉传》，第 1301 页。

器装备等方面都处于劣势，但是由于有保家卫国的决心，斗志昂扬，连妇女也磨刀擦枪准备迎敌。结果，取得了巨大胜利，大败"铁浮图"。据《顺昌战胜破贼录》记载，当时兀术"披白袍，甲马，往来指呼，以渠自将牙兵四千策应，皆重铠全装，虏号'铁浮图'，又号'挖叉千户'，其精锐特甚，自用兵以来所向无前"。但是，斗志昂扬的南宋军民，先用枪揭去"铁浮图"头上的兜鍪，再用刀斧斫臂，在战斗中甚至"有以手扯者"。结果这支精锐的重装骑兵，"十损七八"，他们装备的重铠也挽救不了被击败的命运①。这一战役也说明，铠甲的精坚与否并不能完全影响到具体战役的胜败，正如其他兵器也不是决定胜负的主要因素一样。恩格斯在《步枪史》中早已指出，"赢得战斗胜利的是人而不是枪"。我们必须这样来认识，才能正确地估量铠甲这种重要的护体装具在古代战争中的作用。

（原载《中国古兵器论丛》，文物出版社，1980 年。后收入《中国古兵与美术考古论集》，文物出版社，2007 年）

后记　本文于 1973 年开始撰写，当时刚由"五七干校"返回中国科学院考古所，未获回研究室正式工作，大家集中于"编南室"，终日无事，因见到满城汉墓出土卷放的铁铠标本，考虑当时还未见有关于古代铠甲的考古论文，就开始阅读文献和收集发掘资料，到 1974 年秋写成初稿。先送老苏公审阅，他没有看稿，但在与夏作铭先生闲谈时，将我写了古代甲胄文稿的信息告诉了夏先生。所以当我见到夏先生时，他就问我写文稿的事，并要看这篇文稿。于是我从老苏公处取回文稿，即时送给夏先生。他阅过初稿后，写了长近 700 字的审阅意见，并告诉我应如何修改，据《夏鼐日记》，时为 1974 年 9 月 19 日。到 1975 年冬，《考古学报》缺少研究论文，当时主持考古所编辑室的安志敏先生去与夏作铭先生商量，夏先生告诉他我写有这篇文稿可用。安公就向我要去文稿审阅，因当时的政治形

---

① 《三朝北盟会编》卷二〇一引杨汝翼《顺昌战胜破贼录》，又见《宋史·刘錡传》。

势，文章应引述马列主义经典论著，我原稿中只有引自毛主席《矛盾论》中一处语录，所以安公指示我要想办法加强。由于马列原著中只有恩格斯曾写有专论军事的论文，于是我就认真研读恩格斯的《反杜林论》，以及《马恩全集》第 14 卷中收录的他为《美国新百科全书》所写《军队》《骑兵》等众多条目，在文稿的"结语"中大量引用恩格斯语录（当时规定凡引马恩与毛主席语录要排黑体字，非常醒目）。这样一来，安公非常满意，又由于篇幅过长，决定分成上下两篇，安排在《考古学报》1976 年第 1 期和第 2 期刊载，由黄展岳负责编辑。刊出前又送夏先生审阅过，据《夏鼐日记》，时间分别是 1975 年 11 月 23 日和 1976 年 2 月 19 日。在这篇文稿的撰写过程中，曾经由黄展岳、徐苹芳、王世民、王去非、李德金、赵希敏诸位看过，也都提过很好的修改意见。文稿在《考古学报》刊登后，又曾先后收入《中国古兵器论丛》和《中国古兵与美术考古论集》，先后经黄展岳、沈汇、叶青谷、吴铁梅、张小舟、李力各位精心编辑。本文研究成功，离不开诸位师友悉心指导和帮助，使我终生铭记。他们中许多位均已仙逝，谨祈冥福。

附表   **本文所引唐代墓葬一览表**

墓志所记埋葬年代	公元	墓主人姓名	出土地点	文中引用的陶俑类型	材料出处
贞观五年	631	李寿	陕西三原焦村	甲骑具装俑	《文物》1974 年第 9 期
贞观十三年	639	段元哲	陕西西安韩森寨	同上	《西安郊区隋唐墓》
贞观十六年	642	独孤开远	陕西咸阳底张湾	四神俑	《陕西省出土唐俑选集》

续表

墓志所记埋葬年代	公元	墓主人姓名	出土地点	文中引用的陶俑类型	材料出处
麟德元年	664	郑仁泰	陕西礼泉	四神俑	《文物》1972 年第 7 期
乾封二年	667	段伯阳妻高氏	陕西西安韩森寨	武士俑	《陕西省出土唐俑选集》
	约 664 ~ 668（？）	苏君	陕西咸阳	四神俑	《考古》1963 年第 9 期
总章元年	668	李爽	陕西西安羊头镇	同上	《文物》1959 年第 3 期
调露元年	679	王深	山西长治	同上（石俑）	《考古通讯》1957 年第 5 期
	682 ~ 701	李重润（懿德太子）	陕西乾县	甲骑具装俑	《文物》1972 年第 7 期
万岁通天元年	696	独孤思贞	陕西西安	四神俑	《唐长安城郊隋唐墓》
长安三年	703	独孤君妻元氏	陕西西安红庆村	同上	同上
长安四年	704	王义	山西长治北石槽	同上	《考古》1962 年第 2 期
神龙二年	706	李贤（章怀太子）	陕西乾县	同上	《文物》1972 年第 7 期
神龙三年	707	李仙蕙（永泰公主）	陕西乾县	同上	《文物》1964 年第 1 期
神龙三年	707	任氏	陕西西安郭家滩	同上	《考古通讯》1956 年第 6 期
景龙二年	708	郭恒	陕西西安张家坡	同上	《西安郊区隋唐墓》

续表

墓志所记埋葬年代	公元	墓主人姓名	出土地点	文中引用的陶俑类型	材料出处
开元四年	716	张仁	山西长治	四神俑	《考古通讯》1957年第5期
天宝三年	744	史思礼	陕西西安郭家滩	同上	《陕西省出土唐俑选集》
天宝四年	745	雷君妻宋氏	陕西西安韩森寨	同上	《考古通讯》1957年第5期
天宝七年	748	吴守忠	陕西西安高楼村	同上	《文物参考资料》1955年第7期
天宝七年	748	张志逸	陕西咸阳底张湾	骑俑	《陕西省出土陶俑选集》
大历六年	771	王休泰	山西长治	四神俑	《考古》1965年第8期

战车与车战

小戎俴收（兵车儿短小真灵巧），

五楘梁辀（花皮条五处把车辕绞）。

游环胁驱（缰绳穿过活环控制住骖马），

阴靷鋈续（银圈儿把行车的皮条来扣牢）。

文茵畅毂（虎皮毯铺在长毂的车儿上），

驾我骐䮈（驾的骐纹白腿的马儿多俊爽）①。

……

（《诗·秦风·小戎》）

这是一首赞扬秦襄公（前777～前765年）时军容的诗歌，诗中形象地描述了当时使用的战车和有关的兵器装备，同时也反映了当时军队的主力是战车兵的历史事实。恩格斯在论述古代军队时指出："起初马匹大概仅用于驾车；至少在军事史上，战车比武装骑手的出现早得多。"② 我国古代也是如此。

关于商周时期使用的战车的形制，在古代文献中，尤其在《考工记》里保留有较详细的记录。但是由于经历了几千年的漫长岁月，木构的车子没有能够保留下来，人们看到的仅仅是文字记录，对具体的形制还是弄不

---

① 今译采用的是金启华的译文，见金启华《国风今译》第222页，江苏人民出版社，1963年。

② 恩格斯：《骑兵》，《马克思恩格斯全集》第十四卷，人民出版社，1964年，第298页。

清楚。经学家们坐在房子里考据，也想象着画出一些图来，但是谁也无法准确地描绘出当时车子的真实面貌（图一）。

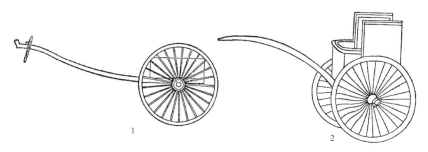

图一　经学家们想象出的车子（2）和真正的车子（1）比较图
图 1 据虢国墓地发掘出的春秋时期车子绘制，图 2 采自戴震《考工记图》（请注意辕的形制、舆与轮的比例）

这个问题只有靠考古发掘的实物资料才能解决。早在抗日战争以前，已经在安阳殷墟的发掘中找到了一些车子的残迹，但还不能准确地弄清楚车子的全貌，因为木质的车子腐朽后，仅仅在黄土中保留着木头的痕迹。剥剔车子的木痕则是一项极为认真细致的工作，是一门较难掌握的田野考古技术。1949 年以后，新中国的考古工作者在这方面取得了很大成绩。中国科学院考古研究所首先在河南辉县琉璃阁成功地剥剔了战国时代的车子，根据木痕弄清楚了它们的形状和细部尺寸①。以后，陆续在安阳大司空村②、孝民屯③发掘了殷代的车子，在陕西长安张家坡发掘了西周的车子④，在河南陕县上村岭虢国墓地发掘了春秋的车子⑤。后来随着文物考古事业蓬勃发展，各地区的文物考古工作者普遍掌握了这种难度较高的剥剔车子的技术，又陆续在安阳殷墟西区发掘了殷代的车子⑥，在北京房山琉

① 中国科学院考古研究所：《辉县发掘报告》，科学出版社，1956 年。
② 马得志等：《一九五三年安阳大司空村发掘报告》，《考古学报》第九册，1955 年。
③ 中国科学院考古研究所安阳发掘队：《安阳殷墟孝民屯的两座车马坑》，《考古》1977 年第 1 期。
④ 中国科学院考古研究所：《沣西发掘报告》，文物出版社，1962 年。
⑤ 中国科学院考古研究所：《上村岭虢国墓地》，科学出版社，1959 年。
⑥ 中国社会科学院考古研究所安阳工作队：《1969—1977 年殷墟西区墓葬发掘报告》，《考古学报》1979 年第 1 期；中国科学院考古研究所安阳工作队：《安阳新发现的殷代车马坑》，《考古》1972 年第 4 期。

璃河①、甘肃灵台白草坡②、山东胶县西庵发掘了西周的车子③，在洛阳中州路发掘了战国的车子④。这些成功剥剔出来的车子，为我们研究殷周时代的马车提供了重要的实物资料。此外，在河北平山县战国时期中山国墓葬的发掘中，在第一号墓的二号车马坑中，发现有当时的四辆车⑤。又在湖北随县擂鼓墩一号墓的发掘中，获得了一批记录有当时的车、马和甲胄、兵器装备的竹简⑥，这都是了解古代车子的重要考古资料。

把已经获得的有关殷周时期车子的资料综合起来，可以看出，这一时期的车子都是独辕（辀），两轮，方形车箱（舆），长毂。车辕后端压置在车箱下车轴上，辕尾稍稍露在箱后。辕前端横置车衡，在衡上缚轭，用来驾辕马。轮径较大，辐条18根至24根。车箱的门都开在后面（图二）。车前架两匹马或四匹马（两匹骖马，两匹服马）。我们把这些辆车子主要部位的尺寸列表比较如下（表一）。

从上表列出的21辆车子数据的变化，可以看出这一时代的车子演化发展的情况，那就是随着时间的推移，轨宽逐渐减小，车辕逐渐缩短，轮上辐条的数目则由少增多。在发掘出土的时候，有些车子的上面或者旁边放置有各种兵器。例如，安阳大司空村175号车上就有戈、镞等兵器，这辆车可能是属于作战用的战车。安阳殷墟西区M43车马坑中埋有一辆前驾二马的车子，在车箱里放有一个内装10支箭的皮质圆筒形矢箙，箭镞是铜质的，箙旁还有一件铜弓形器和两柄铜戈，这也应是供作战用的战车⑦。特别是山东胶县西庵出土的西周车子上面，放置着青铜兵器等遗物，可以清楚地表明它是一辆战车，因此是分析当时的战车形制和车战情况时，值得

① 琉璃河考古工作队：《北京附近发现的西周奴隶殉葬墓》，《考古》1974年第5期。
② 甘肃省博物馆文物队：《甘肃灵台白草坡西周墓》，《考古学报》1977年第2期。
③ 山东省昌潍地区文物管理组：《胶县西庵遗址调查试掘简报》，《文物》1977年第4期。
④ 洛阳博物馆：《洛阳中州路战国车马坑》，《考古》1974年第3期。
⑤ 河北省文物管理处：《河北省平山县战国时期中山国墓葬发掘简报》，《文物》1979年第1期。
⑥ 湖北省博物馆：《曾侯乙墓》，文物出版社，1989年。
⑦ 中国社会科学院考古研究所安阳工作队：《1969—1977年殷墟西区墓葬发掘报告》，《考古学报》1979年第1期；中国科学院考古研究所安阳工作队：《安阳新发现的殷代车马坑》，《考古》1972年第4期。

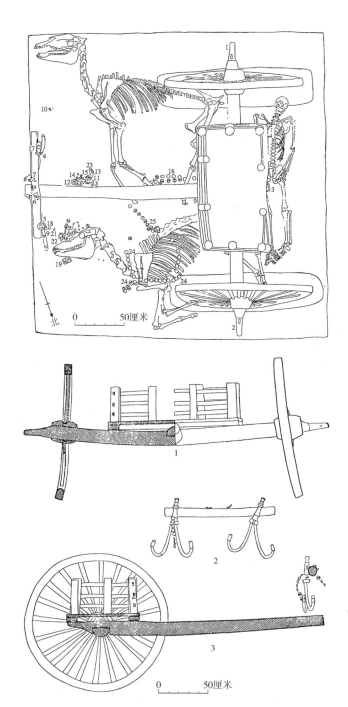

图二 一辆殷代的马车，安阳孝民屯南地车马坑发掘出土。
殷、周马车的特点是单辕，车门在车箱后面

表一　21辆殷周时代车子各部分尺寸表

（单位：厘米）

时代	出土地点，墓号或车号	轮径	辐数	轨宽	箱（舆）			辕		轴		衡长	驾马数	殉人数	出处
					广	进深	高	长	径	长	径				
殷	河南安阳大司空村175号	146	18	215	94	75	?	280	11	300	?	120	2	1	第132页注②
殷	河南安阳孝民屯第1号车	122	?	240	134	83	49?	268	7~8× 5~6	310	5~8	?	2		第132页注③
殷	河南安阳孝民屯第2号车	122	26	?	100	?	41	260+	前7×6 后9×5	190	5~8	?	2		同上
殷	河南安阳孝民屯南地车马坑	133~144	22	217	129~133	74	45	256	9~15	306	13~15	110	2	1	第132页注⑥
西周	陕西长安张家坡一号车马坑	129	22		107	86	25	281	6.5	292	?	240	2	1	第132页注④
西周	陕西长安县张家坡二号车马坑1号车	136	21	225	138	68	45+	298	?	307	?	137	4	1	同上
西周	陕西长安县张家坡二号车马坑2号车	135	21		135	70	20	295	7	294	7.8	210	2		同上
西周	陕西长安县张家坡三号车马坑	140	22		125	80	44	?	?	?	?	?	2	1	同上

续表

时代	出土地点、墓号或车号	轮径	辐数	轨宽	箱(舆)			辕(辀)		轴		衡长	驾马数	殉人数	出处
					广	进深	高	长	径	长	径				
西周	北京市房山琉璃河一号车马坑	140	24	244	150	90	?	66 +	14	308	8	?	4	1	第133页注①
西周	山东胶县西庵车马坑	140	18	224	164	97	29 +	284	8~10	304		138	4	1	第133页注③
春秋	河南陕县上村岭1227号车马坑2号车	125	28	180	123	90	33	296 +	5.5~8	236	6.5	140	2		第132页注⑤
春秋	河南陕县上村岭1227号车马坑3号车	126	25	184	130	86	30?	250 +	5.5~8.2	222	6.7	?	2		同上
春秋	河南陕县上村岭1051号车马坑1号车	107~124	25	166	100	100	?	300	6~8	200	6	100	2		同上
春秋	河南陕县上村岭1051号车马坑7号车	?	?	200	?	?	?	300		248	7	?	2		同上
春秋	河南陕县上村岭1811号车马坑1号车	117~119	26	164	130	82	?	282	6~8	200 +	8	?	2		同上
战国	河南洛阳中州路车马坑	169	18?	200?	160	150	?	340 +	12	277	10	141	4		第133页注④
战国	河南辉县琉璃阁墓1号车(中型)	140	26	190	130	104	26~36	170 +	8	242?	10~12	170			第132页注①

续表

时代	出土地点、墓号或车号	轮径	辐数	轨宽	箱（舆）			辕（辀）		轴		衡长	驾马数	殉人数	出处
					广	进深	高	长	径	长	径				
战国	河南辉县琉璃阁墓5号车（特小）	95	26	140	95	93	22+~27+	120+	4	178	7	140			第132页注①
战国	河南辉县琉璃阁墓6号车（小型）	105	26	185	120	98	30~42	205	8	242	14?	140?			同上
战国	河南辉县琉璃阁墓16号车（大型）	130	26+4	182	140	105	40	210	10	236+	9~12	140			同上
战国	河南辉县琉璃阁墓17号车（大型）	140	26+4	180	150?	110?	(30~40)	215	10	242	14	150			同上

注：各栏数字有加号的，是遭破坏后的现存长度。

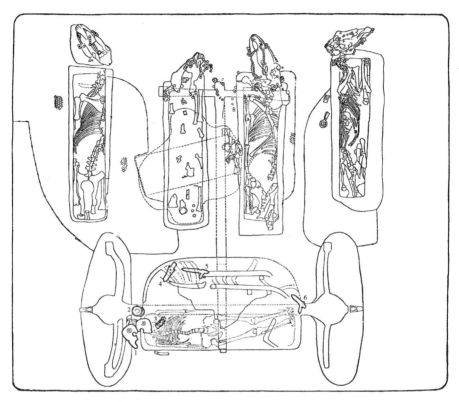

图三　山东胶县西庵出土的西周战车
1、2. 盾饰（？）　3. 箭镞　4、6. 戈　5. 戟

注意的重要资料。除此之外，另一些车上虽然没有兵器，但是与之有关的墓葬里都出土有成组的兵器，因此它们之中也可能有战车。

战车上的乘员的情况是怎样的呢？这从西庵那辆战车的出土情况可以反映出来。这辆战车上，放有两组青铜兵器，靠右侧的一组只有一柄戈；靠左侧的一组有戈、戟各一件和箭镞十枚（图三）。这两组兵器的出土位置说明了车上乘员的位置：当时一乘战车上有三名乘员，主将的位置在左面，那制作精美的戟、戈等一组兵器和防护装具，正是为他准备的。右面的兵器，是为"右"（或称"戎右"）准备的，他是进行战斗的武士。在主将和戎右的中间，是"御"，他的任务就是御马驾车。因为当时的马车都是单辕，在两侧驾二马或四马，所以，驾车的人只有站在正对车辕的正中位置上，才能保持车子的平衡，并且很好地控制骖马和服马。这样的位置正和古代文献所记录的相同。例如公元前 709 年春，曲沃武公出兵攻打翼侯，他的战车上是"韩万御戎，梁弘为右"①。又如公元前 589 年齐晋鞌之战，齐国方面的指挥车上，"邴夏御齐侯，逢丑父为右"，晋国方面，主将解张，"御郤克，郑丘缓为右"②。如果是一般战士乘的战车，左边站立的战士称"车左"，装备弓箭，负责远射。这种一乘战车上有三个乘员的制度，早在商代就已经采用了。从考古材料来看，过去在安阳殷墟发掘的小屯 C 区 M20 车马坑中，原来埋有一辆四马的战车，还殉入了这辆车上的三个乘员和他们的兵器③，可惜车子的朽痕没能剥剔出来，推测形制当和安阳发掘出的其他殷代马车相同。再从已经发掘出的商周时期车子车箱（舆）的宽度来考查，它们一般宽在 130~160 厘米之间，进深 80~100 厘米，以胶县西庵出土的最宽，为 164 厘米，如以一个人平均体宽 42 厘米计算，车箱的宽度并列三个乘员是完全可能的。

弄清了车上的乘员以后，再着重了解一下他们配备的兵器和防护装具。先看进攻性兵器。殷代车战用的兵器组合，还以小屯 C 区 M20 车马坑为例④，车上三个乘员各有一套兵器，其中"戎右"那一组最典型，包括有远射的弓矢，弓已朽毁，箭箙也已朽毁，里面装的两组箭只剩下了镞头，每组 10 枚，一组是青铜镞，另一组是石镞。用来格斗的长柄兵器是戈，有铜质的和石质的各一件。用于卫体的兵器，有一柄长 32 厘米的马头刀。另外，还有用来磨兵器的两块砺石（图四）。

到了西周时期，车战用的成组进攻兵器，类型仍和殷代一样，包括远射、格斗和卫体三类，但杀伤力有所增强。以昌平白浮 M3 出土的一组兵器为例（残损的不计入），远射兵器有弓。长柄的格斗兵器，有戟 1 件、戈 9 件、矛 2 件和钺 1 件。卫体的兵器，有四柄剑和一把匕首。此外还有

---

① 《左传·桓公三年》。
② 《左传·成公二年》。
③ 石璋如：《殷墟最近之重要发现——附论小屯地层》，《中国考古学报》第二册，1947 年。
④ 石璋如：《殷墟最近之重要发现——附论小屯地层》，《中国考古学报》第二册，1947 年。

两把铜斧，也可以做为兵器①。西庵出土的没有卫体兵器，只有远射的弓矢和格斗的戈、戟。

迟到春秋时期，车战用的成组兵器仍是远射、格斗和卫体三类，但是

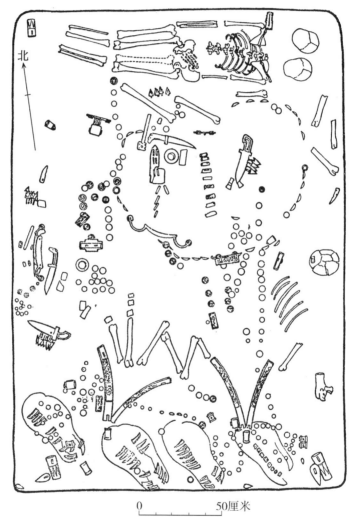

北

0   50厘米

图四　殷墟小屯C区M20车马坑战车遗迹

---

① 北京市文物管理处：《北京地区的又一重要考古收获——昌平白浮西周木椁墓的新启示》，《考古》1976年第4期。

出现了新的类型，制造技术也更趋精良，最突出的代表是长沙浏城桥一号墓出土的一组①，远射的弓矢保存较好，有长 125～130 厘米的竹弓 3 件和一个竹箭箙，在箙内还装有八支完整的箭，带镞全长 75.5 厘米，另有各式铜镞 46 枚。格斗兵器的柄保存得极为完好，可以说是用来了解车战兵器柄长最重要的一组标本。出土有戈和戈柄各 7 件，除 3 件较短（91～140 厘米）外，其余几件的长度都超过 3 米（303～314 厘米）。一件积竹柄的铜戟，长 283.5 厘米。铜矛 4 件，长 13.4 厘米，但出土 7 件矛柄，除两件外，长度都超过 2 米，两件保存最完整的，一长 280、一长 297 厘米。另有一件长 111.5 厘米的八方形木柄。卫体的兵器是剑，出土四件，长度接近 50 厘米，已经不是西周时的那种短剑了。另一代表春秋时期格斗兵器长度的例子，是在陕西户县宋村春秋时秦墓的附葬坑中发现的长矛，青铜的矛头长 27.6 厘米，安在髹有褐漆的长柲上，柲长 3.32 米，直径 2.5 厘米，全矛共长 3.6 米②。在湖北随县擂鼓墩一号战国早期墓里出土的大批兵器③，长柄一般都保存得较完整，它们的长度大致也都和浏城桥出土的那组相近，特别是其中有在一支上纵列两个戟体或纵列三个戟体再加上戟刺的戟，和装有带刺圆锤的殳等格斗兵器，更在车战中具有较大的杀伤力。这些长柄的戈、戟和矛，最长的大约是人的身长两倍稍多一些（以人高为 169 厘米计），这正符合于《考工记》中所说的"凡兵无过三其身，过三其身，弗能用也"。兵器太长了，超过身高三倍，战士就无法挥舞战斗，同时也造成制造工艺上的困难。

　　除了进攻性兵器外，就是防御性的护体装具，战士利用它们保存自己，主要是甲胄和盾牌。关于甲胄，过去发现过不少商周时的青铜胄和从商代到战国的皮甲的标本。早期的皮甲，例如在安阳殷代墓葬里发现的皮甲遗痕，是整片皮革制成的。其后发展成先裁成小的甲札（甲片），然后再编缀成整领的铠甲，春秋至战国时期楚墓里出土的标本，都是这样制成

---

①　湖南省博物馆：《长沙浏城桥一号墓》，《考古学报》1972 年第 1 期。
②　陕西省文管会秦墓发掘组：《陕西户县宋村春秋秦墓发掘简报》，《文物》1975 年第 10 期。
③　湖北省博物馆：《曾侯乙墓》，文物出版社，1989 年。

的皮甲。现在还不够清楚的，是这一时期青铜铠甲的形制。在昌平白浮出土过西周的铜胄，以及钉在靴子上保护腿部的小铜甲泡。由于战车上的乘员都是直立在车箱中战斗，不必过多的走动，所以装备的护甲的甲身都是比较长的，这和后来骑兵和步卒使用的铠甲不大一样。同时，各个乘员的职责不同，所披的护甲也有所不同，戎右需要挥臂格斗，所以只在肩部加有披膊。御者的职责是驾车，因此常在两臂上把披膊向下延伸，一直护到腕部，并且还接缀有舌形护手，在颈部加有高高的"盆领"，这样的车战用的护甲形制，一直沿用到秦代，我们从秦始皇陵陶俑坑中的木质战车上，还可以看到披甲的车御是装备着这样的护甲①。至于盾牌，车战用的都是形制较大的，多为皮质，上面钉缀有青铜的部件，以加强防护能力。这些部件有的是大小不等的圆泡状，也有的组成图案，例如琉璃河53号墓出土的一副盾牌②，由七个部件构成形象狰狞的兽面，既是一种装饰，又可达到威严吓人的效果。至于盾牌的外轮廓，在殷墟曾发现过长方形盾牌的残痕，而迟到楚墓里的木胎漆盾，则是下缘平直，上缘做成花形，它开启了汉代仍大量使用的盾牌形制的先河。

除了战车上乘员的防护装具外，也要采取措施保护驾车的辕马，给它们披上皮革的防护装具。随县擂鼓墩一号墓里出土的大量皮甲片中，就包括有用来编缀马甲的甲片，据同墓随葬的竹简所记，当时的马甲有彤甲、画甲、䣆（漆）甲、素甲等多种③。有些将领一方面要示敌以威猛，另一方面也可保护辕马，就在辕马身上蒙上虎皮，城濮之战中击溃楚军右师的晋将胥臣就是这样做的④。在文献中还记录有这时期曾有为保护辕马的青铜制成的防护装具，就是诗里描写的"俴驷孔群""驷介旁旁"⑤，但是我们还没有获得过有关的考古材料，所以当时的"俴驷"到底是什么样子，

---

① 始皇陵秦俑坑考古队：《临潼县秦俑坑试掘第一号简报》，《文物》1975年第11期。
② 琉璃河考古工作队：《北京附近发现的西周奴隶殉葬墓》，《考古》1974年第5期。
③ 湖北省博物馆：《曾侯乙墓》，文物出版社，1989年。
④ 《左传·僖公二十八年》。
⑤ "俴驷"和"驷介"见《诗·秦风·小戎》和《诗·郑风·清人》。

还不清楚。

除了战车上乘员使用的兵器以外，为了增强杀伤敌人的能力，还在车轴的顶端安装有矛刺。在陕西户县宋村春秋时期的秦墓附葬坑里，曾出土过一种带刺的铜车軎[1]，全长约 16.2 厘米，顶端的刺占全长的三分之一左右，总的看来还较短而且不够锐利（图五）。在考古发掘中获得的带有尖长而锐利的矛头的，是在随县擂鼓墩一号墓中出土的战国初期制品[2]。这种车軎顶端的尖锐矛刺，可以在战车向前冲击时破坏对方车或杀伤对方的徒兵，但是却无法损害对方战车上的乘员。

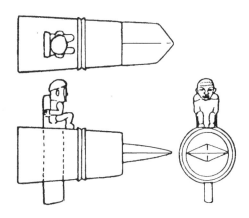

图五　陕西户县宋村春秋墓出土带刺的车軎

弄清了乘员人数、兵器装备以后，还要看一下车上的指挥系统，它们安置在主将和各级将领的车上，一种是标明主将指挥位置的大旗，另一种是指挥进攻的鼓。其余的战车就是跟着主将的鼓声向前冲锋的，所以在战斗开始以后，主将不论遇到什么情况，都要保持鼓声不停，自己的军队才不致失去指挥。《左传》中有一段文字，生动地描写赵简子在铁之战中击败郑军后，赵简子和他的御、右互相夸口的故事，他自己就自夸"吾伏弢呕血，鼓音不衰，今日我上也"[3]。当时鼓的形制，从甲骨文和金文中鼓字

---

[1]　陕西省文管会秦墓发掘组：《陕西户县宋村春秋秦墓发掘简报》，《文物》1975 年第 10 期。

[2]　湖北省博物馆：《曾侯乙墓》，文物出版社，1989 年。

[3]　《左传·哀公二年》。

的形象可以推知，它不是像后代那样平置的，而是横悬的，这又由楚墓里出土的实物可以证实（图六）①。最近在随县擂鼓墩一号墓获得有较完整的髹漆木鼓，鼓身横置，下面的柄部还很完好，可以清楚地看出它是立执横击的②。但是战鼓在战车上究竟怎样具体安置，才能使它既便于使用又不致影响主将的视线和与敌人的搏斗，现在还不清楚，有待于今后考古工作中继续解决。至于当时旗的样子和位置，可以从铜器的图像中得到一些参考材料，它们大约是斜插在车箱的后部，一方面可以减少大旗直立而形成的阻力，同时也免得妨碍乘员进行战斗（图七）。

图六　青铜器上关于击鼓的图像和铭文
1. 成都百花潭战国铜壶上的画像　2. 西周大克鼎上的铭文，为用手击鼓的形象

图七　青铜器上关于旗的图像和铭文
1. 传世战国铜器上战车图像，请注意斜插在车后的旗　2. 西周大盂鼎上的铭文

---

① 贾峨：《再谈信阳楚墓悬鼓及鼓虡的复原问题》，《文物》1964 年第 9 期。湖北省文物管理委员会：《湖北省江陵出土虎座鸟架鼓两座楚墓的清理简报》，《文物》1964 年第 9 期。
② 湖北省博物馆：《曾侯乙墓》，文物出版社，1989 年。

144

从上面介绍的关于战车的基本形制、乘员的情况和兵器装备等方面来看，要装备一乘战车，需要花费相当可观的经费。同时，为了使车子更加牢固和更加漂亮，往往在车上的有关部位装上青铜铸造的部件，例如轴头上装辔的和辖，辕末的尾，等等。至于马具，也有的制作得精美华丽，还在头上戴有"马冠"和銮①。在西庵发现的战车和辕马上，就附有几十件青铜的车马饰件。除了青铜质的以外，文献中还记录有银色的饰件："阴靷鋈续""鋈以觼軜"②。这样就要花费更多的经费。因此，当时能够拥有战车的只有奴隶主阶级。战车上配备的主要乘员，都是属于奴隶主阶级的。《管子·版法解》："武王伐纣，士卒往者，人有书社。""书社"就是封邑。西周初年，"周族的氏族成员，最倒楣的也做了'禄足以代其耕'的下士，也就是全变成了车上的战士……一个个都是或大或小的奴隶主"③。所以直到孔子活着的时候，"射""御"还是"士"所必修的六艺中的两项内容。总体来看，这种以战车为主力的军队编制，正是奴隶制社会关系的产物。奴隶主披挂齐全地站在战车上，奴隶们拿着简陋的兵器跟在后面，这些奴隶就是当时的"徒兵"。"徒兵"的数目，最少有七至十名④。禹鼎铭文中有"戎车百乘，斯（廝）驭二百，徒千"，根据这样的比例，正好是一乘车配备有十名徒兵。这些徒兵装备简陋，他们也不会心甘情愿地去为奴隶主卖命，所以，当时决定战斗胜负的主要是靠奴隶主阶级之间的车战。当一方的战车兵被击溃以后，真正的战斗就结束了。

战车本身的特点，不仅影响着当时军队的编制，同时对战斗队形、作战方式等都起着决定性的影响。战车是很笨重的，一乘车大约宽 3 米，驾上马以后，全长也有 3 米左右，也就是说一乘战车至少要占 9 平方米的面积。同时轮大箱短，运转不很灵活。又是单辕，而且用缚在衡上的轭驾

---

① 参看陕西长安张家坡出土的车马坑，见《沣西发掘报告》第 153 页。

② 《诗·秦风·小戎》。

③ 李亚农：《欣然斋史论集》，上海人民出版社，1962 年。

④ 《汉书·刑法志》记，殷周"四丘为甸。甸，六十四井也，有戎马四匹，兵车一乘，牛十二头，甲士三人，卒七十二人，干戈备具，是谓乘马之法"。此外，其他文献也还有不同的数字，我们这里取禹鼎铭文的记录。不过随着时代的不同，徒兵的数目是有变化的。

马，全靠马缰来控制四匹马，所以驾好车很不容易，除非受过专门训练，否则很难胜任。车体既笨重，驾驭又困难，因此临阵变换队形是难以办到的。又由于车体长、面积大，同时当时弓矢的射程有限，所以难作纵深配置，也无法采用纵队的队形战斗，通常是采用一线横列作战。如果配置第二线兵力，则需要把后列战车排在相当于前列两车的缝隙处，以便发挥其远射兵器的威力。这是车战的特点之一。双方战车排成横队互相接近，首先是用弓矢对射，接着是互相逼近格斗，这就又受到战车本身结构上的限制，使得在两车正对面驶来的情况下，车上的乘员无法互相格斗（图八）。因为如以戈、矛、戟等的长度平均按3.2米计，一乘车由车箱前沿到马的头部的距离至少长近2米，即使双方的马头已经互相顶撞在一起，两乘车

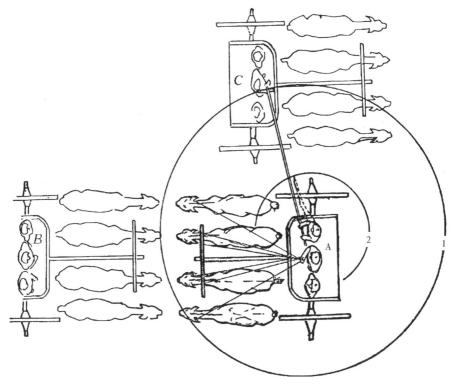

图八　车战示意图

战车的尺寸根据西庵西周战车，兵器的长度参照了浏城桥春秋墓的材料。1. A 车戎右挥戈所及范围；2. A 车戎右挥剑所及范围。当 A 车与 B 车相对驶来时，戈和剑都无法伤及 B 车的乘员，当 A 车与 C 车错毂时，A 车戎右的戈可伤及 C 车乘员，但剑仍无法伤及 C 车乘员

的车箱前沿还至少有 4 米以上的间隔。距离这样远，双方乘员所使用的格斗兵器，是难以伤及对方的，所以双方格斗只有在两车相错时才能进行(图九)。这是车战的特点之二。战车的轮径大，车箱宽而进深短，又是单辕，为了加大它的稳定性，车毂必然要长。以西庵出土的西周战车为例，车毂全长 40 厘米，加上轴头的铜軎长 13.5 厘米，总长度达 53.5 厘米，这就是从车箱侧面到轴端的长度。所以两车错毂时，两辆车的车箱侧面之间的距离，最少也在 1.1 米以上。同时在两辆车轴之间还得有点距离才碰不上，至少也需要 50 厘米左右。这样一来，两车箱侧面的间距总在 1.6 米左右，这样的距离，也只有使用长柄的格斗兵器互相砍刺，绝无法用卫体的短剑、短刀哪怕长剑来互砍，因为以乘员的臂长（按 74.2 厘米计）加上

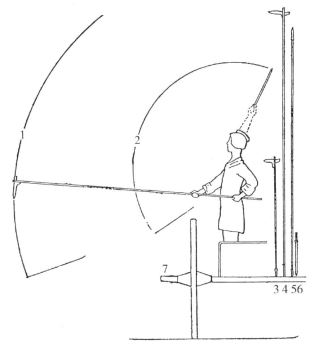

图九　戎右立在车上使用格斗兵器和卫体兵器所能及的范围示意图

1. 戎右挥戈所及范围；2. 戎右挥剑所及范围，一组兵器的长度与车子及人体的比例，兵器长度采自浏城桥一号春秋墓出土的标本（3. 短戈：长 1.4 米；4. 长戈：长 3.14 米；5. 矛：长 2.97 米；6. 剑：长 0.5 米）；7. 战车的车毂和车軎，请注意它与车体及人体的比例（人体依身高 169 厘米计，仅为求得与兵器长度的关系，未全部复原所穿衣服和铠甲）

卫体武器的长度（按剑长 50 厘米计），顶多有效的长度只 120 厘米左右，远不能触及对方的身体，更不用说去杀伤他了。即使乘员极力屈身探刺，也难以有效地杀伤敌方。这是车战的特点之三。只有到了车毁马伤，不得不弃车死战时，才可能用上卫体的刀剑，不过那时已经挽救不了失败的命运了。这是车战的特点之四。

《楚辞·国殇》正是极生动地描写了车战的情景，除了没有讲战车的队列外，清楚地表现出上述关于车战的几个特点：

> 操吴戈兮被犀甲（盾牌手里拿，身披犀牛甲），
> 车错毂兮短兵接（敌我车轮两交错，互相来砍杀）。
> 旌蔽日兮敌若云（战旗一片遮了天，敌兵仿佛云连绵），
> 矢交坠兮士争先（你箭来，我箭往。争先恐后，谁也不相让）。
> 凌余阵兮躐余行（阵势冲破乱了行），
> 左骖殪兮右刃伤（车上四马，一死一受伤）。
> 霾两轮兮絷四马（埋了两车轮，不解马头缰），
> 援玉枹兮击鸣鼓（擂得战鼓冬冬响），
> 天时坠兮威灵怒（天昏地暗，鬼哭神号），
> 严杀尽兮弃原野（片甲不留，死在疆场上）。
> ……
> 带长剑兮挟秦弓，
> 首身离兮心不惩（身首虽异地，敌忾永不变：依然拿着弯弓和宝剑）①。

这篇作品悲壮而生动地描写了一场英勇但最终失败的战斗，它不仅记录了车战的兵器装备和指挥工具：犀甲、吴戈、秦弓、长剑、旌旗、鸣鼓，还讲述了从远距离对射开始，经错毂格斗，直到车毁马伤，乘员牺牲

---

① 今译采用的是郭沫若先生的译文，只"车错毂兮短兵接"一句的译文个别词句有所调整，请参看郭沫若《屈原赋今译》第 34～36 页，人民文学出版社，1953 年。

的战斗的全过程，特别是还分别叙述了车上的三个乘员，依照他们具体职责不同的英勇表现：披甲执锐、英勇杀敌的戎右，在飞矢交坠下驾驭战车冲锋、在辕马死伤后又埋轮絷马坚持战斗的御者；直到牺牲仍旧保持战斗的鼓声不绝、坚持战斗指挥的主将。最后，他们全都英勇地战死了，"诚既勇兮又以武，终刚强兮不可凌"。诗歌结束了，但是车战的情景却牢牢地印在读者的记忆之中。

殷周时期的战车，是我国奴隶制时代军事装备技术的代表：畜力驾驶的双轮战车，增强了军队的机动性；车上乘员的兵器和防护装具，尤其是锐利的青铜兵器，发挥了当时兵器的最大威力；战车上可以装备旗鼓等指挥用具，方便了部队的通讯联络，保证了战斗指挥。但是战车本身也有很多难以克服的缺点。首先，车体的笨重影响了机动性，一乘战车驾上马后面积达 9 平方米，而且不算它本身的重量，仅只 3 个乘员和他们的装备至少已达 250 千克以上。为了保持车子的平衡，就必须有长的车毂，但车毂一长，一不小心就会缠在一起，导致战斗失利。齐田单采取"断轴末而傅铁笼"、保全了族人的故事①，生动地反映了车毂长是极大的缺点这一事实。其次，战车驾驭困难，车前的四匹辕马，中间的服马是用缚在衡上的轭驾在车上，两旁的骖马则只能靠皮条等牵引车辆。御者控制马匹，只有靠辔，对于骖马，还须借助游环等办法控制它使之不远离车辆，这样更形成驾驭的困难，也影响了作战性能。因此，战车的发挥威力和展开战斗队形（阵），就只有选择在空旷平坦的原野上才行，遇到山林沼泽等复杂地形，它就无能为力了。

地形地貌对战斗成败的影响很大，甚至林木等障碍物，也会导致战斗的失利。公元前 709 年，晋军和翼侯战于汾隰，翼侯的战车遭到晋军追击时，骖马为物所挂，车子无法行动，结果车上的人全成了俘虏②。在齐晋

---

① 《史记·田单列传》："燕师长驱平齐，而田单走安平，令其宗人尽断其车轴末而傅铁笼。已而燕军攻安平，城坏，齐人走，争涂，以辖折车败，为燕所虏，唯田单宗人以铁笼故得脱，东保即墨。"
② 《左传·桓公三年》。

鞌之战中，逢丑父驾车载齐侯逃跑，将到华泉地方，也是"骖絓于木而止"，才被韩厥追及的①。看来战车的缺点是很严重的，但是这些缺点并不是战车后来被淘汰的主要原因。战国以后，战车逐渐从战争舞台上消逝，那是因为社会性质发生了变化。

历史的车轮不停地向前运转，奴隶制社会走到它自己道路的尽头，封建社会取代了它。在我国古代，这一变化发生在春秋战国之交。随着封建主义生产关系的确立，军队的组成发生了变化，奴隶主阶级以战车兵为主力的军事编制过时了。封建军队的组成，当然也是地主阶级占据各级指挥职位，但士兵的主要成分来自新产生的劳动阶级——农民。同时，随着生产力的发展，新的更精锐的兵器装备提供给了封建军队，这主要是钢铁兵器的采用和远射兵器中弩的发展。恩格斯指出："装备、编成、编制、战术和战略，首先依赖于当时的生产水平和交通状况。这里起变革作用的，不是天才统帅的'悟性的自由创造'，而是更好的武器的发明和士兵成分的改变。"② 正是由于封建社会取代奴隶社会这一历史变革，笨重的战车随着奴隶主阶级一起退出了历史舞台。但是，封建制取代奴隶制的过程是缓慢的，反映在军事制度上，以骑兵和步兵为主的编制取代以战车兵为主的编制的过程也是缓慢的。

早在公元前541年，为了在地形险隘、兵车活动不便的地方与狄人作战，晋国的军队被迫放弃传统的战车，改为步兵战斗。当时在军队中遭到极大的阻力，只有采取执行军纪、强行约束的办法，把反对这样做的荀吴之嬖人斩首，才顺利地完成了战斗③。真正敢于向传统的军事制度挑战的，是战国时期的赵武灵王，他克服了赵国贵族官僚方面的普遍反抗，终于迫使他们脱下了那套用以标志他们身份的祖传的宽大的衣服，并且废弃了过时的笨重的战车。不过事情还不这样简单，直到战国末期赵国大将李牧编组的军队，还把战车兵列在骑兵和步兵的前面，但是从车、骑的数量来

---

① 《左传·成公二年》。
② 恩格斯：《反杜林论》，《马克思恩格斯选集》第三卷，人民出版社，1972年，第206页。
③ 《左传·昭公元年》。

看，骑兵在军队中的比重已经相当大了①。

迟到秦代，还可以看到下面的例证。在秦始皇陵发掘出的大型陶俑坑里，尽管已经出现了骑兵的形象，但是大量的战车兵还挺立在那里，车上的陶俑和车前的陶马完整无缺，只是木质的战车已经朽毁了。这些战车依然是单辕四马，上面站着披铠的甲士，而且兵器还是以青铜质的为主，看来这些战车兵还是秦军的主力，也足以说明，彻底改革过时的军事制度是多么的不容易。

楚汉之争时，战车也还在战场上起着一定的作用，夏侯婴就是"以兵车趣攻战疾"、屡建功勋的勇将②。随着封建制的巩固，到了汉武帝的时候，汉王朝的军队和匈奴的军队持续进行了大规模的战斗，纵横驰骋在广大战场上的是大量的骑兵，他们成了军队的主力，与他们配合的是步兵，但是再也看不到那些四马单辕的巨大的战车。大约从那以后，这种战车就彻底退出了战争的舞台。

谈到殷周时盛行的战车和车战从战争舞台上消逝了，并不是说以步兵和骑兵部队为主力的封建军队，由于对付战争中出现的具体情况，完全不使用作战车辆。例如，晋朝马隆领兵征羌时，因兵少敌多，且羌兵"或乘险以遏隆前，或设伏以截隆后"，于是马隆"依八阵图作偏箱车，地广则鹿角车营，路狭则为木屋施于车上，且战且前，弓矢所及，应弦而倒"③，取得了战斗的胜利，这种偏箱车和殷周那种四马单辕战车完全不同。当然，也有一些搞复古的蠢人，还想恢复"春秋车战之法"，自然会受到历史的惩罚。例如唐代的房琯，于天宝十五年（756年）十月统兵进击安禄山，两军遇于咸阳县之陈涛斜，"时用春秋车战之法，以车二千乘，马步夹之。既战，贼顺风扬尘鼓噪，牛皆震骇，因缚刍纵火焚之，人畜挠败，为所伤杀者四万余人，存者数千而已。"④ 其实他用的战车，并不是春秋的

---

① 《史记·廉颇蔺相如列传》，又见《史记·冯唐列传》及《汉书·冯唐传》。
② 《史记·夏侯婴列传》，第2663～2665页。
③ 《晋书·马隆传》，第1555页。
④ 《旧唐书·房传》，第3321页。

四马单辕战车，而是一些牛车罢了。

到了明代，军队开始装备火器以后，有些火器如佛狼机（又名"佛郎机"），虽"便速无比"，"但其体重，不宜行军"，所以常用车载①，组成车营。据《练兵实纪》，车营用双轮、长辕、两头都可驾牲畜的偏箱车（图一〇），每车驾二骡，配备佛狼机二架，鸟铳四门。每营有车128辆，共装备佛狼机265架，鸟铳512门，战斗时全靠火器的威力。所以戚继光说："（车营）所恃全在火器，火器若废，车何能御？"② 这种战车更和奴隶社会的战车毫不相同了。

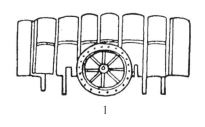

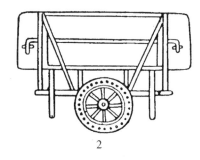

图一〇　明代的战车
（偏箱车）

（原载《文物》1977 年第 5 期。后收入《中国古兵器论丛》，文物出版社，1980 年。后又收入《中国古兵与美术考古论集》，文物出版社，2007 年）

后记　在 20 世纪 70 年代后期，文物出版社总编辑金冲及、《文物》月刊编辑部戴文葆诸位，力主文物考古文章应改变文风，在《文物》月刊开辟《文物丛谈》专栏，由沈玉成兄主其事。戴文葆、杨瑾和沈兄诚约我为该栏目供稿，并要求文稿有可读性，通顺而略有文采，适量征引诗词文献，且要融合文内。最早一篇是刊于 1976 年第 10 期的《俑——阶级压迫的见证》，该文的题目和内容都出于戴文葆的策划。本文及本文集中收录

---

① 重日：《略述明代的火器和战车》，《历史教学》1959 年第 8 期。
② 戚继光：《练兵实纪杂集》卷六《车步骑营阵解下》。

的《骑兵和甲骑具装》《水军和战船》《汉魏六朝的军乐———鼓吹和横吹》《武库和兰锜》《胡床》诸篇，都是原刊发于《文物丛谈》栏目，也都是在沈兄的催促下写成，经他悉心编辑的。沈兄颇富文采，其编辑风格自与习惯"考古八股"文风者不同也。

骑兵和甲骑具装

　　公元前 204 年秋天，郦食其从魏返回荥阳汉王刘邦的大营，他们两个人有一段生动的对话："汉王问：'魏大将谁也？'对曰：'柏直。'王曰：'是口尚乳臭，不能当韩信。骑将谁也？'曰：'冯敬。'曰：'是秦将冯无择子也，虽贤，不能当灌婴。步卒将谁也？'曰：'项它。'曰：'是不能当曹参。吾无患矣。'"① 果然不出刘邦所料，过了一个月，韩信就击败魏王豹，把他俘虏后送来荥阳。由这段对话可以知道，当时军队中除主将外，下面设有骑将和步卒将，分别掌管骑兵和步兵。而且骑兵看来列在步兵前面，已经是军队中的重要兵种。但是，从骑兵最早出现在战争舞台上，到成为军队主力，经历了一个漫长的发展过程。

　　骑兵作为一个兵种出现在我国古代的军队中，大约开始于春秋战国之交。在古代史籍里记录的中原地区最早组建骑兵的实例，应该是赵武灵王"变服骑射"，那是公元前 307 年开始实行的，目的是对付"三胡"，即东胡、林胡、楼烦。"三胡"都是我国北部地区靠游牧为生的部族，善于驰马射箭。赵国原来的主力部队，是四匹马驾驶的双轮战车，笨重的战车无法追及轻捷的骑士，处处被动挨打，为了争取主动，赵武灵王不得不抛弃了传统的车战，学习对手的长处，变服骑射，组建了骑兵部队。

　　谈到骑兵的组建，还要说明一个问题，那就是我们这里谈的骑兵的历史，是从它在战争中成为一个起作用的独立兵种开始的。真正的骑兵部队诞生之前，战车部队做为决定战争胜负的主力兵种的时候（例如在殷代），

---

① 《汉书·高帝纪》，第 38～39 页。

战场上也会出现一定数量的武装骑手，也许还承担一些战斗中的辅助任务，但是他们的存在对战争的进行没有什么影响。在殷墟第十三次发掘中，曾经发现过一人、一马、一犬合埋于一坑中，死者随葬戈、刀、弓矢和御马的"策"①。马的头部尚留有原系在辔上的玉、石、蚌饰，还有一件 U 形的玉马衔，可见当时已有了原始的马具。但是靠这样简陋的马具，想驾御战马排成队列并进行战术动作，看来是困难的。因此，当时还不具备组建骑兵的条件，所以在古代文献及甲骨文中，还找不到关于殷代在战争中用骑兵的任何记录，也就是说，当时并没有组建过在战争中起作用的骑兵部队。

战车虽然过时了，但是并没有从此就在战争舞台上销声匿迹。因为以战车兵种为核心的部队，是和奴隶制社会分不开的。只有在封建制取代奴隶制，并且把奴隶制遗留下的尾巴也清除掉以后，笨重的战车才会被抛入历史的垃圾堆，那已是汉代的事情了。同样，骑兵部队的组建，并不是赵武灵王这个主帅本人"呕心沥血的培养"或者是"悟性的自由创造"，而是新的封建主义生产关系在军事制度方面的反映。

从世界范围来看，封建社会里军队的主力是骑兵。恩格斯明确指出，不论是西方还是东方，"骑兵在整个中世纪一直是各国军队的主要兵种"②。在我国古代正是如此。所以，在战国时期，骑兵部队还处在童年时代，军队的主力依然是战车兵和依附于它的步兵，首先组建骑兵的赵国也不例外。距武灵王变服骑射七八十年以后，名将李牧在重新编组部队时，还是以战车兵 1300 乘为主，以骑兵 13000 匹为辅，而在军队总数中，骑兵所占的比例也不过 8%③。在其他几个诸侯国中，骑兵的比例更少，不过 1% 左右。秦有兵员百余万，只有骑万匹；燕有数十万军队，只有骑

①　石璋如：《小屯》第一本《遗址的发现与发掘：丙编·殷墟墓葬之二：中组墓葬》，台北，1972 年。
②　恩格斯：《骑兵》，《马克思恩格斯全集》第十四卷，人民出版社，1964 年，第 305～306 页。
③　参看《史记·廉颇蔺相如列传》以及《史记·张释之冯唐列传》，第 2450、2758 页。

6000 匹①。

　　骑兵的数量虽然不多，能量却不小。依仗轻捷迅速的特点，常常担负着突然冲击、迂回包抄、断敌粮道、追歼溃敌等任务。同时为了加强主力部队的机动性，车骑往往组编在一起，"轻车锐骑"配合战斗。当时的一些名将也都善于骑射，例如，廉颇年事虽高，还能"被（披）甲上马"。这种情况反映在军事著作里，就是出现了关于骑兵的论述。竹简本《孙膑兵法·八阵》就讲述了车骑参与战斗的情况，并指出，根据不同的地形，兵力布置也应有所变化，"易（平坦）则多其车，险则多其骑"。

　　至于战国时期骑兵的形象，现在还缺乏能说明问题的考古资料，只有传出土于洛阳金村的一面铜镜上，有一个可供参考的图像②。刻画出一匹骏马，背上蹲着一个披甲戴胄的骑士，一手执缰，一手持剑和老虎搏斗，不过骑士的双脚是一双兽爪，可能描绘的是神话传说中的人物。马上的马具是头上有镳，胸前有鞅，但背上有鞯无鞍，可见当时马具还是比较简单的（图一）。

　　秦朝的骑兵，可以从始皇陵侧发现的陶俑坑中看到他们的形象。那些

图一　传洛阳金村出土铜镜上的骑士像

---

① 《史记·苏秦列传》，第 2243 页。
② ［日］梅原末治：《洛阳金村古墓聚英》（增订本），1945 年。

和真人差不多大小的陶俑，精细地模拟着当时的战士。在二号俑坑中，已经发现并清理了 32 件骑兵俑和 29 匹陶马（有 3 个骑兵的战马还未清理），骑兵俑高约 1.8 米，都立于战马左前侧，右手牵马①。骑兵左手原握兵器。现手中兵器虽已失去，但在有的骑俑身旁，曾发现有刃部锋利的残铜剑，还有铜弩机和残木弓。他们的着装与步兵和车兵俑不同，头戴赭色巾帻，用带结于颏下（图二）。骑兵俑身披铠甲，甲身较短，长仅及腰，且无披

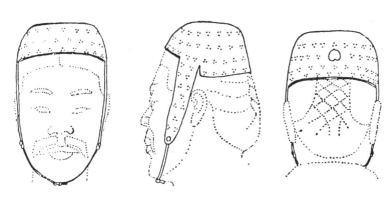

图二　秦俑坑骑兵俑帽饰正、侧、背三面

膊，脚上着靴，这些都是为了马上格斗方便的缘故。身后牵的陶马高 1.72、长 2.03 米，剪鬃，长尾梳成辫形。马背铺鞯，鞯上放有鞍垫。鞍垫中间微凹，有红、白、赭、蓝四色，并有排列齐整的小圆钉，周缘缀有垂缨和短带。肚带设在鞍垫下缘中部，勒过马腹后用带扣在左侧扣紧，使鞍垫固定在马背上。又在鞍垫后置鞦带套结马臀，使鞍垫更为牢固（图三）。陶马上套有衔镳，马衔是铜质的，衔端装有 S 形的铜镳。镳和缰绳都佩有青铜饰件。综观已经出土的陶俑，表现的主要还是以战车兵和步兵为主力的部队，骑兵的地位看来仍和战国时期差不多②。农民大起义的狂飙摧垮了秦王朝，继之出现了历时几年的楚汉之争，数量众多的农民起义队伍出现在战争舞台上，进一步改变了士兵的成分，同时促进了战略、战术的发

---

① 始皇陵秦俑坑考古发掘队：《秦始皇陵东侧第二号兵马俑坑钻探试掘简报》，《文物》1978 年第 5 期。

② 始皇陵秦俑坑考古发掘队：《临潼县秦俑坑试掘第一号简报》，《文物》1975 年第 11 期。

展和军队组织方面的变革。这种变革表现在兵种方面，就是骑兵日益壮大，并在战斗中发挥了更大的作用。部队中设置了专门统领骑兵的将领，

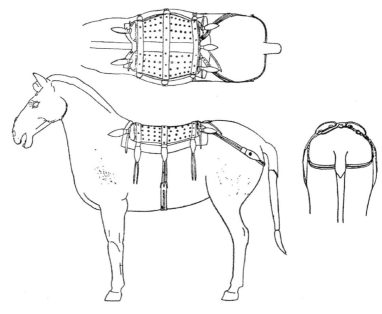

图三　二号秦俑坑 T12 马和马具

如骑将、骑千人将、骑都尉、骑长，等等①。这种变革也有一个过程。陈胜起兵抗秦时，他的部队主要是战车和步卒②。刘邦的军队，开始也是以战车和步兵为主，骑兵是很薄弱的。从沛反秦直到进军咸阳，看来还是如此，战车是冲锋陷阵的主要力量，所以，夏侯婴在破李由、击章邯、攻赵贲、进军洛阳、战蓝田直至灞上历次战役中，都"以兵车趣攻战疾"，因而立功进爵③。后来由于和项羽争雄，"军于荥阳，楚骑来众"，才迫使刘邦认识到骑兵日益成为解决战斗不可缺少的兵种，所以刘邦积极组建精锐的骑兵部队——郎中骑兵，由灌婴为将。这支部队在击败项羽和歼灭割据

① 参看《史记》的《灌婴列传》《靳歙列传》《傅宽列传》等。
② 《史记·陈涉世家》："比至陈，车六七百乘，骑千余，卒数万人"，又涉遣周文击秦，是"车千乘，卒数十万"。第 1952、1954 页。
③ 《史记·夏侯婴列传》，第 2663～2665 页。

的诸侯王的战争中屡建奇勋。前面讲过的刘邦和郦食其议论汉军与魏王豹军队将领的优劣时，汉军中指挥骑兵的将领正是灌婴。最后垓下一战，项羽引骑一百余人突围败逃，进行追击并最后消灭了楚军余部、逼得项羽自杀的，正是这支骑兵部队①。刘邦麾下另一个著名的骑兵将领，是阳陵侯傅宽，他在随刘邦进入汉中时，已经是"右骑将"了。虽然如此，战车部队仍是刘邦军队的主要力量，这支部队的主将，就是滕公夏侯婴，他一直担任太仆，掌管着西汉初年的养马事业。由一位战车部队的将领，而不是由一位骑兵将领总管军马的养育和训练，也反映了当时车骑并重的事实。直到汉文帝时候，情况还没有太多的变化。文帝十四年，匈奴入侵甘泉地区，当时用来抵御匈奴、防守长安的部队，是"以中尉周舍、郎中令张武为将军，发车千乘，骑十万"②。可见，当时仍是车骑并重，战车仍具有重要的地位。迟到景帝时，汉朝的部队也还是车骑并重。所以，当吴王濞将要起兵叛乱时，青年将领桓将军指出："吴多步兵，步兵利险；汉多车骑，车骑利平地"③，这一分析是符合当时的实际情况的。下面我们根据有关的考古资料，来看一看西汉初年骑兵的具体形象。

在汉代，不论是西汉还是后来的东汉，一些立有战功的主要将领死后安葬时，封建王朝所给予的最高荣誉是用军阵送葬。例如，霍去病死后，"发属国玄甲军，陈自长安至茂陵"；祭遵死后，"遣校尉发骑士四百人，被玄甲兜鍪兵车军阵送葬"④。模拟这种大规模的军阵送葬的俑群，给我们提供了当时军阵的真实形象。陕西咸阳杨家湾四号汉墓的俑群正是这样的一批重要标本⑤，它的时代较早，大约相当于汉文帝时期。在这一俑群中，埋有兵车的坑位居中，说明当时仍旧沿袭着传统的军制，把兵车放在主要

① 参看《史记》的《灌婴列传》和《项羽本纪》，第 334～335 页。
② 《史记·匈奴列传》，第 2901 页。
③ 《史记·吴王濞列传》，第 2832 页。
④ 参看《史记·卫将军骠骑列传》，第 2939 页；《太平御览》卷三五六引《东观汉记》。
⑤ 陕西省文物管理委员会等：《陕西省咸阳市杨家湾出土大批西汉彩绘陶俑》，《文物》1966 年第 3 期；陕西省文物管理委员会等杨家湾汉墓发掘小组：《咸阳杨家湾汉墓发掘简报》，《文物》1977 年第 10 期。

的位置上（图四）。从数量方面看，最多的是步兵。骑兵俑的数量虽然不多，但是有几个特点值得注意：其一是集中排列，自成方阵（图五）；其二是比例不太大，约占21%；其三是骑兵中大量是不披铠甲的，披有铠甲的只占总数的8%左右；其四是马具仅是头有镳，胸有鞅，尾有鞦，背置鞯，没有马鞍，更没有马镫，马上的骑士，穿的是和步兵一样的麻鞋，似乎没有专为骑兵踩镫的靴子（图六）。

上述特点，清楚地勾勒出了当时骑兵面貌：第一，集中排列、自成方阵，已经是独立的有战斗力的兵种；第二，一般的着装和不够完善的马具，说明它还处于发展阶段，但与战国时的骑兵相比，又表现出骑兵装备日益完备的趋向；第三，身披铁铠的重装骑士已经开始占有他们的位置，这是后代的"甲骑具装"的先声。总之，这生动地反映了当时骑兵发展的真实情况，在从车骑并用向以骑兵部队为主力变化的进程中，进入一个新

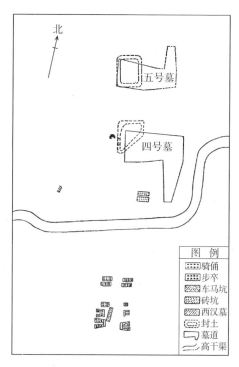

图四　陕西咸阳杨家湾1965年发掘的11个陪葬坑位置图

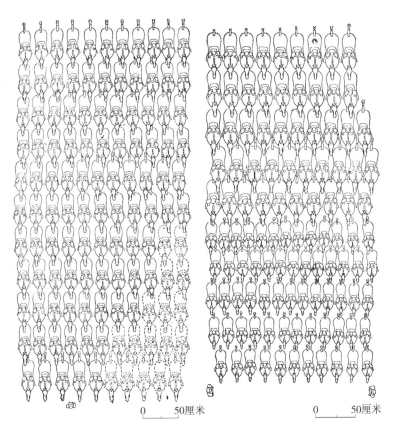

图五　咸阳杨家湾骑俑坑左、右骑俑排列情况

阶段，处于转折的关键时刻。这一转折大约完成于武帝时期。从元朔元年（前128年），到元狩四年（前119年）十年间，汉军和匈奴部队发生了好几场重要的战役，双方动员参加战斗的骑兵总数常常接近20万骑，其中元狩四年的一次战役，汉王朝集中了10万骑兵，随军的"私负从马"达到14万匹。汉军充分发挥骑兵轻捷迅速的特点，实施战略性的远程奔袭，创造了大规模使用骑兵集团机动作战的典型战例。从这时开始，骑兵作为军队的主力，纵横驰骋在战争舞台上；兵车的作用则退而为后勤运输，或者用来保障营地的安全①。

---

① 元狩四年卫青击匈奴时，"令武刚车自环为营，而纵五千骑往当匈奴"。武刚车即战车。见《史记·卫将军骠骑列传》及《汉书·卫青传》。

图六　西汉骑兵推测复原图
（做复原时主要依据的材料举例：A. 咸阳杨家湾骑俑正面　B. 咸阳杨家湾骑俑背面）

关于西汉时期骑兵使用的兵器，主要有弓、弩、戟、矛和刀、剑。远射兵器中，骑兵的主要装备是弓箭和用臂力开张的"臂张"弩。当时用来在马上格斗的兵器，有长柄的戟和矛以及短柄的刀和剑。在防护装具方面，主要是盾牌，同时也装备了铁制的铠甲。由杨家湾的陶俑观察，骑兵披的铠甲都是前胸和后背各一片，在肩上用甲绦系联的，看来，这种铠甲比同墓陶俑所披的另外几种形制的铠甲更便于马上动作。这种铠甲可以说是后来流行的"两当铠"的雏形。

前面谈到了马具的完善对骑兵来说是很重要的。有了鞍和镫，控制马匹变得比以前容易了，骑士掌握战术动作，列队排阵，也可以取得更好的效果。从没有马鞍到使用马鞍，有一个发展过程（图七）。恩格斯在分析了古代东方的骑兵以后指出："在较古老的雕塑品上，武士是骑在没有鞍子的马上的；以后，我们发现曾有一种类似褥垫或坐垫的东西，最后，才有类似现今东方流行的那种高马鞍。"① 看来，杨家湾一号墓陶俑反映出的

① 恩格斯：《骑兵》，《马克思恩格斯全集》第十四卷，人民出版社，1964 年，第 298 页。

骑兵装备，还处在从没有鞍子到使用马鞍的过渡阶段，即在马背上放置"一种类似褥垫或坐垫的东西"。这种鞍垫在战国末期已经使用了，始皇陵二号俑坑里战马就装备了这类鞍垫，这在前面已经描述过了，它的基本形制和杨家湾西汉骑兵俑战马上所装备的一样，看来它们至少已经使用了半个世纪了。但是当时已经称这种鞍垫为"鞍"了，当刘邦击楚由彭城败还至下邑时，与张良分析当时的形势，他是"下马踞鞍而问"①，刘邦踞坐的鞍，应是这种鞍垫。从考古资料来看，在西汉晚期已经有真正的高马鞍的图像出现了。在定县出土的一件错金银的铜车饰上的图案中，有一个弯弓回射的骑士，他所骑的马上就装备有马鞍。但是马镫的使用，那又是若干年以后的事情了。

从现在已获得的考古资料来看，最早的马镫的雏形，可以在长沙西晋

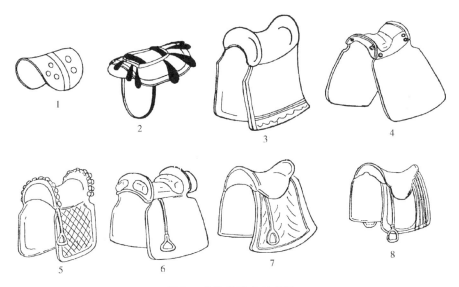

图七　马鞍具演变示意图
1. 战国（据金村铜镜）　2. 西汉初期（据杨家湾陶骑俑）　3. 西汉后期（据定县铜车饰）　4. 魏晋（据雷台铜骑俑及铜马）　5. 西晋（据长沙永宁二年瓷骑俑）　6. 东晋（据南京象山七号墓陶马）　7. 北齐（据安阳范粹墓陶马）　8. 唐（据郑仁泰墓石马）

① 《史记·留侯世家》，第 2039 页。

永宁二年（302 年）墓出土的一组陶俑上见到①，在那些陶马上，只在鞍的左侧靠前鞍桥处垂有一个三角状的镫，看来它是为了使骑士迅速上马时蹬踏用的，骑上马以后就不再使用了。

至于在发掘中获得的真正的马镫，那是几乎又过了一个世纪以后的产品，它出土于北燕冯素弗墓（冯素弗死于太平七年，415 年)②，形状近似三角形，但是角部浑圆，在木芯外面包镶着鎏金的铜片，高 23、宽 16.8 厘米，蹬脚处的厚度和其他部分一样，这显示它的形制是比较原始的（图八：1）。与它相类似的标本，在吉林集安地区的高句丽墓里也有出土，也是木芯外包铜片制成的（图八：2)③。可以这样说，到了十六国时期，骑兵的马具就已经完备了。马镫的使用是很重要的，它可以使骑兵和战马很好地结合在一起，把人和马的力量合在一起来全力攻击敌人，充分发挥兵器的效能。

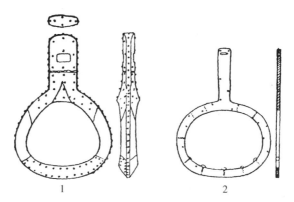

图八　北燕和高句丽的马镫
1. 北燕冯素弗墓马镫　2. 集安禹山下 41 号墓马镫

和马镫几乎同时出现的，还有防护战马的"具装"铠。

"射人先射马"，骑兵丧失了战马，就难以进行有效的战斗了，因此有必要对战马施加防护装具。汉代只有皮革制成的"当胸"，曹魏以后才开

① 湖南省博物馆：《长沙两晋南朝隋墓发掘报告》，《考古学报》1959 年第 3 期。
② 黎瑶渤：《辽宁北票县西官营子北燕冯素弗墓》，《文物》1973 年第 3 期。
③ 吉林省博物馆：《吉林集安的两座高句丽墓》，《考古》1977 年第 2 期。

始出现了马铠，但是结构完善的马铠——具装，已是十六国时的产品，在南北朝时成为骑兵部队普遍拥有的装备。因此，在十六国至南北朝时期的坟墓里，常常放置有模拟甲骑具装的陶俑。将草场坡一号墓的一组骑兵俑①，和比它早约600年的杨家湾汉墓的骑兵俑相比，可以看出三点显著的不同：第一是马具完备，辔、勒、鞍、镫俱全；第二是战马全身披着马铠（具装）；第三是骑兵都头戴兜鍪、身披铠甲。这标志着我国古代的骑兵又发展到了一个新的阶段，当时骑兵的主力是人和马都披铠甲的重装骑兵——甲骑具装。甲骑具装大量涌现在战争舞台上，反映了当时以部曲私兵为军队核心力量的制度，这正是从东汉末年开始、经魏晋十六国到南北朝时期，那种士族门阀制度和氏族军事组织结合在一起的产物。

防护战马的具装铠，披系在战马身上以后，除了眼睛、鼻子、四肢和尾巴以外，其余的部分全可以得到铠甲的保护。至于骑兵所使用的铠甲，主要是"两当铠"，南朝梁的企喻歌辞中的"牌子铁裲裆"②，就是这种铠甲。两当铠的另一种形制，是在肩部加上披膊。同时，也使用着前胸和后背各有两面大型圆护的"明光铠"。一直到隋代，甲骑具装都是军队的核心。铠甲的质料有皮革制成的，也有钢铁锻制的，一般是人铠和马具装配套，人披皮甲，马具装也用皮质；人披钢铠，马具装也用铁制，而且颜色也是一致的。人和马都披上了铠甲，增强了保护自己的能力，提高了战斗力。尤其是对付那些没有铠甲的步兵，就可以比较容易地取得胜利。但是，有一利也有一弊。沉重的铠甲加重了战马的负担，使它难于持久战斗，而且由于负重而行动迟缓，在一定程度上还会失去骑兵原有的轻捷迅速的特点。

模拟甲骑具装的陶俑，在西晋以后大量出现在南北朝时期的坟墓里，而到了隋代以后，它们就从随葬俑群中消失了。促成这一变革的是席卷全

---

① 陕西省文物管理委员会：《西安南郊草厂（场）坡村北朝墓的发掘》，《考古》1959年第6期。此墓发简报时墓葬时期误判为北朝，在20世纪70年代早已更正为十六国时期，见《中国大百科全书·考古学》卷。

② 这首南朝梁的企喻歌辞，见《乐府诗集》二十五，实际是北方的歌谣，见《古今乐录》。

国的隋末农民大起义。以重装骑兵为核心的隋王朝军队，在士气高涨的轻装的农民起义军的打击下，一败涂地。农民大起义摧垮了隋王朝的统治，扫荡了士族门阀和与之联系的部曲私兵制，解放了生产力，同时也改变了军队的成分和军队的组织，促进了战术的发展。反映在骑兵这一兵种方面的，就是重装骑兵失去了垄断地位，骑兵又发挥了轻捷迅猛的特点，战马卸去了沉重的具装，使骑兵部队更灵活机动。唐太宗李世民就是一个使用轻骑突击取得战争主动权的能手。当时，曾经把他在历次战役中骑乘过的六匹战马的形象刻石，陈列在他的坟墓前面，就是有名的"昭陵六骏"。这些雕刻得栩栩如生的骏马，马具刻画得很完备，但都没有披具装。尤其是"飒露紫"旁有丘行恭为它拔箭的图像，丘行恭的甲胄、战袍、兵器等都刻划得很细致，可证石刻是真实地模拟实战的景况，而那匹飒露紫并没有披具装。主将的战马不披具装，反映出甲骑具装在军队中的作用日益衰微。当然作为骑兵部队的一个组成部分，人、马都披铠的重装骑兵也还是保留在封建军队之中。因此，在我们看到大量的模拟唐代骑兵形象的考古材料中，除了王室贵族的仪卫卤簿外①，士兵都身披铠甲，而战马不加具装（图九），甚至有的骑兵也只是头戴幞头，身穿战袍而不披铠甲。

这时骑兵使用的兵器，除了长柄的矟和远射的弓箭外，由于钢铁冶炼技术提高，已经生产了质量精良的长刀，成为骑兵重要的格斗兵器。使用钢刀劈砍，这就和后来骑兵白刃格斗主要依靠马刀相一致了。在开元二十八年（740年）杨思勖墓里获得的两件石雕士兵像②，刻工极为精致，其中一个除了自身佩带的一组兵器外，还抱着一组可能是供主将使用的兵器。这两组兵器都包括有长剑，放在囊里的弓和装箭的胡禄。另一个士兵除了剑和弓矢外，还持有一件长柄的兵器，可能是矟，但是已经残损。看来这是完整的一组作战用的兵器。

---

① 如懿德太子李重润墓以及淮安王李寿墓出土的绘彩贴金的甲骑具装俑，已是贵族仪仗的模拟物了。详见陕西省博物馆等《唐懿德太子墓发掘简报》，《文物》1972年第7期；陕西省博物馆等《唐李寿墓发掘简报》，《文物》1974年第9期。
② 杨宗荣：《唐杨思勖墓的两件石雕像》，《文物》1961年第12期。

图九　唐代骑兵（敦煌第 156 窟壁画）

唐代以后，到了北宋，因为强调按阵图作战，战略上又偏重于被动的防御，骑兵并不受重视，有关的兵器装备也没有多大的发展。到了元代，蒙古族因以游牧为主，所以军队的主力是大量的骑兵，这些剽悍的骑兵在战术上起着决定胜负的作用，还成功地进行了多次军事远征，但是对于我国封建社会阶段骑兵部队的历史来说，则已接近尾声。这时已经开始在实战中使用各种火药兵器，接下来管形火器出现在军队的兵器装备之中。火器的发展和使用促使军事制度和军队组织发生变化，骑兵的面貌自然也随着发生变化。对于那些变化，如果有机会，笔者准备在另一篇札记中加以讨论。

（原载《文物》1977 年第 10 期。后收入《中国古兵器论丛》，文物出版社，1980 年。后又收入《中国古兵与美术考古论集》，文物出版社，2007 年）

剑和刀

公元前 206 年，项羽率领的 40 万大军宿营新丰鸿门，刘邦迫于形势，不得不到这里来见他，于是发生了历史上著名的"鸿门宴"。司马迁在《史记·项羽本纪》里，用生动的文笔述叙了这一事件的全过程。宴会开始，宾主入坐："项王、项伯东向坐。亚父南向坐，亚父者，范增也。沛公北向坐。张良西向侍。范增数目项王，举所佩玉玦以示之者三。项王默默不应。范增起，出召项庄，谓曰：'君王为人不忍，若入前为寿，寿毕，请以剑舞，因击沛公于坐杀之。不者，若属皆且为所虏。'庄则入为寿。寿毕，曰：'君王与沛公饮，军中无以为乐，请以剑舞。'项王曰：'诺。'项庄拔剑起舞，项伯亦拔剑起舞，常以身翼蔽沛公，庄不得击。"① 这就是常说的"项庄舞剑，意在沛公"。在鸿门宴的故事中，除了项庄舞剑以外，还有以下几段提到剑这种兵器。

当张良看到事情不妙，急从军门找来樊哙为刘邦保驾。"（樊）哙即带剑拥盾入军门。交戟之卫士欲止不内，樊哙侧其盾以撞，卫士仆地，哙遂入。披帷西向立，嗔目视项王，头发上指，目眦尽裂。项王按剑而跽曰：'客何为者？'张良曰：'沛公之参乘樊哙者也。'项王曰：'壮士，赐之卮酒。'则与斗卮酒。哙拜谢，起，立而饮之。项王曰：'赐之彘肩。'则与一生彘肩。樊哙覆其盾于地，加彘肩上，拔剑切而啗之。"②

当刘邦借口去厕所而逃出项羽军营时，是"脱身独骑，与樊哙、夏侯

---

① 《史记·项羽本纪》，第 312～313 页。
② 《史记·项羽本纪》，第 313 页。

婴、靳强、纪信等四人持剑盾步走，从郦山下，道芷阳间行"。最后，当范增知道刘邦已逃离楚营以后，大为恼火，气得把刘邦委托张良送他的一双玉斗，"置之地，拔剑撞而破之"。

由以上几段引文可见，鸿门宴故事的主要情节的展开，几乎都与剑这种兵器有关，从项王、范增到各个将领，都随身佩带着剑。还可以看出剑和盾配合使用，是当时步兵的标准兵器。这还是沿袭战国时期步兵的装备，在云梦秦墓出土的铜镜上，就有执盾持剑武士的生动形象①。

历经两汉以后，在军队中大量而普遍装备剑的情况有了很大的变化。下面再举一个宴会中发生的事件为例，这次宴会的地点是东吴名将吕蒙的家里，时间大约在公元 215 年前后②。东吴将领凌统与甘宁有杀父之仇，总想寻机复仇，这次两人正好在吕蒙家里举行的一次宴会上相遇。凌统复仇心切，就想用"项庄舞剑"的办法，在席上刺杀甘宁。"酒酣，（凌）统乃以刀舞"。可是甘宁早有防备。"宁起曰：'宁能双戟舞。'"于是酒宴前出现了刀、戟对抗的紧张场面，这急坏了东道主吕蒙，赶快出来调解。"蒙曰：'宁虽能，未若蒙之巧也'，因操刀持楯，以身分之。"在这一事件中，东吴的三位将领所使用的兵器，是刀、刀和楯、双戟（手戟），却没有看到剑的踪迹。从项庄舞剑到凌统舞刀，生动地反映了在两汉 400 年间，军队中主要装备的短柄格斗兵器，从剑转变到刀的历史事实，近年来发现的大量考古资料，也可以粗略地勾画出这一变化的轮廓。下面就来看一下由剑到刀这一变化的具体情况。

谈到剑，首先来看一看它出现的时代以及它的用途。1956～1957 年，在陕西长安张家坡的西周墓里出土了一把短短的青铜剑，报告中称做匕首（图一：1、二：1），全长不过 27 厘米，它的形状像细长的柳叶，装柄的部分略瘦，上面有两个纵列的圆穿孔，看来是在两侧附贴木柄，通过圆孔

---

① 湖北孝感地区第二期亦工亦农文物考古训练班：《湖北云梦睡虎地十一座秦墓发掘简报》，《文物》1976 年第 9 期。
② 《三国志·吴书·甘宁传》注引《吴书》，第 1295 页。

钉合成一体来使用①。同样的柳叶形青铜剑，后来在北京琉璃河53号墓和陕西宝鸡竹园沟1号墓②都出土过，其中琉璃河的一把铜剑更短些，仅仅长17.5厘米③。这些短短的青铜剑，有效使用的锋刃部分不过17～18厘米，也可以说是和匕首差不多。至于它的用途，应该是一种防范非常的卫

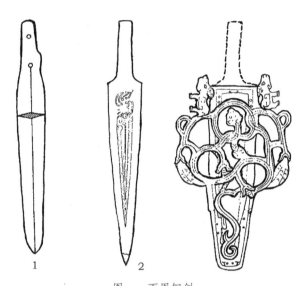

图一　西周铜剑
1. 陕西长安张家坡西周墓出土短剑　2. 甘肃灵台西周墓出土铜剑及鞘

体兵器。西周时期以车战为主，两军对阵时，首先用远射的弓矢，待到战车错毂格斗时，所用的兵器就是长柄的戈、戟和矛、钺。只有双方战士扭打在一起时，仅有十几厘米锋刃的短兵器才会起作用，但是在车战的条件下，这种机会不多。剑的名称，正是因它的用途而得。据《释名》："剑，检也，所以防检非常也。"由于以上原因，在西周初期车战所使用的兵器组合中，剑是不占重要位置的。这一点也可以从这种兵器出土数量之少，以及它和出土铜戈数量相差悬殊等方面反映出来。除这种扁茎有脊的柳叶形剑以外，在西周墓里获得的青铜兵器中还有另外两种短剑。一种短剑是

① 中国科学院考古研究所：《沣西发掘报告》，文物出版社，1962年。
② 宝鸡市博物馆等：《宝鸡竹园沟等地西周墓》，《考古》1978年第5期。
③ 琉璃河考古工作队：《北京附近发现的西周奴隶殉葬墓》，《考古》1974年第5期。

在甘肃灵台白草坡的西周墓里发现的（图二：3、4），剑身近似一个修长的锐角三角形，身后接较窄的短茎，上面还遗留有木柄和缠绳的痕迹。2号墓里出土的两件通长24.3厘米，插在铜鞘内，鞘上带有由蛇、牛等动物和缠枝植物纹组成的镂空图案，很是精美（图一：2）①。另一种短剑，如昌平白浮西周墓发现的几件，剑身有脊棱，在茎和剑身相接处（就是后来安剑格的位置）向左右各斜伸出一个小齿，在茎端装饰有鸟头或兽头图案（图二：2）②。这种剑中最早的例子，是在山西保德县林遮峪获得的③，但是剑身和茎通体向一侧微曲，剑首铸成铃状，与它同时出土的青铜器具有殷代晚期的特征，可以说明，这把剑也是那一时期的。看来这两种短剑是殷周时期一些少数民族的兵器，前一种具有西南地方的特征④，后一种散发着北方草原民族的气息⑤。它们出现在殷末西周初期的墓中，应该是反映着当时殷周和边疆的少数民族的密切联系，也是我国自古就是统一多民族国家的见证。

剑作为兵器开始受到重视，应该是西周以后的事，也就是在那一时期，剑的形制有了新的变化。我们现在于考古发掘中获得的春秋早期青铜剑，都是柱脊剑⑥，也就是由圆柱体的茎，直向前伸延而形成剑身的凸脊，只是有的剑茎上装有剑首，有的没有。在上村岭虢国墓地出土的几把剑，都是有剑首的（图三：2、四：2）⑦。洛阳中州路第2415号墓出土有装在

① 甘肃省博物馆文物队：《甘肃灵台白草坡西周墓》，《考古学报》1977年第2期。
② 北京市文物管理处：《北京地区的又一重要考古收获——昌平白浮西周木椁墓的新启示》，《考古》1976年第4期。
③ 吴振录：《保德县新发现的殷代青铜器》，《文物》1972年第4期。
④ 中国西南地区青铜剑的特征，参看童恩正《我国西南地区青铜剑的研究》，《考古学报》1977年第2期。
⑤ 中国北方的青铜短剑的特征，参看乌恩《关于我国北方的青铜短剑》，《考古》1978年第5期。
⑥ 林寿晋：《东周式铜剑初论》，《考古学报》1962年第2期；林寿晋：《论周代铜剑的渊源》，《文物》1963年第11期。
⑦ 中国科学院考古研究所：《上村岭虢国墓地》，科学出版社，1959年。

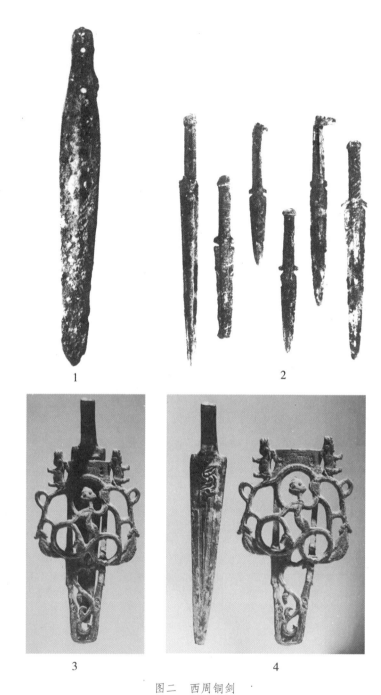

图二　西周铜剑

1. 长安张家坡出土（M206：4）　2. 北京昌平白浮出土　3. 甘肃灵台白草坡出土带鞘铜剑
4. 甘肃灵台白草坡出土的剑和剑鞘

象牙鞘里的铜剑，就是没有剑首的（图三：1、四：1）①。它们的形体都比较短，一般在 28～40 厘米之间。中州路的那一把，剑长 28.5 厘米，加上刻工精美的象牙柄，全长也不过 33 厘米左右。这把剑安好柄后，外貌正好和洛阳金村出土铜镜上那位骑士所握的剑相似，这幅跨马用剑刺虎的图像，正好提供了当时以剑搏刺对方的形象资料（参见本书《骑兵和甲骑具装》图一）②。这样类型的剑只适于前刺，而不适于劈砍，所以也称它是一种"直兵"。《晏子春秋》记崔杼杀了齐庄公以后，用武力逼诸将军大夫盟于大宫，"有敢不盟者，戟拘其颈，剑承其心"，又谓"曲刃钩之，直兵推之"③。这对早期较短的剑的使用方法倒是一个很好的说明。但是，当时还处于车战盛行的后期，剑在战斗中的作用依然和西周时期相同。

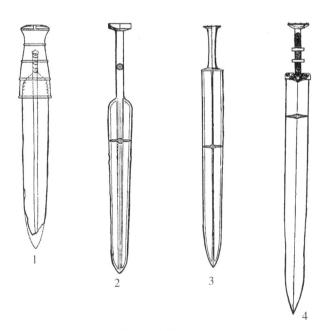

图三　东周铜剑.

1. 洛阳中州路出土象牙柄铜剑　2. 上村岭虢国墓出土铜剑　3. 长沙东郊 329 号墓出土铜剑　4. 洛阳中州路 2729 号墓出土铜剑

---

① 中国科学院考古研究所：《洛阳中州路（西工段）》，科学出版社，1959 年。
② ［日］梅原末治：《洛阳金村古墓聚英》（增订本），1945 年。
③ 《晏子春秋》卷五《崔庆劫齐将军大夫盟晏子不与第三》。

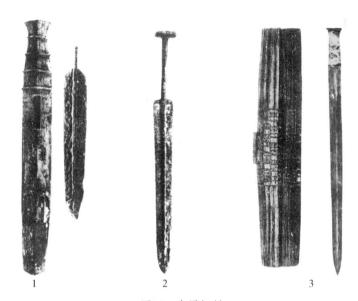

图四　东周铜剑

1. 洛阳中州路出土铜剑和象牙柄、剑鞘（M2415：18）　2. 上村岭虢国墓地
出土铜剑（M1052：155）　3. 长沙左家公山 15 号战国墓出土铜剑和木剑椟

就在中原地区还主要依靠战车作战的时候，南方的吴越地区则有着完全不同的情况，那里水网纵横，并且当时还处于地多林莽、尚待开发的阶段。奔驰在北方平原的巨大而沉重的战车，在那里几乎没有用武之地，相反各种战船却是军队中不可缺少的重要装备。适应着这样的客观条件，吴、越的军队的主力是步兵。迟至公元前 584 年，申公巫臣从晋国来到吴国，才帮助吴国组训了第一批战车部队①。尽管如此，吴国军队的主力依然还是步兵，即使过了整整一个世纪以后也还是如此。公元前 482 年吴晋争先的黄池之会时，吴王夫差为了显示军威而排列的三个方阵，依然是由精锐的步兵所组成的②。至于夫差的死对头越王勾践的军队，也是步兵。为了提高部队的战斗力，他采取的主要措施之一就是教练士兵提高击剑的水平。关于越女和猿公的传说③，正是反映着这一历史事实。兵器是随着

---

① 《左传·成公七年》。

② 《国语·吴语》。

③ 《吴越春秋》卷九《勾践阴谋外传》。

军事上的需要而改进的，为了进行步兵战斗，车战中使用的长度接近人的躯干三倍的长柄矛、戟是不适用的①。步兵所需要的是适于近战的锋利而轻便的短兵器，剑正具有这些特点，所以这种兵器在吴越有了很大发展。因此，当时吴越地区铸剑的水平，远远超过中原诸国，出现了许多传奇式的铸剑大师，如欧冶子和干将夫妻，都是其中最著名的。尤其是干将、莫邪铸剑的故事，一直流传到现在②。正是因为吴越青铜剑冶铸技术水平当时就为人们所称颂，才能化成那样神奇而又生动的传说。也正因为如此，春秋时期的吴越简直成了"宝剑之乡"了，这里出产的质精物美的青铜剑，极受中原各国的重视。《史记·吴太伯世家》记载了一个"季札赠剑"的故事③。徐君爱慕季札随身佩带的宝剑，就是反映吴国的铸剑技能在当时为人们所重视。所以《考工记》讲道："吴粤之剑，迁乎其地而弗能为良。"近几年来在考古发掘中获得的吴越铜剑，更是提供了有力的实物例证。这些铜剑中，有几把上面带有吴王或越王造剑的铭文，比较重要的有山西原平峙峪出土的吴王光剑④、湖北襄阳蔡坡 12 号墓出土的吴王夫差剑⑤和河南辉县发现的另一把吴王夫差剑⑥。另外，还有在安徽淮南市蔡家岗蔡墓里出土的吴王夫差太子"姑发閒反"剑⑦。出土的重要的越王剑，有湖北江陵出土的两把越王剑——望山一号墓出土的越王勾践剑⑧和藤店一号墓出土的越王州句剑⑨。特别是在望山一号墓里获得的那把越王剑，出土时完好如新，锋刃锐利，制工精美，全剑长 55.7 厘米，剑茎缠缑还保留着清晰的痕迹，剑格饰有花纹，而且嵌着蓝色琉璃，剑身满布菱形的暗

① 《考工记》："凡兵无过三其身，过三其身，弗能用也，而无己，又以害人。"
② 《吴越春秋》卷四《阖闾内传》有干将、莫邪铸剑故事，可以参看。
③ 《史记·吴太伯世家》，第 1459 页。
④ 戴遵德：《原平峙峪出土的东周铜器》，《文物》1972 年第 4 期。
⑤ 襄阳考古训练班：《襄阳蔡坡 12 号墓出土吴王夫差剑等文物》，《文物》1976 年第 11 期。
⑥ 崔墨林：《河南辉县发现吴王夫差铜剑》，《文物》1976 年第 11 期。
⑦ 安徽省文化局文物工作队：《安徽淮南市蔡家岗赵家孤堆战国墓》，《考古》1963 年第 4 期；陈梦家：《蔡器三记》，《考古》1963 年第 7 期。
⑧ 湖北省文化局文物工作队：《湖北江陵三座楚墓出土大批重要文物》，《文物》1966 年第 5 期。
⑨ 荆州地区博物馆：《湖北江陵藤店一号墓发掘简报》，《文物》1973 年第 9 期。

纹，衬出八个错金的鸟篆体铭文，为"越王鸠浅自作用鐱（剑）"八字，鸠浅就是那位卧薪尝胆终于灭吴的勾践。这把剑显示着春秋晚期以来铜剑共有的特点之一，就是刃部不是平直的，其最宽处约在距剑格三分之二处，然后呈弧线内收，至近剑锋处再次外凸然后再内收成尖锋，刃口的这种两度弧曲的外形，更说明剑在使用时注意的是它直刺的功能，而不是以斫击为主的。这把剑的铸造技术，代表了当时吴越工匠的最高水平。1973年在日本举办的中国出土文物展览中，这把剑和东汉的银缕玉衣等都是展出的精品，当时郭沫若先生曾题诗："越王勾践破吴剑，专赖民工字错金。银缕玉衣今又是，千秋不朽匠人心。"并指出："剑铭'自作'，实赖民工；衣被王躯，裁成匠手。创造历史者，并非英雄帝王，乃是人民工匠。"①

越国灭掉了吴国，然后自己又被楚国吞掉，"越王勾践破吴剑"也就被当作战利品而掳到楚国去了，这就是江陵一带的楚墓里不断出有带有吴王、越王铭的青铜剑的原因。同时，吴越精湛的铸剑技术也为楚国所掌握，使得本来已有相当水平的楚国铸剑工艺，有了进一步发展。现在从江陵、长沙一带的楚墓中获得数量众多、铸制精美的青铜剑（图三：3、四：3），甚至在一座墓里竟放有多达32把铜剑的例子，正是说明了这样的历史事实②。于是，过去关于吴越的神奇的铸剑传说，也转而落到楚国的头上。干将、莫邪就不是为越王铸剑而是为楚王铸剑了，并且出现了眉间尺为父报仇的动人情节，最后以同葬三头的"三王坟"做为整个故事的结尾③。后来鲁迅先生就掇拾了这一传说，写成了收入《故事新编》中的《铸剑》一篇，赋予这古老的传说以新的寓意。

在战国时期，随着车战的衰落和步兵的兴起，剑在战争中的作用日益

---

① 郭沫若先生为中国出土文物展览的题词，见《文物》1973 年第 6 期。

② 一座墓出土 32 把铜剑的例子，参见荆州地区博物馆《江陵天星观一号楚墓出土大批楚简》，《光明日报》1978 年 7 月 23 日第 3 版。关于湖南出土的剑，参看湖南省博物馆《湖南省文物图录》，湖南人民出版社 1964 年版；另见湖南省博物馆《长沙楚墓》，《考古学报》1959 年第 1 期。

③ 关于眉间尺的故事，以收入干宝《搜神记》中的最完整，可参看胡怀琛标点本《搜神记》，商务印书馆，1957 年。

重要，成为当时步兵的标准装备之一。以魏国的武卒为例，一个士兵的装备如下：护体的装具是甲和胄，远射兵器是十二石的强弩（每人配备 50 支弩箭），格斗兵器是戈和剑①。从汲县山彪镇出土的水陆攻战纹铜鉴上②，可以清楚地看到挥剑战斗的步兵或水军战士的形象，而且那些手持长柄矛戟格斗的战士，每个人的腰上都毫无例外地佩带着插在鞘里的剑（图五）。在成都百花潭出土的铜壶上，也有画面大致相同的战斗图像，同样可以看

图五　山彪镇出土铜鉴上步兵格斗图案

到佩剑的战士和用剑战斗③。随着剑在战争中的作用日益重要，迫切需要改进质量，加强杀伤能力，于是对兵器的制造者提出了两方面的要求。一方面要加长剑身的长度，另一方面要使它更加坚韧和锋利。在长度方面，从已经获得的春秋到战国早期的青铜剑来看，它们的总长度一般只有 50 厘米左右，山彪镇的水陆攻战纹铜鉴上所刻画的剑，都是这种较短的剑。由于青铜质地较脆，所以增加剑长在工艺上相当困难，这就使青铜剑的长度受到一定的限制。不过由于那些无名的匠师付出了长期而艰巨的劳动，到了战国晚期，在这方面已经有了相当大的进步。例如秦国的青铜剑在秦始皇时期已经达到 81～91.3 厘米的长度④。在增强杀伤能力方面，主要是生产了剑脊、剑刃含锡量不同的复合剑。这种青铜剑的脊部呈红色，因为其

---

① 《荀子·议兵篇》："魏氏之武卒，以度取之，衣三属之甲，操十二石之弩，负服矢五十个，置戈其上，冠轴（胄）带剑，赢三日之粮，日中而趋百里。"

② 郭宝钧：《山彪镇与琉璃阁》，科学出版社，1959 年。

③ 四川省博物馆：《成都百花潭中学十号墓发掘记》，《文物》1976 年第 3 期。

④ 始皇陵秦俑坑考古发掘队：《临潼县秦俑坑试掘第一号简报》，《文物》1975 年第 11 期。

中含锡量较少（约10%），所以比一般青铜质柔而坚，不容易折断；剑的刃部含锡量较多（约20%），所以质脆而硬，使得刃口更加锋利。同时，为了避免铜剑表面锈蚀，甚至出现有经过铬盐进行表面氧化处理的例子，这种青铜剑是秦国的产品，虽然已经埋在地下2000多年，至今剑身并未锈蚀，还是乌黑发亮[①]。顺便指出的是，由于东周时期盛行佩剑之风[②]，青铜剑的铸造日益华美，不少剑身上显现着各种细密的几何形花纹，有的还采用鎏金、错金银、镶嵌等技术来装饰铜剑，使它更加美观。到了这时，青铜剑的铸造工艺已经达到了最高的限度，但是制出的兵器不论在剑长和锋利程度两个方面，都没有满足当时战场上的士兵对兵器的要求。要解决这个矛盾，唯一的途径是寻求比青铜更好的原材料和更新的生产技术。

春秋时期，铁器登上了舞台，成为促进奴隶制与封建制更替的一个重要因素[③]。铁器的使用，引起了农具、工具乃至兵器方面的大变革，出现在战争舞台上的铁质兵器中，比较重要的一种就是铁剑。现在获得的年代最早的一把钢剑，是早在三门峡西周墓中出土的短剑，还不是实际作战的兵器。看来是实战用的钢剑，最早的一件是从湖南长沙铁路车站建设工程中从一座春秋晚期的墓里出土的，经过鉴定这把剑所用的钢是含碳量0.5%左右的中碳钢，金相组织比较均匀，说明可能进行过热处理[④]。这把剑出现在楚国的疆域内并不是偶然的。秦昭王曾经向秦相范雎表示过如下的忧虑："吾闻楚之铁剑利而倡优拙。夫铁剑利则士勇，倡优拙则思虑远。夫以远思虑而御勇士，恐楚之图秦也。"[⑤] 秦昭王赞扬楚国生产的铁剑锋利，说明当时楚国铸造的铁剑是驰名全中国的。在湖南等地的楚墓里，已经多次发掘出铁质的各种兵器，有剑、矛、戟和镞等[⑥]。其中铁剑的数量

① 始皇陵秦俑坑考古发掘队：《临潼县秦俑坑试掘第一号简报》，《文物》1975年第11期。
② 白化文：《关于青铜剑》，《文物》1976年第11期。
③ 郭沫若：《中国古代史的分期问题》，《红旗》1972年第7期。
④ 长沙铁路车站建设工程文物发掘队：《长沙新发现春秋晚期的钢剑和铁器》，《文物》1978年第10期。
⑤ 《史记·范雎列传》，第2418页。
⑥ 湖南省文物工作队：《长沙、衡阳出土战国时代的铁器》，《考古通讯》1956年第1期。

是比较多的，它们的长度大大超过了一般的青铜制品，常常不短于 70 厘米，接近 1 米或超过 1 米的也不少①。其中最长的铁剑长度已达到 1.4 米，几乎是一般青铜剑长度的三倍左右②。除了楚地以外，文献中也记录过三晋地区生产有锋利的铁剑。代表当时钢铁兵器最高水平的产品，是在燕国的疆域里发现的。1965 年在河北易县燕下都遗址中发现了一座从葬墓（44 号墓），从墓里获得了 50 余件铁兵器，其中仅剑一种就达 15 把之多（图六：1）③。取比较完整的 8 把剑测量，最短的一把长 69.8 厘米，最长的一把长达 100.4 厘米，平均长度约 88 厘米。其中 3 把剑经过鉴定，只有一把是用块炼铁直接锻成的铁剑，另外两把则是由含碳不均匀的钢制成的④，其一就是这批剑中最长的那一把。这两把剑都是用块炼铁渗碳制成的低碳钢件，是用纯铁增碳后对折，然后多层叠打而成。为了提高刃部的硬度，都是经过淬火的，这是我国出土古代铁器中已经知道的最早的淬火产品。经过淬火的长钢剑，性能远远超过了体短质脆的青铜剑，进一步满足了步兵战士对兵器装备的要求。不过当时各地生产的发展是不平衡的，楚燕等地的这些先进的钢铁长剑，还不足以装

图六　燕下都 44 号墓出土铁兵器和
洛阳出土的战国弩机
1. 燕下都出土铁剑　2. 燕下都出土铁矛
3. 燕下都出土铁戟　4. 燕下都出土铁镦

① 湖南省博物馆：《湖南省文物图录》，湖南人民出版社，1964 年。
② 张中一：《湖南郴州市马家坪古墓清理》，《考古》1961 年第 9 期。
③ 河北省文物管理处：《河北易县燕下都 44 号墓发掘报告》，《考古》1975 年第 4 期。
④ 北京钢铁学院压力加工专业：《易县燕下都 44 号墓葬铁器金相考察初步报告》，《考古》1975 年第 4 期。

备所有的部队。至于生产水平不如它们的各国，情况就更不同了。所以，各国军队中使用的兵器，大量还是青铜制品。例如，秦始皇陵陶俑坑的两次发掘中，发现的大量兵器绝大多数都是青铜制品，出土的剑虽然较长，而且表面经过铬盐氧化处理，但仍旧全是青铜制造的（图七）[①]。随着历史车轮向前运转，先进的钢铁兵器终究要取代落后的青铜兵器，但那已是汉代的事了。

现在我们已经谈到本文开始时所举鸿门宴所处的历史时期。那时，经过秦末农民大起义，已经进入楚汉之争，中国的大地上留下了无数步兵的足迹，他们互相进行着殊死的搏斗。他们所使用的兵器，除了长柄的矛、戟和远射的弓、弩以外，就是剑和盾。我们回忆一下司马迁笔下的樊哙手持长剑、铁盾在鸿门宴上的威猛形象[②]，就可以想象那时装备着剑盾的武士了。同春秋至战国初年时的剑相比，这时剑的外貌已经大为改观，剑身几乎加长一倍，原有两度弧曲的刃部伸成平直的了，更加锋利，剑锋的夹角则逐渐由锐加大。由这些变化可以看出，剑的功能已经由主要是直行向前推刺敌人，转而主要是用刃

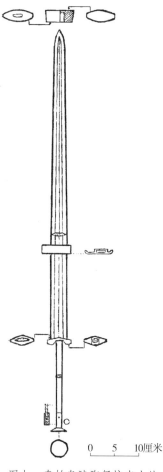

0　　5　　10厘米

图七　秦始皇陵陶俑坑出土的
青铜剑

①　始皇陵秦俑坑考古发掘队：《临潼县秦俑坑试掘第一号简报》，《文物》1975年第11期；始皇陵秦俑坑考古发掘队：《秦始皇陵东侧第二号兵马俑坑钻探试掘简报》，《文物》1978年第5期。第一次发掘出土的几千件兵器中，只有铁镞和铁铤铜镞各一件，其余均为铜器。仅以镞论，共出近7000件，只有上述两件例外，其余都是铜质的。第二次发掘出土铜镞1462件，只发现两件铁铤铜镞，其余弩机、矛、钺、剑等兵器均为铜器。

②　《史记·项羽本纪》，第313页。

部劈砍。延续到西汉初期，情况大体还是这样，晁错在上疏文帝言兵事时，列举了当时汉王朝军队中的主要兵器，依然是长戟、矛、弓弩和剑盾，特别指出在"曲道相伏、险隘相薄"的地形条件下，剑盾可以发挥最大的作用①。

随着钢铁冶炼技术的发展，剑的质量有了进一步的改进。到了汉武帝时期，钢剑的锻造技术更加提高，可以代表当时技术水平的一把钢剑，是在河北满城刘胜（他死于元鼎四年，即前113年）的坟墓里发现的，它的长度超过1米，装在涂着褐色漆的木鞘里，放在刘胜尸体的右侧②。经过鉴定，这把剑虽然还是用块炼铁做原料，反复在木炭中加热渗碳，折叠锻打而成的，但是比燕下都出土的战国钢剑的质量有了很大提高。表现在夹杂物分散和尺寸减小、数目减少。同时，剑中不同碳含量分层程度渐小，各片组织均匀，燕下都剑的低碳层厚约0.2毫米，而这把剑的低碳层仅有0.05～0.1毫米。每层的厚度减小了，那是加多了反复锻打次数的结果，也就是向"百炼钢"发展的过程，这把剑也可以说是正在形成中的百炼钢工艺的早期产品③。同时，这把剑的刃部经过淬火，刚硬而且锋利；那没有经过淬火的脊部，仍旧保持着较好的韧性，收到刚柔结合的效果。至于铁剑使用较普遍的例证，可以从河南洛阳西郊金谷园、七里河等地西汉中晚期墓的出土物中观察到，那些墓中出土了数量很多的铁剑，仅是长度在80厘米以上的剑，就有37把，其中最长的一把有118厘米④。从汉墓的壁画和后来的画像石上，可以看到佩带和使用这种长剑的画像。

前面已经提到用剑战斗时劈砍的功能增加的问题，这一点在骑兵战斗中尤为重要。战国末年，骑兵作为独立的兵种开始出现，在秦始皇陵的陶俑坑中，也发现了和战车部队排列在一起的骑兵形象。但是，成建制的大

---

① 《汉书·晁错传》，第2279页。
② 中国社会科学院考古研究所等编：《满城汉墓》，文物出版社，1978年。
③ 李众：《中国封建社会前期钢铁冶炼技术发展探讨》，《考古学报》1975年第2期。
④ 中国社会科学院考古研究所洛阳发掘队：《洛阳西郊汉墓发掘报告》，《考古学报》1963年第2期，第33页。另见第54～55页表四《铁剑尺寸统计表》。

量使用骑兵，还是秦末农民大起义经过楚汉之争到西汉初年这一段历史时期开始的。纵横驰骋在战场上的大队骑兵，手执长剑向敌人冲击时，由于马速很快，想要毙伤敌人主要靠挥臂劈砍，而不是用剑向前推刺。这样一来，尖长的剑锋的作用不大了，虽然两侧都有刃，但是劈砍时只能使用其中一侧的刃，另一侧的刃不但不能发挥作用，而且制造工艺更为复杂，必须在狭窄的剑身两侧都做出同样锋利的刃口，所以只能把全器最厚的地方安排在中脊处，这样一方面工艺要求高，另一方面在劈砍时还容易折断。只有解决这些问题，才能为骑兵生产更合用的劈砍兵器，提高战斗力。于是在西汉时期，出现了环首的长刀，这是一种专用于劈砍的短柄兵器，它只在一侧有刃口，另一侧做成厚实的刀脊，同时去掉了尖锐的长剑锋。厚脊薄刃不但从力学角度看利于砍劈，而且刀脊无刃，可以加厚，因而不易折断。所以《释名》说："刀，到也。以斩伐到其所乃击之也。"西汉时期的铁刀，直脊直刃，刀柄和刀身之间没有明显的区分，一般没有像剑那样卫手的格，只有个别的加有和剑格一样的铜质或铁质的"格"。刀柄首端毫无例外地制成扁圆的环状，所以常常叫它"环首刀"。在洛阳的西汉墓里，环首长刀的数量日渐多起来。例如，1957～1958年，在洛阳西郊清理的那批西汉墓，就有23座墓随葬有较长的环首刀，它们的长度从85厘米直到114厘米①。铁刀出土时，通常和铁剑一样插在鞘里，刀鞘是由两片木材合制，用丝线和织物把它们缠紧，然后在外面涂上漆，在鞘的末端装饰着扁扁的铜珌。这些带有漆鞘的环首铁刀多是出土于死者尸体的两侧，和那些带漆鞘的铁剑的出土位置一样，说明它们原来是死者生前随身佩带的。在《史记》《汉书》里，存有不少西汉时期将校官吏佩刀的记录。名将李广在随卫青出塞作战时，迷失了道路，回军后愤而自杀，就是"引刀自刭"的②。从下面的苏武的例子，又可以知道汉王朝出使匈奴的使节是随身佩刀的。据《汉书·苏武传》记：当匈奴逼苏武投降时，"武谓惠等：

---

① 中国社会科学院考古研究所洛阳发掘队：《洛阳西郊汉墓发掘报告》，《考古学报》1963年第2期，第33页，另见第55～56页表五《第一型铁刀尺寸统计表》。
② 《汉书·李广传》，第2449页。

'屈节辱命，虽生，何面目以归汉！'引佩刀自刺"[1]。还有一个在昭帝时出使匈奴的任立政，他受霍光等委派还负有劝说李陵回汉的任务。当任立政在匈奴单于举办的宴会上看到李陵的时候，"未得私语，即目视陵，而数之自循其刀环，握其足，阴谕之，言可还归汉也"[2]。这不但说明汉王朝的使者佩刀，而且佩带的正是环首刀。由佩剑到同时也开始佩刀，说明环首刀日益受人重视。

适于劈砍的环首长刀，逐渐地从战场上把长剑排挤开去，成为军队中大量装备的短柄武器，这一变化到东汉末年已接近尾声。在山东沂南画像石墓墓门的横额上，刻着一幅战斗图像，交战的双方除了弓箭以外，主要的格斗兵器就是环首刀，配合它使用的防护装具是长方形的盾牌，不论是在桥头鏖战的双方步兵，还是从左侧驰来的那些骑兵，都是左手持盾，右手挥刀（图八）[3]。生动地表现出西汉初年军队中大量装备的剑和盾，这时已被刀和盾所取代。战场上的这一变化，也是和东汉时期铁刀制造得日趋精良分不开，而精良的长刀又是当时冶铁炼钢技术进一步提高的产物。在

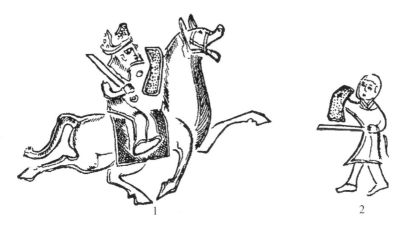

图八　沂南画像石墓持刀、盾的骑兵（1）和步兵（2）

① 《汉书·苏建传附子武传》，第 2461 页。
② 《汉书·李广附孙陵传》，第 2458 页。
③ 南京博物院等：《沂南古画像石墓发掘报告》，文物出版社，1956 年。

长沙地区东汉墓里获得的铁刀，长度常超过 1 米，有的达到 128.5 厘米①。
河南地区出土的东汉铁刀也是如此，陕县刘家渠东汉墓里的环首长铁刀，
和长剑一样备有髹漆的木鞘，特别是刀柄的结构还保留得较完整，那是在
铁刀柄两侧用木片夹起来，然后外面紧缠粗绳，以便于握把，在刀环上还
缠着绢布（图九）②。作为这一时期优质钢刀的代表作品，应该是在山东苍
山发现的一把有纪年铭长刀，全长 111.5 厘米，刀脊的厚度与刀身的宽度
比大约是 1∶3。刀身上饰有错金的火焰纹，并且有 18 个错金的隶书刀铭：
"永初六年五月丙午造卅涷大刀吉羊宜子孙"。由此可以知道，这把刀是汉
安帝永初六年（112 年）制造的③。这把刀经过鉴定，是以含碳较高的炒
钢为原料，经过反复多次锻打而成。铭文中的"卅涷"即"三十炼"，可
能代表着一定的工艺质量标准，刀中的硅酸盐夹杂物有明显分层，经过用
一百倍显微镜观察，约有 30 层左右，也许，三十炼的含意就是指将炒钢锻
造后折叠锻打，这样反复锻打 30 层而制成。同时，这把三十炼大刀的刃部
还经过了淬火④。过去在日本也发现过一把东汉铁刀，纪年是灵帝中平年
间，当公元 184～189 年，错金刀铭中有"百练（炼）清刚（钢）"之
句⑤。上述两把刀制造出来的时间相差不多，铭中的"卅涷"和"百炼"
都是属于"百炼钢"的范畴。采用百炼钢造刀，大大提高了质量，加速了
它成为军队中主要短柄兵器的进程。

值得注意的另一点，是在考古发掘中不断获得东汉时期装饰华美的铁
刀，河北定县 43 号墓里出土的一把刀可作代表，全刀长 105 厘米，刀身上
饰有线条流畅的错金涡纹和流云图案，精美异常。发掘者认为，这座墓是

---

① 湖南省博物馆：《湖南省文物图录》，湖南人民出版社 1964 年版，图版九九∶3～6，其中长沙
　金盆岭 3 号墓出土的一把剑，长 128.5 厘米。
② 黄河水库考古队：《河南陕县刘家渠汉墓》，《考古学报》1965 年第 1 期。
③ 刘心健等：《山东苍山发现东汉永初纪年铁刀》，《文物》1974 年第 12 期。简报中报道，刀铭
　16 字，后用 X 光透视，又显出"宜子孙"三字。另见北京钢铁学院《中国冶金简史》编写小
　组所著《中国冶金简史》，科学出版社，1978 年。
④ 李众：《中国封建社会前期钢铁冶炼技术发展探讨》，《考古学报》1975 年第 2 期。
⑤ ［日］梅原末治：《奈良县栎本东大寺山古坟的汉中平纪年的铁刀》，日本《考古学杂志》48
　卷第 2 号。

熹平三年（174 年）死去的中山穆王刘畅的坟墓，这把精美的错金铁刀可能就是他生前的佩刀①。西汉时期的舆服制度，自皇帝至于百官，无不佩剑，当环首刀兴起以后，平时常常带刀，尤其是军队中的将领更是如此，这在前面已经讲到了，而佩剑似乎只有在上朝时还要带着它。到了东汉初年，皇帝常在赐给臣子剑的同时赐给佩刀。这样一来，佩刀也已成为封建王朝规定的一种舆服制度。《续汉书·舆服志》有详细的叙述："佩刀，乘舆黄金通身貂错，半鲛鱼鳞，金漆错，雌黄室，五色罽隐室华。诸侯王黄金错，环挟半鲛，黑室。公卿百官皆纯黑，不半鲛。小黄门雌黄室，中黄门朱室，童子皆虎爪文，虎贲黄室虎文，其将白虎文，皆以白珠鲛为鐍口之饰。乘舆者，加翡翠山，纡婴其侧。"②定县出土的错金铁刀，正是合于"诸侯王黄金错"的规定。时代风气变了，除了一些典礼以外，平时由佩剑改为佩刀了。所以，《舆服志》中特别对佩刀的制度重点叙述一番。不过，后来的人有的对这种变化不清楚，例如，为《舆服志》做注的刘昭就在这段文字下面加了自己的按语："臣昭按：自天子至于庶人，咸皆带剑。剑之与刀，形制不同，名称各异，故萧何剑履上殿，不称为刀，而此志言不及剑，

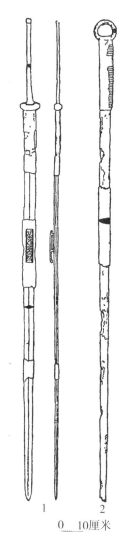

图九　陕县刘家渠东汉墓出土长剑（1）和环首刀（2）

---

① 定县博物馆：《河北定县 43 号汉墓发掘简报》，《文物》1973 年第 11 期。
② 《续汉书·舆服志》，第 3672 页。按：范晔《后汉书·舆服志》已佚，现版《后汉书·舆服志》是刘昭作注时将司马彪《续汉书》的志补入，故所引应为《续汉书·舆服志》。

如为未备。"这是他对东汉时期重佩刀的风尚，以及由此形成的新的舆服制度并不清楚，才对《舆服志》的作者求全责备的。

由于官吏平时佩刀而不佩剑，所以有些过去发生用剑的事情，东汉时就是用刀了。一个突出的例子是当时一些下级官吏为了劝阻他的上级别去干他认为不该办的事，但上级已经上车要出发了，于是这个死命劝阻的人就采用利刃砍断马鞅的办法，使车子无法行驶。在佩剑之风盛行的时候，自然是用佩剑，例如，公元前555年，在晋军的攻击下，"齐侯驾，将走邮棠。大子与郭荣叩马曰：'师速而疾，略也。将退矣，君何惧焉！且社稷之主，不可以轻，轻则失众，君必待之。'将犯之，大子抽剑断鞅，乃止"①。过了500多年以后，东汉建武八年（32年），光武帝刘秀要去打隗嚣，郭宪反对，"谏曰'天下初定，车驾未可以动'。宪乃当车拔佩刀以断车靷"②。另一个例子是周章随太守行春时，途中太守欲谒窦宪，周章反对，"太守不听，遂便升车。章前拔佩刀绝马鞅，于是乃止"③。上面的三个小故事中，使用剑或用刀不是偶然的，而是反映着由佩剑转为佩刀习俗上的变化。另一个故事也可以看到官吏平时佩刀，东汉末年董卓想废掉汉献帝而立陈留王，找袁绍商量，"是时绍叔父隗为太傅，绍伪许之，曰：'此大事，出当与太傅议。'卓曰：'刘氏种不足复遗。'绍不应，横刀长揖而去"④。这就是所谓"长揖横刀出，将军盖代雄"。这位袁绍当时正是佩刀而没有佩剑的。

到了三国时期，军队中大量装备的实战用短柄兵器就只有刀了，刀的制造也更加精良，例如诸葛亮让蒲元铸造的刀"称绝当世，因曰神刀"。这些"神刀"是在斜谷造的，共三千口，当时蒲元"镕金造器，特异常法。刀成自言：汉水钝弱，不任淬用，蜀江爽烈，是谓大金之元精，天分其野。乃命人于成都取之。有一人前至，君以淬，乃言杂涪水不可用。取

---

① 《左传·襄公十八年》。
② 《后汉书·郭宪传》，第2709页。
③ 《后汉书·周章传》，第1157页。
④ 《三国志·魏书·袁绍传》，第190页。

水者犹悍言不杂。君以刀画水云：杂八升，何故言不? 取水者方叩头首服云：实于涪津渡负倒覆水，惧怖，遂以涪水八升益之。于是咸共惊服，称为神妙"①。这个故事说明当时淬火技术有了发展，能够鉴别不同的江河的水具有不同的淬火能力。至于这些刀的形制，据《蒲元传》讲，"今之屈耳环者是其遗范也"，可见这是一种环首刀。就是在传统的宝剑之乡，历史上的吴、越和楚地，宝剑也把它在战争舞台上的位置让给了长刀。东吴步兵使用的短柄兵器主要是刀和手戟，这已在本文开始时所举凌统与甘宁的那段故事中讲到了。又如当甘宁百骑劫魏营归来后，孙权很高兴，奖给甘宁绢千匹、刀百口②。在东吴，从孙权到一般将领、官吏，平时都佩刀。赤壁之战前夕，曹操的大军逼近长江，孙权急集文武大员商议对策，会上主战与主和两派争论激烈，最后孙权决心采纳周瑜等的主战方案，于是"权拔刀砍前奏案曰：诸将吏敢复有言当迎操者，与此案同"③。拔刀砍案，正因为孙权佩带的是刀，这也说明东吴沿袭着后汉以来的舆服制度，吴王平时是佩刀的。据梁陶弘景《刀剑录》，孙权在"黄武五年采武昌山铜铁作十口剑、万口刀，各长三尺九寸，刀头方，皆是南钢越炭作之，上有大吴篆字"。仅就这一次，也可看出那大量铸造的钢刀是用来装备部队的实战兵器，而铸造的少数宝剑，则是供服玩之用了。当然，这些剑是锻工极精的，孙权常常根据宝剑的特点，分别命名，有"白虹""紫电"等名目。也可以说，从东汉以后，宝剑在战场上失去它的光辉以后，它的功能主要有以下两项。第一项是佩带，但是春秋战国时期直到西汉，佩剑和实战兵器是分不开的，平日佩带，战时迎敌，这时则仅仅剩下了在舆服制度中作为佩饰的功能。于是只具有华美的外形就够用了，锐利的锋刃却没有用了，这样一来，从西晋起，甚至改用木剑。《晋书·舆服志》："汉制，自天子至于百官，无不佩剑，其后惟朝带剑。晋世始代之以木，贵者犹用玉

---

① 《太平御览》卷三四五引《蒲元传》，第1589页。
② 《三国志·吴书·甘宁传》注引《江表传》，第1294页。
③ 《三国志·吴书·周瑜传》注引《江表传》，第1262页。

首，贱者亦用蜯、金银、玳瑁为饰。"① 南北朝时期，战争频繁，舆服制度因时而易，时而佩剑，时而佩刀。例如，北周武帝时期，"百官燕会，并带刀升座"②。隋朝再次统一了全国，规定舆服制度中继续保留着剑和玉佩，用真剑，也用"像剑"；有双佩，也有只佩，按官品各异："一品，玉具剑，佩山玄玉。二品，金装剑，佩水苍玉。三品及开国子男、五等散品名号侯虽四、五品，并银装剑，佩水苍玉。侍中已下，通直郎已上，陪位则像剑。带真剑者，入宗庙及升殿，若在仗内，皆解剑。一品及散郡公、开国公侯伯，皆双佩。二品、三品及开国子男、五等散品名号侯，皆只佩。绶亦如之。"③ 唐代也大致如此，朝廷之上仍然是剑佩铿锵，"金阙晓钟开万户，玉阶仙仗拥千官。花迎剑佩星初落，柳拂旌旗露未干"④ 的境界，不正是那些官员们所向往的吗？剑的另一项用途与道教有关，成为具有神秘色彩的宗教法器。又传说真人尸解也要用剑⑤，更加深了神秘色彩。陶弘景普通年间为梁武帝造的"凝霜，道家三洞九真剑"等神剑 13 把，剑上分别刻有各种真人玉女名字、风伯雨师形、蚩尤神形、星辰北斗二十八宿等等，就是突出的事例。除此以外，所谓豪侠之士亦重宝剑，以唐代著名诗人来说，李白和杜甫青年时都曾学剑，李白诗就有"顾余不及仕，学剑来山东"。与李白同时还有一位击剑名人叫裴旻，后来人们把李白诗、张旭草书和裴旻剑舞称为"三绝"。这也是当时的社会风习，所以唐诗中也多有描述宝剑的豪言壮语，或多为文人夸张之辞。鲁迅先生曾说："仙才李太白的善作豪语，可以不必说了；连留长了指甲，骨瘦如柴的鬼才李长吉，也说'见买若耶溪水剑，明朝归去事猿公'起来，简直是毫不自量，想学刺客了。这应该折成零，证据是他到底并没有去。"⑥ 无论如何，

① 《晋书·舆服志》，第 771 页。
② 《隋书·礼仪志》，第 275 页。
③ 《隋书·礼仪志》，第 242 页。
④ 岑参：《和贾至舍人早朝大明宫之作》。
⑤ 尸解用剑，见《神仙传》："真人去世，多以剑代形，五百年后剑亦能灵化其剑矣。"见《太平御览》卷三四四引，第 1580 页。
⑥ 鲁迅这一段话，见原以苇索署名发表的《豪语的折扣》，见鲁迅《准风月谈》，人民文学出版社，1973 年。所引李贺的诗，是《南园》十三首之七。

任侠击剑与真正两军相杀的战争是没有什么联系的。

宝剑逐渐成为实战兵器行列中的落伍者，钢刀取代了它的位置，从此走到兵器的前列，直到冷兵器阶段结束时为止。即使火器发明以后，钢刀也还是继续留在兵器的行列中，直到近代，骑兵还是离不开马刀的。

钢刀在汉魏三国时的情况，前面已讲过了，下面再大致看看南北朝及以后的情况。南北朝时期，一般步兵的标准装备就是环首的刀和长楯，在当时的壁画、画像砖等考古材料中，可以清楚地看到这些步兵的形象。在敦煌莫高窟第285窟的西魏壁画"得眼林"故事中①，生动地表现了用刀楯装备的步兵与重甲骑兵（甲骑具装）战斗的情景（参见本书《中国古代的甲胄》图三五：6）。河南邓县彩色画像砖墓里有一方画像砖，表现了一支行进中的步兵队伍，他们除了携带远射的弓矢外，就是环首的刀和楯②。另一方画像砖上，刻画一个骑着骏马、身披两当铠的将领，马后跟随一个士兵，手里捧着他的环首长刀，刀环上系着长长的飘带。这一时期对刀的装饰也很讲究，更把刀环做成各种鸟兽形象，北周皇宫警卫们所用的刀，有龙环、凤环、麟环、狮子环、象环、兕环、熊环、豹环、貔环、獬豸环、獬环、吉良环和狰环等名目③。这种把刀环加上各种动物装饰的做法，在汉魏时已经开始，其后极著名的有大夏赫连勃勃造的百炼钢刀，为龙雀大环，号曰"大夏龙雀"④。

南北朝以后，钢刀一直是主要的步兵和骑兵兵器，在唐代军队的标准装备中，能看到大量的佩刀和陌刀，根本没有剑的踪迹。所以《唐六典》武库令条，有刀制而无剑制，其中刀制有四，即仪刀、鄣刀、横刀和陌刀，后两种是部队中的主要兵器。"横刀，佩刀也，兵士所佩，名亦起于隋"；"陌刀，长刀也，步兵所持"。关于唐代士兵的标准兵器装备，据李筌《太白阴经》，在一军12500名士兵中，装备有佩刀8分、10000口，陌

① 敦煌文物研究所：《敦煌壁画》，文物出版社，1959年。
② 河南省文物工作队：《邓县彩色画象（像）砖墓》，文物出版社，1958年。
③ 《隋书·礼仪志》，第281~282页。
④ 《晋书·赫连勃勃载记》，第3206页。

刀2分、2500口，也就是平均每人有一把刀①。到了北宋时，曾公亮等编修《武经总要》一书时，刀的形制有了进一步的改进，从狭直的长条形方刀头，改成前锐后斜的形状，有护手，并且去掉了那种扁圆的大环和鸟兽饰物，同时出现了各种长柄的刀，有掉刀、屈刀、笔刀等名目（图一〇）②。迟至明代，茅元仪所修的《武备志》一书中，刀制沿袭着《武经

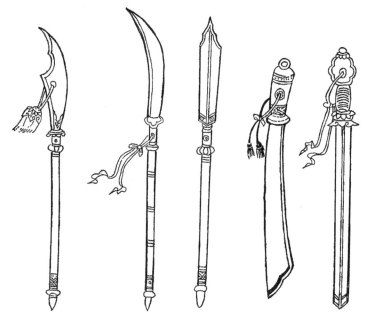

图一〇　《武经总要》中的各式刀剑举例
从左至右：屈刀、眉尖刀、掉刀、手刀、剑

总要》，当讲到剑时说："古之言兵者，必言剑，今不用于阵，以失其传也。余博搜海外始得之。"这表明，由于剑这种兵器早就从部队装备中淘汰了，以致连茅元仪这样的兵器专家都要"博搜海外"去了解它，最后只能在他的书中沿用《武经总要》的两张图。明代名将戚继光在《练兵实纪杂集》的《军器解》中谈道："五兵之制固多种，古今所用不同"，而把"见

① 李筌：《神机制敌太白阴经》，卷四《器械篇》。
② 《武经总要前集》卷十三《器图》。

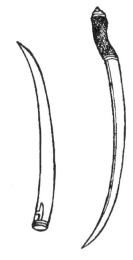

图一一　明代腰刀

今本镇御敌器具，细开于后"。书中指出，马步兵都用的兵器有腰刀（图一一），"腰刀造法，铁要多炼，刃用纯钢，自背起用平铲平削，至刃平磨无肩，乃利，妙尤在尖。近时匠役将刃打厚，不肯用工平磨，止用侧锉，将刃横出其芒，两下有肩，砍入不深，刀芒一秃，即为顽铁矣，此当辩之。"① 这时期，火器已较普遍地装备了明朝的军队，冷兵器逐渐衰落。戚继光所列的部队的标准兵器装备有：盔甲、臂手、钩枪、锐钯、夹刀、鸭嘴棍、大棒、长刀、藤木牌、狼筅、腰刀、大将军（炮）、虎蹲炮、快枪、鸟铳、提炮、皮篓、锣锅、锣鼓旗、佛狼机和围幔。在以上车、马、步器具中，根本没有剑的踪迹，能够继续在实践中起作用的短柄兵器，只有腰刀。

既然军队装备的主要格斗兵器是刀，在古代小说中自然有所反映。请看施耐庵、罗贯中著的《水浒全传》，其中一般士兵（不论是宋朝的正规士兵，还是土兵，乃至山寨的小喽啰）的主要格斗兵器是刀、棒，连行路时防身也是用刀、棒。且看第二十二回宋江杀了阎婆惜后，为了逃避追捕，与弟弟宋清离家逃亡，上路时"兄弟两个，各跨了一口腰刀，都拿了一条朴刀"，这正是当时行路的一般防身兵器。至于梁山泊一百零八位好汉中，除了使用特殊的兵器外，大部分步兵和水军头领都是用刀，而且上阵时多用长柄的朴刀。例如，第七十回与张清对阵时，上阵的三员步兵头领：刘唐、朱仝、雷横，都是手使朴刀的。上阵时用宝剑的头领，只有那与所谓"道术"、邪法有关的入云龙公孙胜和混世魔王樊瑞。第五十三回宋江按所谓"天书"作法时，也是"左手捏诀，右手提剑"的，可见这种剑主要不是用来作战，而是作为一种法器了。只是到了近代，在一些不了

① 戚继光：《练兵实纪杂集》卷五《军器解》，《丛书集成初编》本，第 220～221 页。

解兵器史的小说家笔下，才能看到迟至明朝还会有大队挥舞着宝剑的骑兵在战场上出现，但那只是艺术的虚构而已。

（原题《剑和刀——中国古代兵器丛谈》，刊于《社会科学战线》1979年第1期。修改后收入《中国古兵器论丛》，文物出版社，1980年）

后记 《文物》1976年第11期的"文物丛谈"，是沈玉成约白乃桢（白化文）兄写的《关于青铜剑》。白兄博通文史，但对考古学标本了解得极不全面，不提经考古发掘获得的数百件无铭文的铜剑标本，只着眼几件越王或吴王剑，且不了解兵器史和战争史，开篇就讲先秦时长半米的铜剑不一定是实战兵器，只供佩带。这会误导读者。告知沈兄后，他让我另写一文，以正视听，因此写成本文。因篇幅较长，更不愿在《文物》上与白兄对阵，故选于《社会科学战线》刊出。

水军和战船

《庄子·逍遥游》里有一则关于不龟手之药的寓言："宋人有善为不龟手之药者，世世以洴澼絖为事。客闻之，请买其方百金。聚族而谋曰：'我世世为洴澼絖，不过数金，今一朝而鬻技百金，请与之。'客得之，以说吴王。越有难，吴王使之将。冬，与越人水战，大败越人。裂地而封之。能不龟手一也，或以封，或不免于洴澼絖，则所用之异也。"

这则寓言反映了春秋晚期，在中国南方地区，吴越间的战争常常是水战。在凛冽的寒冬，人手皮肤着水遇冷容易"龟手"——皲裂，难于使用兵器，也影响击棹行船，有了"不龟手药"，解决了以上困难，自然增强了战斗力。吴越之间多水战，与地处江河纵横的水网地区有关，当地居民习于"以船为车，以楫为马"。看来，当时吴越的军队里已经组建了专供水战的部队，例如越国的"习流"①。

春秋以前，殷商和西周是否组建过专门进行水战的部队，这一问题不太清楚，但看来是没有的。例如，在殷王朝濒临灭亡的时候，周武王积极准备向殷王都进军，曾在武王即位九年的时候，举行过集合各诸侯军队的演习。当时"师尚父左仗黄钺，右把白旄以誓，曰'苍兕苍兕，总尔众庶，与尔舟楫，后至者斩！'遂至盟津。"据《史记·齐太公世家》之"索隐"，苍兕，"亦有本作'苍雉'。按：马融曰'苍兕，主舟楫官名'"。

---

① 《史记·越王勾践世家》。"习流"，过去注解不同，"索隐"谓："流放之罪人，使之习战，任为卒伍，故有二千人。""正义"则云，"谓先惯习流利战阵死者二千人也"。据《吴越春秋》徐天祐注："此所谓习流，是即习水战之兵，若使罪人习战，越一小国，流放者何至二千人哉。"今从徐天祐说。

西周早期主管舟楫的官"苍兕",是不是统率水军作战呢?看来不是。因为他当时只是组织船只把军队渡过黄河,史书记载中西周部队的主力是战车部队,并没有专业的水战部队,也没有任何当时曾经进行过水战的记录。所以,水军在我国历史上出现的时期,应当是春秋时期,而且主要在南方的荆楚吴越地区。至于北方,大约只有濒临东海的齐国可能有舟师部队。

水军的出现有自然条件的因素,更重要的还是经济的发展和社会因素。以吴越而言,这时由于生产力的发展,摆脱了原来的落后状态,步入与中原列国争霸的行列。由于军事上的需要,它们加强了军队,使得适于当地自然条件和生活习俗的兵种——水军发展和壮大起来①。

水军的主要装备是战船。吴越的战船已有"三翼"之分。据传伍子胥水战兵法中讲,三翼中,"大翼一艘长十丈,中翼一艘长九丈六尺,小翼一艘长九丈"②。又据《越绝书》所转引的伍子胥水战兵法所讲,大翼的尺寸还要大一些:"大翼一艘广丈六尺,长十二丈,容战士二十六人,棹五十人,舳舻三人,操长钩矛斧者四,吏仆射长各一人,凡九十一人。当用长钩矛长斧各四,弩各三十二,矢三千三百,甲兜鍪各三十二。"③ 可见,大翼是一种约载一百人的较大的战船。由于至今人们还没有获得关于春秋时期战船的考古资料,所以还难于弄清它们的具体形制。不过,在考古发掘中已获得战国早期的水战图像,这就使我们对春秋战国时期的战船和水战有所了解。

战国早期的水战图像,发现在铜鉴和铜壶上,一共出土过3件。1935年在河南汲县山彪镇1号墓里获得过两件图案大致相同的水陆攻战纹铜鉴④,1965年又在四川成都百花潭中学10号墓发掘出一件带有水战图像的铜壶⑤。

---

① 吴水军还曾沿海岸航行至山东半岛进攻齐国,见《史记·吴太伯世家》,第1473页。
② 《文选》卷三十五张协《七命》,李善注。
③ 《太平御览》卷三一五引《越绝书》,第1450页。
④ 郭宝钧:《山彪镇与琉璃阁》,科学出版社,1959年。
⑤ 四川省博物馆:《成都百花潭中学十号墓发掘记》,《文物》1976年第3期。

加上故宫博物院所藏的另一件传世的铜壶①，这种描绘水战图景的画面一共有 4 组，它们的构图和技法几乎相同，似乎出自同一底本。现在选用最完整而清晰的山彪镇 1：56 号铜鉴为例，加以说明。这组水战的画面上，描绘了左右相对驶来的两艘战船，它们的形制相同，都是船身修长，首尾起翘，分上下两层，战士在上面，击棹的桨手在下面。这种战船没有风帆，完全靠人力划桨作为动力，也还没有尾舵。下层击棹行船的桨手，身佩短剑，直立划桨，共绘出四人，因行船需两侧对称设棹，所以代表了 8 个人。上层在船首树立大旗，旗杆顶端安有戟头。旗后排列 3 个战士，均腰佩短剑。以左侧一船为例，靠船首第一人俯身挥剑，似欲砍击手攀船首、欲向上登船的敌人。后面两个战士手执长柄的戟和矛，向对面驶来的敌船上的敌军劈刺。船尾立一鼓架，上悬一鼓，下置"丁宁"（钲），鼓后立一人，执枹击鼓。右面船上的战士与左船基本相同，只是击鼓的人双手各执一枹，鼓前那个战士张弓搭箭，瞄准敌船欲射。从战士的装束看，双方都没有戴兜鍪，右船的战士着帻，而左船的战士似披短发。其余 3 件铜器，图像除了不重要的细节而外，几乎全部相同。只是后两件铜壶上的图像，战船的首尾起翘得更高，尤其故宫博物院藏的那一件，战船尾部翘起并向前反折，很像近代龙舟竞渡中龙舟的船尾。

我们把上面叙述的情况归纳一下，可以看出早期的水战有以下特点（图一）。其一是战船已有两层，下层容纳击棹行船的划手，上层是进行战斗的战士。划手站立划船，提供行船的动力，当时船上无帆、无舵，战船的行进全靠击棹。其二是战船所用的兵器，看来其器类和形制都和当时车战所使用的相同。远射兵器是弓箭。双方隔船格斗的兵器，主要是长柄的戟或矛等，从图像看，它们的柄较车战中使用的更长些，图中所刻画的矛和戟的长度，都超过了一个人身长的两倍，至少也应有 3.3～3.5 米左右。此外，不论是上层格斗的武士还是下层击棹行船的桨手，身上都佩有卫体的短剑。在战斗中，两船相对驶来时，先用弓矢对射；两船相交，进而以

---

① 铜壶纹饰拓片参见《文物》1976 年第 3 期，第 51 页图一。

图一　战国的战船和兵器装备分解示意图

　　为了清楚地说明问题，兹将山彪镇战国铜鉴之水战部分图像分解。（一）指挥系
统：1. 金鼓　8. 旗。（二）兵器：5、6. 远射的弓矢，2、3. 格斗的戈和矛，4. 卫体的
短剑，7. 防护的盾。（三）战船和桨

　　长柄的矛戟格斗；两船接舷，战士冲上敌船，挥短剑拼杀，这就到了结束
战斗的阶段了。其三是水战中的指挥系统也是旗和金鼓，与战车不同之处
是因船身狭长，容纳战士数量较多，所以旗和金、鼓分开设置。旗立于船
头，使其他船舰易于辨识；金鼓设在船尾，那里较不易受到敌方兵器的攻

击。因此，船上的指挥位置在船尾，指挥水战的将领立在鼓架后面，执枹击鼓鸣金，以节制舟师的进退。最后是一艘战船上各类人员的数量和比例关系。由于当时靠击棹行船，因此桨手所占比例较大，约占全船乘员的2/3左右。以《越绝书》所记情况为例，大型战船"大翼"上乘有90人左右，其中约2/3是驾驶船只的，仅击棹一项就需50人。其余部分是战斗人员，计32人，除两名指挥人员外，还有4个人专门负责在两船接舷时钩推敌船，占战斗人员的1/8。所有的战斗人员都装备有护体的铠甲和兜鍪，以及远射的弓弩①。至于一些小型的船，如《墨子·备水》所讲的船，只能乘30人，大概既要击棹行船又要进行战斗了。当然，这些图像中的船仅是对当时大型战船图案化的概括，那三四个人只是用来作为真实的桨手的象征性代表而已，真实的数字当是几倍于此的。

还有一点值得注意，那就是西周、春秋乃至战国前期以车战为主，因此，当时各种军事著作和战略战术研究都是以车战为基础的，在指导水战方面，看来也是车战战术的推广和继续。例如，在论述各种船只的性能和作用的时候，总要比附于相应的各种战车，人们才能理解。传说伍子胥向吴王阖闾讲述各种战船的特点时，就是这样比附的："阖闾见子胥，敢问船运之备何如？对曰：船名大翼、小翼、突冒、楼舡、桥舡，今舡军之教比陵军之法乃可用。大翼者，当陵军之车；小翼者，当陵军之轻车；突冒者，当陵军之冲车；楼舡者，当陵军之行楼车也；桥舡者，当陵军之轻足剽定骑也。"② 在竹简本《孙膑兵法》下编《十阵》中③，也有一节专论"水战之法"，但开头即说："水战之法，必众其徒而寡其车。令之为钩楷苁相贰辑□绛皆具。"这里讲的并不是有组织的专业水军的战术，而是讲由车兵、徒兵组成的军队遇到江湖障碍时，应如何进行战斗的战术研究。其目的似是"击舟豴津"，即攻击敌船，控制渡口。还特别强调"故兵有误车有御徒，必察其众少"，这种对敌军情况的调查了解，正是为了制服

---

① 《太平御览》卷三一五引《越绝书》，第1450页。
② 《太平御览》卷七七〇引《越绝书》，第3413页。
③ 银雀山汉墓竹简整理小组：《孙膑兵法》（普及本），文物出版社，1975年。

敌舟船，控制渡口，克服了江湖障碍后，向敌军主力（车兵和徒兵组成的）进攻时所必须的准备工作。

总之，春秋乃至战国时期，水军还处于童年时期。直到战国末年，文献中也很少见到关于大规模水战的记录，当时战船常常是迅速运送兵员的运输工具。如《史记·苏秦列传》引述秦王告魏曰："（秦军）乘夏水，浮轻舟，强弩在前，锬戈在后，决荥口，魏无大梁。"又如《张仪列传》："秦西有巴蜀，大船积粟，起于汶山，浮江已下，至楚三千余里。舫船载卒，一舫载五十人与三月之食，下水而浮，一日行三百余里，里数虽多，然而不费牛马之力，不至十日而距扞关。"都是指的这种情况。

"战国何纷纷，兵戈乱浮云"的局面终于结束了，代之而来的是秦的统一，古代中国的政治地图终于涂上了单一的颜色，从漠北到江南，全都纳入统一的中央集权的封建王朝的版图。这样一来，在秦王朝的军队中既需要有适应在漠北战斗的轻车锐骑，也需要有适应江南水乡和保卫漫长的海岸线的水军和战船。尤其是在秦代统一岭南地区的战役中，战船是不可缺少的军事装备。近年来，在广东广州市发现了一处规模巨大的秦汉造船工场的遗址①，有三个平列的造船台，还有木料加工场地，正是说明了秦军到达番禺（今广州）以后，赶造大量军用船只的事实。所以，在秦王朝军队的编成中已正式有了水军的位置，当时称为"楼船之士"②。关于秦代水军——楼船之士的具体情况，资料很少，但是到了汉代，情况就比较清楚了。

据《汉官仪》："民年二十三为正，一岁以为卫士，一岁为材官骑士，习射御骑驰战阵。八月，太守、都尉、令、长、相、丞、尉会都试，课殿最。水家为楼船，亦习战射行船。……材官、楼船年五十六老衰，乃得免为民就田。"③ 这是汉高祖刘邦规定的制度，很可能是沿袭着秦代的做法。

---

① 广东农林学院林学系木材学小组：《广州秦汉造船工场遗址的木材鉴定》，《考古》1977 年第 4 期。广州秦汉造船工场遗址出土的各种木材，经过鉴定有格木、樟（香樟）、蕈树（阿丁枫）和杉（杉木）。
② 《汉书·严安传》：秦"又使尉屠睢将楼船之士攻越。"第 2811 页。
③ 《后汉书·百官志》（实为《续汉书·百官志》）注引《汉官仪》，第 3625 页。

当时是根据地区的不同，按自然条件和生活习惯各方面的差异，选择和训练兵卒，"平地用车骑，山阻用材官，水泉用楼船"①。所以水军多来自江淮以南的水乡和齐鲁沿海一带，而且数量相当众多。例如，用在进攻南越的战役中的楼船士（或称楼船卒）就达 20 万之多②。由于当时行船主要靠划桨，所以，楼船士又常被称为楫濯士（或棹卒）③。水军除了在军事技术和装备方面与步、骑、车兵不同，在服装方面也有自己的特点，那就是他们头戴黄帽，所以又称"黄头"④。这是源于五行生克的说法，认为土胜水，而黄色是土的象征，所以水军的帽子必须用黄色⑤。除了从各郡征调的大量水军，在汉王朝中央掌握的军队里，也组训有一支精锐的水军部队，那就是"羽林黄头"⑥。

秦汉时期水军的发展，也是和当时造船技术的发展分不开的。根据广州发现的秦汉造船场的船台滑板推算，当时所造船的宽度在 3.6 ~ 8.4 米之间。再看秦代所开的灵渠通船陡门的宽度，一般在 5.5 米左右。由此看来，当时一般船的宽度可能在 5 米左右，少数大船可能宽近 8 米⑦。有人根据已经发现的汉代船只模型的长度比为 5 ~ 7 米推算，宽 5 米的船的长度可能在 20 米左右，载重约 500 ~ 600 斛（合 25 ~ 30 吨）。可惜的是，到目前为止，我们从两汉墓葬中所获得的木质或陶质的船只模型，所模拟的都是较小的船只；至于壁画和画像石所表现的船，更多是小艇一类的小船，所以还很难勾画出当时的大型船舶的真实面貌。这些船只模型中值得注意的，有在湖南长沙⑧和湖北江陵⑨的西汉墓里获得的木船模型，还有在广东获得

① 《后汉书·光武帝纪》注引《汉官仪》，第 52 页。
② 《汉书·食货志》："因南方楼船士二十余万人击粤。"第 1173 页。
③ 《汉书·刘屈氂传》，第 2882 页；《后汉书·岑彭传》，第 661 页。
④ 《后汉书·吴汉传》有"黄头吴河"，亦为水军。第 679 页。
⑤ 在汉长安宫苑的水手，也戴黄帽，见《汉书·邓通传》，第 3722 页。
⑥ 《汉书·枚乘传》，第 2364 页。
⑦ 上海交通大学"造船史话"组：《秦汉时期的船舶》，《文物》1977 年第 4 期。
⑧ 中国科学院考古研究所：《长沙发掘报告》，科学出版社，1957 年。
⑨ 长江流域第二期文物考古工作人员训练班：《湖北江陵凤凰山西汉墓发掘简报》，《文物》1974 年第 6 期。

的东汉陶质模型①。长沙 203 号墓的木船模型长达 1.54 米;江陵凤凰山 8 号墓的短一些,长 71 厘米。前者具有十六棹和一支尾舵,还有三间舱房和一间爵室(瞭望室);后者仅有四支棹和一支尾舵,舱房也仅有一间,但是它们的船身结构却是相同的。从上俯视,形状细长,头部较狭,尾部稍宽,中腰最广,船身横断面近圆弧形,底是平的。行船全靠长棹,尾舵也是桨形,看不到风帆的装置。1954 年在广东广州东郊汉墓所获得的陶船模型,除了桨架和舵外,更可以看到船首装置的锚,但是也没有安装帆樯的痕迹。不过,从《释名》"随风张幔曰帆,帆泛也,使舟疾泛泛然也"可证,汉代应已使用风帆。但我们到现在还没有获得有关它的形象的考古资料,这也可能是反映了当时风帆的使用还不够普遍。从有关文献的记载来看,秦汉的战船还应该是利用长棹,以人力划船进退的。下面就让我们看一下当时的各种类型的战船。

水军的主力舰只是楼船。它是在战国时期那种有两层甲板的战船的基础上发展起来的,形体很大,据说可以高达十余丈②,船上建楼,便于居高临下地攻击敌船。因为楼船是水军用的主力舰只,所以水军和他们的将领就都以它来命名,称为"楼船士(卒)"和"楼船将军"。这种大型战船可以沿海岸近海的航道航行,从山东地区的港口驶达朝鲜半岛;或是从广州地区的港口出发,远航到印度支那半岛③。但是,虽然有利用楼船运载大量军队的记录,却没有关于它们曾进行过真正的海上战斗的记录。西汉时期建造楼船的主要地点是会稽郡,贮存楼船的地点之一是浔阳④。又据《汉书·地理志》,庐江郡还设有"楼船官",也应是楼船军的一个重要基地。除了楼船以外,当时的水军还装备有用途不同的各种战斗舰只,据《释名》所载,有先登、艨冲、赤马和槛(舰)。(1)先登,"军行在前曰先登,登

---

① 广州市文物管理委员会:《广州市东郊东汉砖室墓清理记略》,《文物参考资料》1955 年第 6 期。
② 《汉书·食货志》:"是时粤欲与汉用船战逐,乃大修昆明池,列馆环之。治楼船,高十余丈,旗帜加其上,甚壮。"第 1170 页。
③ 《汉书·朝鲜传》,第 3865 页;《后汉书·马援传》,第 839 页。
④ 《汉书·朱买臣传》,第 2792 页;《汉书·严助传》,第 2787 页。

之向敌阵也"。（2）艨冲，"外狭而长曰艨冲，以冲突敌船也"。（3）赤马，"轻疾者曰赤马舟，其体正赤，疾如马也"。（4）槛，"上下重版曰槛，四方施版以御矢石，其内如牢槛也"。

这是根据结构和用途区分的。其中的艨冲和舰，都是后世装甲战舰的雏形，在战船的前后和两侧都装上防护的"版"，或蒙上坚牢的牛皮，以便在冲击敌船时保卫船中的战士。对于击棹行船的桨手，也装有护版来保护，只把那长长的船棹从两舷侧的护版中伸露出来，所以这类战船又可以称为"露桡"[①]。我们从长沙 203 号墓木船模型上船舷两侧那种高高的护板，以及板上那些为安棹而开的圆孔，可以想象当时这种露桡的形象（图二）。至于轻疾的赤马舟，可能是水军中用来执行侦察或联络等任务的小型快艇。总体来看，这几种中型或小型的战船，都是被用来在江河湖泊中进行战斗的，似乎不能出海。

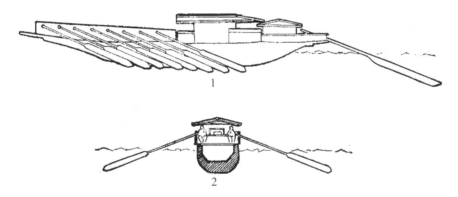

图二　西汉的船（可能是"露桡"）
1. 据长沙出土西汉木船模型所作复原示意图　2. 木船断面示意图显示了桨手的位置

到了三国时期，战船的建造技术和形制基本上还是沿袭着汉代的传统，只是风帆的装备较普遍了。这一时期最大的水上战斗，仍旧是在长江里进行的，那就是有名的"赤壁之战"。这一场孙、刘联合大败曹军的战役，决定水战胜负的并不是双方战船的对战，而是由于东吴的主将能以己

---

① 《后汉书·岑彭传》："于是装直进楼船、冒突露桡数千艘。"注："露桡谓露楫在外，人在船中。"第 660～661 页。

之长击敌之短，利用火攻而出奇制胜。用来突击曹军船队的纵火船，是数十艘"实以薪草，膏油灌其中，裹以帷幕，上建牙旗"的艨冲斗舰，艨冲上装有帆樯，"中江举帆"，乘风纵火突入"船舰首尾相接"的曹军船队，以致曹军"樯橹灰飞烟灭"，惨遭失败①。

除了在长江一线的水上战斗外，东吴的水军还曾沿海路进行过多次远航。向东南方向，黄龙二年（230 年）孙权派遣将军卫温、诸葛直率甲士万人浮海到达夷州（今海南岛）②；向东北方向，则多次到达辽东半岛，仅嘉禾二年（233 年）那次，张弥等就带领一万人去公孙渊处③。这许多次远航使用的船只应该是相当大的。例如，使者谢宏从高句丽返回东吴的航船当时认为很小，但除了人员和装备外，还可以加载骏马达 80 匹之多④。这些海船上的风帆已经不止一帆，有的多达四帆，可以更好地利用风力行船⑤。

称雄长江的东吴水军，到了孙皓统治的时候，随着孙氏政权的荒淫腐败而衰落了，无力正面抗击晋军，而采用了在江上横拦铁锁以拒敌船的被动对策，结果是"王浚楼船下益州，金陵王气黯然收，千寻铁锁沉江底，一片降幡出石头。"（刘禹锡《西塞山怀古》）王浚建造的主力战舰，据说是极为巨大的："浚乃作大船连舫，方百二十步，受二千余人。以木为城，起楼橹，开四出门，其上皆得驰马来往。又画鹢首怪兽于船首，以惧江神。舟楫之盛，自古未有。"⑥ 可以说这代表了汉魏以来战船建造的最高水平。

从南北朝到隋唐，水军装备的主要舰船的种类，大致与汉魏变化不大，例如，唐李筌《神机制敌太白阴经》中所述舰船的类型，仍是楼船、艨冲、战舰、走舸、游艇，只增加一种左右两舷置浮板、形如鹊翅的"海鹘"。但是有两点值得注意：一是战船的动力方面，除了利用桨帆外，出

---

① 《三国志·吴书·周瑜传》，第 1262 页。但传注引《江表传》则云，引火船为"轻利舰十舫"，第 1263 页。
② 《三国志·吴书·吴主传》黄龙二年条，第 1136 页。
③ 《三国志·吴书·吴主传》嘉禾二年条，第 1138 页。
④ 《三国志·吴书·吴主传》注引《吴书》，第 1140 页。
⑤ 《太平御览》卷七七一引《南州异物志》，第 3419 页。
⑥ 《晋书·王浚传》，第 1208 页。

现了"车船"；二是兵器方面，装备了拍击敌船的拍竿。

车船，就是采用了连续转动的轮形桨，主要是用人力以脚踏转的，转轮激水，使船前进①。晋祖冲之设计的"千里船"，可能就是一种车船，但没有留下详细的记录。到了唐代，李皋制造成功有两只轮形桨的车船②。"（皋）常运心巧思为战舰，挟二轮蹈之，翔风鼓浪，疾若挂帆席"。

拍竿，是利用杠杆原理来拍击敌方舰船的装置，在南北朝晚期已见使用。例如陈光大元年（567年），湘州刺史华皎叛陈，陈派淳于亮率水军去攻打华皎的水军，当两军交锋时，主要的兵器就是拍竿。但是这种拍竿极为笨重，运转并不灵便，拍击一下后，就很难再次调转回来，所以淳于亮多赏金银，募军中的小舰，让它们先去冲击华皎水军的大舰，受其拍击，当华皎水军中的大舰"发拍皆尽"，才出动大舰去拍击敌舰，结果华皎水军大败，船舰皆被拍碎，没入中流③。到隋朝灭陈时，杨素建造了用作水军船队主力舰只的大型楼船——五牙，甲板上起楼五层，高百余尺，可载七八百战士，主要的兵器装备就是巨大的拍竿，高达五十尺，全舰在前后左右共安装了六座。在灭陈的战役中，在荆门之延州与陈的吕仲惠所率领的水军遭遇。隋军出动了四艘"五牙"，利用大舰高楼长拍的优势，一举击碎陈军十余艘战船，取得了俘获敌军二千余人的胜利④。

利用轮转激水的车船速度较快，装备了巨大的拍竿具有较强的战斗力，把二者结合起来，就建成具有高速度、威力巨大的战舰，这是古代劳动人民不断实践得出的成果，这一成果在北宋末年广大农民争取自己不受压迫的斗争中放出了最大的光彩。在洞庭湖的起义军领袖杨么领导下，建造了大批装有巨大拍竿的高速车船，其中的大型车船所装备的连续转动的轮形桨，多达22～24组，"置人于前后，踏车进退，每舟载兵千余人。又

① 刘仙洲：《中国机械工程发明史》（第一编），科学出版社，1962年。
② 《旧唐书·李皋传》，第3640页。
③ 《陈书·华皎传》，第273页。战船发拍作战，还可参看同书《侯安都传》，第147页；《侯瑱传》，第156页。
④ 《隋书·杨素传》，第1283页。

设拍竿长十余丈，上置巨石，下作辘轳，遇官军船近，即倒拍竿击碎之，官军以此辄败"①。起义军还利用长期在生产斗争中取得的经验，创造了适于两船接舷时使用的各种兵器，包括安有二三丈长竹柄的挈子、鱼叉、两端锐而体短的木老鸦，等等②。杨么起义军的船队，疾驶如羽，威震洞庭，不断给宋王朝派去镇压起义军的官军以致命的打击。

拍竿到底是什么样子的？现在还没有在考古发掘中获得过有关实物，我们仅能从北宋曾公亮《武经总要》前集卷一一所载楼船图上看到它的形象。但那上面画的只是一只不大的船，只有七对棹，有尾舵，但无帆樯（图三）。同书所记录的另几种战船——艨冲、走舸、斗舰和海鹘，也都是既无帆樯又无轮桨，仅靠击棹行船的小舰，如果把这本书的说明文字与唐李筌《神机制敌太白阴经》及杜佑《通典》有关战船的部分相对校，就可以看出它们几乎是相同的，看来作者对当时陆上战斗的兵器装备相当熟悉，但对水军和战船的实际状况缺乏了解，所以依旧沿袭前代军事著作中

图三　带拍竿的楼船
采自明弘治、正德年间刊本《武经总要》卷一一《水战》楼船图像（未绘原图上的战士）

① 《建炎以来系年要录》卷五九、六六；《宋会要辑稿》兵一〇《讨叛》。
② 陆游：《老学庵笔记》。

的说法，并不能真正反映北宋时期战船建造技术的真实情况。《武经总要》里叙述的战船，看来都是难以出海航行的。但是在唐代海船的基础上，北宋时期已经可以建造相当大型的海船了。神宗崇宁年间建造了巨大的"神舟"，专门为了向高丽派遣使节时乘坐。而到了宣和年间，又建造了更为巨大的出海"神舟"，长三十余丈，阔七丈五尺。比神舟小 2/3 的"客舟"，它的长度也有十余丈，阔二丈五尺，建有高十丈的大樯和高八丈的头樯，采用了"下侧如刃"的尖底船①。近年来，在福建泉州发现了一艘宋代海船的残骸，但是时代已迟至南宋末年。这艘木船残长 24.2、残宽 9.15 米，有 13 个舱，至少原来装有两根以上的帆樯，尾有舵孔，也是尖底船②。由这艘海船所反映出的宋代海船建造技术水平，我们可以推断，当时已经初步具备了建造可以远航的海军战船的条件。但是，真正出现的第一支航行远洋的中国海军船队，还是又过了将近三百年以后的事情，那就是永乐三年（1405 年）第一次出海远航的由太监郑和统率的舰队。在谈郑和远航以前，还应提一下，元朝时发动过两次渡海进攻日本的军事行动，分别发生于至元十一年（1274 年）和至元十八年（1281 年），使用过大量的海船。在日本的古画里，还保留有当时元军战船的图像③。

郑和舰队所装备的大型海船，称为"宝船"，巨大的船体长达四十四丈，宽十八丈，是在南京附近建造的。1957 年，在当年建造宝船的船厂旧址中保村，发现了一个铁力木制造的巨大舵杆，长达 11.07 米④。这样巨大的舵杆，经研究正是合于文献所记载的宝船使用的。据此对宝船的类型进行了推断，应该是属于平底的沙船（图四），因此复原起来，是一艘船体肥短的九樯十二帆的平底大沙船⑤。过去因为据文献来看宝船的长宽比过

---

① 徐兢：《宣和奉使高丽图经》。
② 泉州湾宋代海船发掘报告编写组：《泉州湾宋代海船发掘简报》；泉州湾宋代海船复原小组：《泉州湾宋代海船复原初探》。均发表于《文物》1975 年第 10 期。
③ ［日］池内宏：《元寇的新研究》，1931 年。
④ 叶亩梅等：《江苏省三汊河发现古代木船舵杆》，《文物参考资料》1957 年第 12 期。
⑤ 关于"宝船"的复原研究，参看周世德《从宝船厂舵杆的鉴定推论郑和宝船》，《文物》1962 年第 3 期；周世德《中国沙船考略》，《科学史集刊》第 5 期，1963 年 4 月。

图四　明代"沙船"图
据李盘《金汤十二筹》

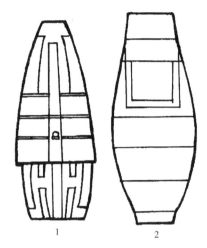

1　　　　2

图五　海船平面比较示意图
1. 泉州出土宋代海船　2. 明郑和"宝船"，
据周世德 1962 年示意图（1963 年后，周世德改
"阔十八丈"为"阔于八丈"，故改用另一种船身
狭长的复原图，我们这里仍用"阔十八丈"的图）

小，船形过于肥短，引起了人们的怀疑，但是看到上面介绍过的南宋海船
残骸的长宽比是 1：2.64 以后，就可以相信，宝船的肥短船形是完全符合
当时的实际情况的（图五）。看来，这应该是中国古代大型木船的特点之
一，船形肥短，便于抵抗浪涛的冲击，获得更大的稳定性。郑和第一次出
海的舰队，拥有 62 艘巨舰，共载士卒 27500 多人，以及他们所需要的给
养、淡水、兵器装备，还有货物，等等。这种远航有着军事和政治目的，
但是，后来实际成为一支拥有武装的贸易船队，对促进各国人民之间的友
好交往起了一定的作用。

（原题《水军和战船——中国古代军事装备札记之五》，刊于《文物》
1979 年第 1 期。后收入《中国古兵器论丛》，文物出版社，1980 年。后又
收入《中国古兵与美术考古论集》，文物出版社，2007 年）

《孙膑兵法》反映出的战国时期
兵器和战术的变化

　　孙膑是我国历史上伟大的军事家之一，在过去的史籍里，常把他和商鞅、吴起并列。"秦用商君，富国强兵；楚、魏用吴起，战胜弱敌；齐威王、宣王用孙子、田忌之徒，而诸侯东面朝齐。"① 他们为了贯彻自己在政治、军事方面的主张，都有所著述。《汉书·刑法志》说："吴有孙武，齐有孙膑，魏有吴起，秦有商鞅，皆禽敌立胜，垂著篇籍。"春秋时孙武的《孙子兵法》十三篇保留到了现在，战国时的《商君书》和《吴子》② 也保留到了现在，唯有孙膑的著作早已佚失。

　　1972 年 4 月，山东省博物馆和临沂文物组在临沂银雀山发掘了两座西汉初期的墓葬，在一号墓里获得了 4942 枚竹简，内容包括《孙子兵法》《孙膑兵法》《尉缭子》《六韬》等大量先秦典籍③。《孙膑兵法》竹简，现在已整理出 400 余枚，字数在 10000 以上④。"孙子膑脚，《兵法》修列"⑤。这位古代的军事家，竟然连名字都没有流传下来，只因为他早年在魏国遭迫害，受膑脚之刑，所以一直被称做孙膑。据《史记·孙子吴起列传》，他是孙武的后世子孙，是战国时期著名的军事理论家。田忌把他推

---

① 《史记·孟子荀卿列传》，第 2343 页。
② 《吴子》现存本共有二卷，见商务印书馆《四部丛刊初编》影印常熟罗氏藏影宋写本。过去多认为是伪书，但以其内容与竹简本《孙膑兵法》相对照，可以看出该书不是伪书。
③ 山东省博物馆：《山东临沂西汉墓发现〈孙子兵法〉和〈孙膑兵法〉等竹简》，《文物》1974年第 2 期。
④ 银雀山汉墓竹简整理小组：《孙膑兵法（普及本）》，文物出版社，1975 年。
⑤ 司马迁：《报任少卿书》，见《汉书·司马迁传》。

荐给齐威王，"威王问兵法，遂以为师"。齐军素来被人轻视，号为怯，在孙膑的指导下才改变了这一状况。公元前353年和前341年，齐将田忌两次和魏军作战，都以孙膑为师，坐为计谋，在他的指挥下，先后在桂陵和马陵两次战役里取得胜利①。由此证明孙膑并不是空谈理论的人，而是一个出色的实践家。前一次战役就是著名的"围魏救赵"之战。后一次战役对孙膑来说是一个转折点，因为在马陵大胜以后，田忌被齐相邹忌所迫逃亡楚国，孙膑也因之丧失了继续在战争舞台上导演出新的威武雄壮的戏剧的可能性，他只能随着离开齐国，不知所终②。但是，在另一方面，由于马陵之役取得的突出成就，"孙膑以此名显天下，世传其兵法"。

孙膑离开齐国以后，对于他晚年的情况史书毫无记载。但是，从《史记》讲马陵之战后"孙膑以此名显天下，世传其兵法"来看，可能当时有一些弟子随同他学习，并记录和整理了他有关兵法的论著。从孙膑学兵法的弟子，在竹简简文里也有所反映，例如，第一五六简有"孙子出而弟子问"的记录。当时流传于世的孙膑的兵法，是不是就是今天银雀山竹简所揭示的版本，也很难确定，因为《汉书·艺文志》所记录的《齐孙子》有八十九卷、图四卷之多。但是，这次发现的《孙膑兵法》的竹简，抄成的时期当在西汉初年，其所根据的底本，应该是战国末期已在流行的传抄本之一。

随着历史的发展，战争本身是生动的、发展的、变化的，这就推动了军事科学的发展。以竹简本《孙膑兵法》和比它早出现百余年的《孙子兵法》相比较，可以看出是有许多新发展的，主要表现在攻城、阵法和新的军事装备的运用等几个方面③。这些发展绝对不是"天才军事家"靠"特别灵的脑袋"想出来的，恩格斯早已指出，"新的军事科学是新的社会关

---

① 据《史记》，马陵战役中，庞涓兵败自刎，但竹简《禽庞涓》篇，记桂陵战役擒庞涓，对这一问题还需要进行研究。在本文中，还是采用了《史记》中桂陵战役和马陵战役是两次战役的说法。

② 《荀子·议兵篇》，记临武君与荀况议兵于赵孝成王前。杨倞注："或曰刘向叙云：孙卿至赵与孙膑议兵赵孝成王前，临武君即孙膑也。"又云："齐宣王二年孙膑为军师，则败魏于马陵，至赵孝成王元年已七十余年，年代相远，疑临武君非此孙膑也。"

③ 詹立波：《〈孙膑兵法〉残简介绍》，《文物》1974年第3期。

系的必然产物"①。

封建生产关系在我国开始发生于春秋时期，到了战国中期，各国推行变法，进行了不同程度的社会改革，促进了封建经济的发展。铁制工具走上舞台，更促进了农业的发展②。奴隶主贵族在工商业方面的垄断地位已被突破，民间手工业和商业有了较大的发展，各国之间经济联系日益密切，因而城市增多，规模扩大，形成重要的经济和文化中心。城市的发展、经济的发展为进行战争提供了更雄厚的物质基础，也提出了新的课题。

根据最近几年的考古调查发掘工作的收获，我们对战国时期的几个重要城市有了一定的了解，下面举两个例子。

到战国时期，齐国的都城临淄（图一：上）已经成为拥有七万户、约二三十万人口的大城市。据已勘探出的情况来看，由大、小二城组成，大城周长约为14公里；小城在大城的西南角，周长约7公里。大城的城墙基，一般都宽20米以上，最宽的地方达到43米。大概小城是当时国君居住的地方，大城里居住的是官吏和老百姓。在城里分布着各类手工业作坊的遗址，包括有冶铁遗址六处（大城四处，小城两处）、炼铜遗址两处、铸钱遗址一处，还有一些制造骨器的作坊遗址。在小城北部偏西有一座高达14米的大型夯土台基，台基的周围大约是宫殿区。在城垣外面还修有城壕，宽25～30米③。

建于公元前4世纪的燕下都，更是这一时期大城市的代表之一（图一：下）。这座城平面略呈长方形，周长约24公里，城中间偏北处有一道纵贯全城的古河道，在河道东侧有一条南北向的隔墙，把城分成东西两部分。东城墙基的宽度多在40米左右；中间的隔墙较窄，宽约20米；西城的墙基也宽约40米。在城垣的外面，北面临北易水，南面临中易水，所以都不再修筑城壕，只在东城垣外修有城壕，宽约20米。在东城的北侧，分

①　恩格斯：《1852年神圣同盟对法战争的可能性与展望》，《马克思恩格斯全集》第七卷，人民出版社，1959年，第562页。
②　郭沫若：《中国古代史的分期问题》，《红旗》1972年第7期。
③　群力：《临淄齐国故城勘探纪要》，《文物》1972年第6期。

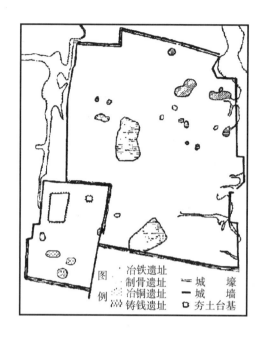

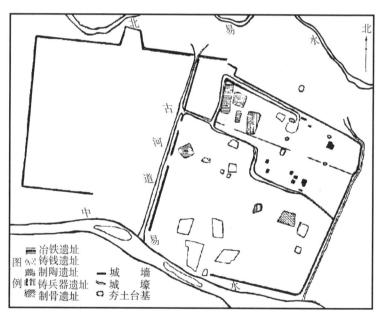

图一　战国时期重要城址平面示意图

上：齐都临淄　下：燕下都

布有几处高出地面 10 米以上的大夯土台基，由南向北坐落在一条轴线上，以高约 11 米的"武阳台"为中心，在它的东北、东南和西南都有成组的建筑遗址，大约是当时的宫殿区。围绕着宫殿区，分布着各种手工业作坊，已经勘察出来的有铸铁作坊遗址三处，制造兵器的作坊遗址两处，铸钱作坊遗址一处，制陶器的和制骨器的作坊遗址各一处①。

同时，由于封建经济的初步发展，"千丈之城，万家之邑相望"。中小城市也有所发展，到战国中期，据《战国策·齐策》所记，齐国就有大小七十余座城市。

从军事方面来看，战国时期的城市有以下特点。第一，这些城市是重要的政治、经济、文化中心。第二，城市是当时制造兵器和防护装具的生产中心。第三，城市人口是充分的兵员补充基地，以临淄为例，有户七万，如果每户出三个男丁，则可达二十一万兵员。第四，城市在防御方面是一处很好的设防堡垒，外有高墙深壕，城内各处高耸的宫殿台基在战时是重要的制高点，能够在相当时期内抗御敌军的围攻。

在春秋时期，以奴隶主为主体的战车部队，对于攻城是困难的，所以《孙子兵法》认为"攻城之法为不得已"。到了孙膑的时代，军事技术装备有了进一步发展，军队的组成有了新的变化，使得攻城有了可能。但是更重要的是政治上的需要，在各国争雄的局面下，要取得战争的胜利，必然面临着解决那些作为政治、经济中心的大城市的任务。在继承了孙武时代主要靠在野战中消灭敌人、解决战斗的思想的基础上，《孙膑兵法》竹简里进一步注意到攻城问题。在竹简里，我们可以看到，当时已经根据各种不同的地形条件，把城区别为易攻的"牝城""虚城"和难攻的"雄城"。当然，这种区分还是很简单的，但是把攻城问题特别提出来，而且讲得这样具体，在孙膑以前的军事著作中是从来没有过的。

"装备、编成、编制、战术和战略，首先依赖于当时的生产水平和交通状况。这里起变革作用的，不是天才统帅的'悟性的自由创造'，而是

---

① 河北省文化局文物工作队：《河北易县燕下都故城勘察和试掘》，《考古学报》1965 年第 1 期。

更好的武器的发明和士兵成分的改变。"①《孙膑兵法》竹简里所以能在有关阵法等方面比以前有了进一步的发展，正是由于这一时期军队的士兵成分的变化和新的兵器的发明。

到了战国中期，随着封建制取代了奴隶制，各国武装部队的成员有了很大的变化。在奴隶制的殷、西周乃至春秋时期，奴隶主阶级是军队的主要组成部分，战争的目的就是镇压奴隶的反抗和进行掠夺，以获取新的奴隶、土地和财富。与此相应的是车战，奴隶主阶级拥有作战的车辆、骏马和全套的兵器装备：远射的弓矢、护体的皮甲和盾牌，进攻用的青铜制成的长矛、戟、戈以及卫体的短剑，还有长棒（殳），等等。他的奴隶徒步跟在车子后面，只持有极简陋的兵器。战斗的胜负，主要靠车上的奴隶主们的搏斗。所以军队的数量不大，战争持续的时间较短，一次战争往往只包括一次战役，战役和战斗没有什么区别，往往只一天（最长两三天）就决定了胜负。到了孙膑时期，情况变了。由于封建主义生产关系的逐步确立，各国先后实行变法，废除了世卿世禄制，奖励军功，按军功授爵，军队成分有了很大变化，士兵主要来自新产生的劳动阶级——农民。这样一来，兵员的来源充足，军队的数量也日益扩大。兵员成分的变化，使得军队的兵种等方面也随之变化。原来作为主力的笨重的战车，逐渐被步兵和骑兵所取代，战车部队逐渐退为诸兵种里不占主要地位的一种。这样以步兵和骑兵为主的野战，取代了必须在平旷的原野上才能展开战斗队形的车战，随之而来的是军队的战斗队形和指挥艺术的相应的变化。

更好的武器的发明，对当时军队的战斗队形、编制和指挥艺术的影响也是深远的，这主要是铁质兵器的采用和弩的使用。

铁器的出现，在农业生产方面大大提高了生产力，迅速地破坏了旧有的生产关系，促进了奴隶制向封建制的变革。铁质兵器的使用同样促进了军事科学的发展。近年来在考古发掘中，已经发现了一些春秋时代的铁

---

① 恩格斯：《反杜林论》，《马克思恩格斯选集》第三卷，人民出版社，1972 年，第 206 页。

器。例如，在江苏六合程桥的两座春秋晚期的墓里①，分别出有一件铁条和一件铁丸，经过鉴定，铁条属于早期的块炼铁，铁丸是生铁②。另外，在楚国的疆域内，也发现了一些春秋晚期的铁器，包括臿、削、凹形锄等工具，值得注意的是在湖南长沙的长窑 15 号墓里，出土了一件铸制的铁鼎，出土时称重为 3250 克，约合六斤半重，可见，当时已经可以制造较大的铸铁件了③。这些例子都说明，春秋晚期开始使用铁质的工具和容器。最近的一项重要发现，又揭示出当时不仅使用了铁器，而且懂得了炼钢工艺。1976 年，在长沙的长杨 65 号墓的清理工作中，获得一件装有铜剑格的钢剑，剑长 38.4 厘米，经过鉴定，其金相组织是铁素体及碳化物，退火中碳钢，可知制剑用的是含碳量 0.5% 的中碳钢，可能还进行过热处理④。这一标本不但说明春秋晚期已懂得炼钢工艺，而且已经用它来制造兵器。到了战国时期，钢铁冶炼工艺有了进一步发展，铁兵器的使用更加普遍，品种也日益增多。除了剑以外，长柄的戟、矛乃至远射的箭镞，都有铁制品出现，还开始用铁来制造防护装具，出现了铁铠甲和铁兜鍪。看来，当时钢铁兵器的制造技术还是以楚国较发达。一些国君和政治家常发表有赞扬楚国铁兵器锋利的讲话，秦昭王就曾慨叹过楚国的铁剑锋利；荀子也在议兵时，讲到楚国的"宛钜铁釶，惨如蜂虿"。从属于楚国疆域内的战国墓葬里，发掘出的铁兵器数量很多，品种也不少，有戟、剑、矛、镞等（图二）⑤。由这些兵器的出土，也可以看出由于铁兵器较锋利而且坚韧，因而使器形有了新的发展。其中最突出的例子是剑身增长，剑锋尖锐，有的剑长达 1.4 米⑥，比同时使用的铜剑要长过一倍左右。另外，戟的变化

---

① 江苏省文物管理委员会等：《江苏六合程桥东周墓》，《考古》1965 年第 3 期；南京博物院：《江苏六合程桥二号东周墓》，《考古》1974 年第 2 期。

② 北京钢铁学院《中国冶金简史》编写小组：《中国冶金简史》，科学出版社，1978 年。

③ 长沙铁路车站建设工程文物发掘队：《长沙新发现春秋晚期的钢剑和铁器》，《文物》1978 年第 10 期。

④ 长沙铁路车站建设工程文物发掘队：《长沙新发现春秋晚期的钢剑和铁器》，《文物》1978 年第 10 期。

⑤ 湖南省文物工作队：《长沙、衡阳出土战国时代的铁器》，《考古通讯》1956 年第 1 期。

⑥ 张中一：《湖南郴州市马家坪古墓清理》，《考古》1961 年第 9 期。

也较明显，从当时流行的戈、矛合体的青铜戟的形制，向后来的"卜"字形戟过渡。这些变化，在晚一些的燕国疆域发现的钢铁兵器上看得更清楚。在燕下都 44 号丛葬墓①出土的战国晚期钢铁兵器中，钢戟已经是"卜"字形的了，剑、矛的形状也都和西汉时期使用的同类兵器基本相同（见前文《剑和刀》图六：1~4）。

远射兵器中弩的普遍使用，提高了进攻和杀伤的能力。弩和弓不同，首先弩在张开以后，弦管在弩牙上，并不需要像张弓一样，总要用手臂用力拉着弦，这样一方面可以有较长的时间瞄准，因而更好地射中目标；另一方面更利于众弩集中突然齐射，给敌人以突然而猛烈的打击。其次，张弓射箭仅能依靠一个人的臂力；而张弩远射除了使用臂力外，还可以用脚蹬等方法，使力量加强，射程可以增远，威力也能增大②。这种兵器很可能是最初出现在我国南方或西南方的古代民族中，直到近代，南方和西南的一些少数民族还是用弩而不用弓。至于大量用来装备部队，并且使用了青铜的机栝，大约开始于春秋时期，可能最先出现在楚国。到了战国时期，各国军队比较普遍地装备有弩，在湖南地区的战国墓里，已经不止一例地获得过楚国的弩，例如 1952 年在湖南长沙南郊扫把塘 138 号墓出土的弩，木臂用两段坚木斗合而成，涂有黑褐色漆，通长51.8 厘米。机件为铜制，无铜廓，有牙（上有望山）、牛和悬刀、栓塞等件（图三：1）。弩上的弓为竹弓。同出的箭全长 63 厘米，镞长 2.2 厘米，为竹杆铁铤铜镞，箭杆上涂有黑漆。另外，在长沙左家塘新生砖厂 15 号墓

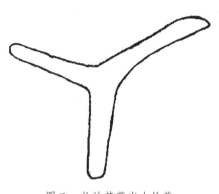

图二　长沙楚墓出土铁戟

① 河北省文物管理处：《河北易县燕下都 44 号墓发掘报告》，《考古》1975 年第 4 期。
② 刘仙洲：《中国机械工程发明史》（第一编），科学出版社，1962 年。

和常德德山 12 号墓也出土有铜弩机①。这些弩机可能都是"臂张"的。同样形制的弩，在四川、河北和河南的战国墓葬里也发现过。洛阳出土的一件，出土时木臂痕迹尚存，臂后端套有上饰错银卷云纹的铜盖，铜质的牙和悬刀，无铜廓。弩机总长 54 厘米，同时还出土有错银的铜承弓器②，它是装在一辆战车上的。在河北平山的中山国墓里，也出有同样形制的弩机，有的也是安在车上的③。成都羊子山 172 号墓出土的一件，形制大致相同，有铜质的牙和悬刀，无廓，臂后端套有错金银的铜盖（图三：2）④。1972 年，四川涪陵小田溪的战国土坑墓里出土了 3 件弩机⑤，也是牙、牛

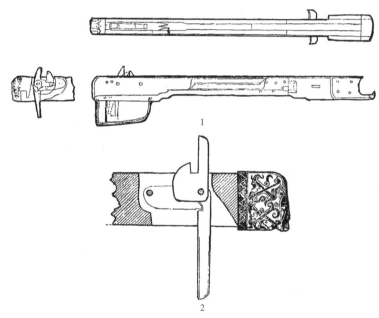

图三　战国弩机结构
1. 湖南长沙扫把塘 138 号墓出土　2. 四川成都羊子山 172 号墓出土

① 高至喜：《记长沙、常德出土弩机的战国墓——兼谈有关弩机、弓矢的几个问题》，《文物》1964 年第 6 期。
② 洛阳博物馆：《洛阳中州路战国车马坑》，《考古》1974 年第 3 期。
③ 河北省文物管理处：《河北省平山县战国时期中山国墓葬发掘简报》，《文物》1979 年第 1 期。
④ 四川省文物管理委员会：《成都羊子山第 172 号墓发掘报告》，《考古学报》1956 年第 4 期。
⑤ 四川省博物馆等：《四川涪陵地区小田溪战国土坑墓清理简报》，《文物》1974 年第 5 期。

和悬刀是青铜制造的，无廓。同时出土了一件带有错金银纹饰的弩臂铜盖，和羊子山 172 号墓那件大致相同。特别是 3 号墓出土的那组机栝，牙、牛和悬刀都是铜质的，上面的栓塞却是铁质的。在这 3 座墓里出土有巴式柳叶剑等具有特征的巴族遗物，可能是其上层统治人物的墓葬，这说明当时在巴蜀地区已经使用了弩机。根据以上资料，可以大致复原出战国弩的面貌（图四），并可了解发射时机栝的情况（图五）。这种木廓铜机栝的弩，一

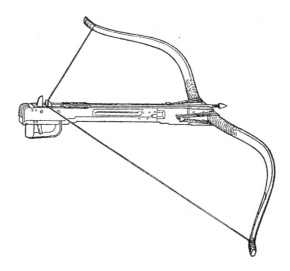

图四 战国弩复原示意图

直使用到秦汉之际，从秦始皇陵陶俑坑里发掘出的弩①，还是保持着这种早期的形制，木弩臂长约 71.6 厘米，上安木弓弦长 117～140 厘米，弓外绕扎皮条，再髹红漆。弩牙、牛和悬刀是铜质的，形状和前述楚弩相近，只是牙较宽肥，悬刀亦较宽短有力（图六）。

从上述这些发掘出的战国时期的弩机看，似乎还都是"臂张"的，但是，当时的文献里记载的强弩有力达十二石、远射六百步以外的②，可能已有脚踏的"蹶张"弩了。孙膑很注意弩的使用，在著名的马陵之战中，

① 始皇陵秦俑坑考古发掘队：《临潼县秦俑坑试掘第一号简报》，《文物》1975 年第 11 期；始皇陵秦俑坑考古发掘队：《秦始皇陵东侧第二号兵马俑坑钻探试掘简报》，《文物》1978 年第 5 期。
② 见《荀子·议兵篇》及《战国策·韩策》。

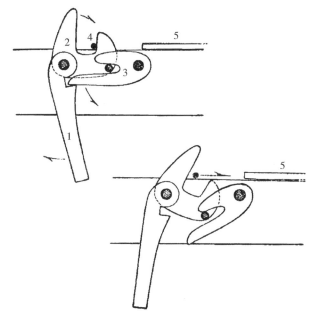

图五　战国弩机发射示意图
1. 悬刀　2. 望山　3. 牛　4. 弦　5. 矢

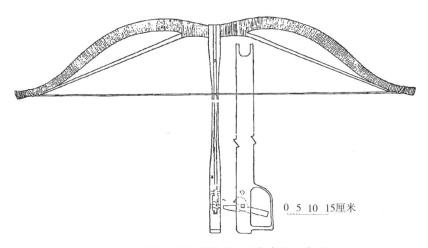

0 5 10 15厘米

图六　秦始皇陵陶俑坑出土的弩复原示意图

他就是利用轻敌而疲惫的敌军未及防备时，突然展开万弩齐发的强有力的
攻击，一下子压倒了敌人，掌握了主动权，造成敌军的溃败，继而取得整

个战役的胜利①。在竹简本《孙膑兵法》里，当孙膑向田忌讲解锥行、雁行等六种战斗队形的特点时，其中第四种就名之为"劲弩趋发"。"劲弩趋发者，所以甘战持久也。"在竹简本《八阵》篇里还特别指出，当遇到两边高峻的狭窄地形时，应该多使用弩，"厄则多其弩"，这样可以充分发挥弩的威力。在竹简本《势备》篇里，更对弩的特点作了概要的叙述："何以知弓弩之为势也？发于肩膺之间，杀人百步之外，不识其所道至，故曰，弓弩势也。"可以看出，书里讲的还是"臂张"弩，这和考古发掘中获得的战国弩的特点是一致的。同时，在《兵情》篇中，论述兵与将的关系时，孙膑更用弩和矢的关系来譬喻："矢，卒也。弩，将也。"（八四七简）由此也可以了解弩在当时军队里装备的普遍与重要性。

由于当时军队成分的变化和新的兵器的运用，使得军队的组成比过去复杂了，大量的步兵和骑兵的使用，配备了强有力的远射兵器的弩手，以及一部分战车，这些不同的兵种的配合使用，就要求指挥战斗的将帅提高组织和领导军队的能力，提高指挥艺术，讲究战斗队形的变化和战法，这些就是所谓"阵"的问题。为了解决这一课题，竹简本《孙膑兵法》里对阵法的论述有了新的发展。在孙膑回答田忌的问题时，论述了锥行、雁行、篡卒力士、劲弩趋发、剽风之陈、众卒等用来进攻敌人的战斗队形，其特点是："锥行者，所以冲坚毁兑也；雁行者，所以能厕应□；篡卒力士者，所以绝陈取将也；劲弩趋发者，所以甘战持久也；剽风之陈者，所以回□；众卒者，所以分功有胜也。"（二二〇、一三五、一五六简）在《十陈》篇里，又论述了十阵，它们是"凡陈有十：有枋陈，有员陈，有疏陈，有数陈，有锥行之陈，有雁行之陈，有钩行之陈，有玄襄之陈，有火陈，有水陈，此皆有所利"。其中锥行和雁行是与上面引述过的六种战斗队形相同的。此外，后面的简文中又称"火陈"和"水陈"为"火战之法"（三九简）和"水战之法"（一一、四五简），如除去这两种战法，作为战斗队形的只有八阵。在简文中也具体地阐述了各种阵的特点，以及

---

① 《史记·孙子吴起列传》，第2164页。

在实战中的运用，由于讨论这些问题所需篇幅较多，故本文从略。

综上所述，正是由于军队成分的变化和新的兵器装备的使用，由于"经济情况供给暴力以配备和保持暴力工具的手段"，造成了战国中期军事方面的巨大变革，以此为基础，就出现了竹简本《孙膑兵法》中所揭示出在战斗队形和指挥艺术方面的新的发展，使孙膑的军事著作比他的先辈孙武在有些方面取得了进一步的成就。

（本文是将原载于《考古》1974 年第 6 期的《一部贯彻法家路线的古代军事著作——读竹简本〈孙膑兵法〉》一文中有关兵器装备的部分，重新整理，改今题后入《中国古兵器论丛》，文物出版社，1980 年）

后记 为适应 1974 年社会上的政治形势，《考古》月刊应有"批儒评法"文稿，按安志敏先生指示，我写了《一部贯彻法家路线的古代军事著作——读竹简本〈孙膑兵法〉》，刊于《考古》1974 年第 6 期。后经修改，删除与学术无关的内容，重新写过，改成今题，1980 年收入《中国古兵器论丛》。

汉魏六朝的军乐

——"鼓吹"和"横吹"

东汉建安二十年（215 年），孙权攻合肥未下，撤军还吴。大军已去，他和甘宁等将领还留在逍遥津北，身边只有车下虎士千余人。这时突遭魏将张辽大军掩袭，双方兵力众寡悬殊。幸亏甘宁、凌统等将领拼死力战，孙权才得以"乘骏马越津桥而去"。在这次战斗中，吴将甘宁面对优势的敌军，"引弓射敌，与统等死战。宁厉声问鼓吹何以不作，壮气毅然，权尤嘉之"①。"鼓吹"就是当时的军乐队，两军搏斗时，军乐队要在阵中演奏，鼓舞士气。将士交锋后得胜还营时，军乐队更要高奏胜利乐曲。仍举甘宁的事迹为例，公元 213 年，他曾率帐下健儿百余人夜劫 40 万曹兵的大营，使"北军惊骇鼓噪，举火如星"，这时"宁已还营，作鼓吹，称万岁"②。由此可知，当时部队中都配置军乐队。

两汉魏晋时期的军乐队称为"鼓吹"，从名称就可以看出，它的组成包括两类乐器：鼓——打击乐器，吹——吹奏乐器。这里的"鼓"是专为演奏的乐器，与作为军队指挥工具的金鼓是有区别的，它们在部队行军阵列中的位置也不同。

东晋永和十三年（升平元年，357 年）冬寿墓内的壁画中，有一幅描绘他统军出行的图像③。部队以身着甲胄、手执盾戟的步兵为前导，主力是重铠的骑兵——甲骑具装，均执长柄的马矟。在军阵中央是坐在牛车中

① 《三国志·吴书·甘宁传》，第 1294～1295 页。
② 《三国志·吴书·甘宁传》注引《江表传》，第 1294 页。
③ 洪晴玉：《关于冬寿墓的发现和研究》，《考古》1959 年第 1 期。

执塵尾指挥的冬寿，车后簇拥着手执节幢的骑吏，车前和两侧列有手执幡、弓矢、刀盾及钺斧的卫士。在车前执幡武士的前面，排列着二鼓一钲①，上面张有四角朱伞，鼓、钲均用二人扛抬，另随一人执枹敲击。这当为军中指挥用的金鼓。在车后骑吏的后边又排列一组骑马的乐队，乐器包括敲击的鼓、铙和吹奏的箫、笳。鼓为建鼓，上树羽葆。这就是"鼓吹"（图一）。

图一　东晋冬寿墓壁画（摹本）
1. 钲鼓　2. 鼓吹

冬寿墓壁画中的鼓吹是骑在马上的，这反映了早期军乐队的特点。因为鼓吹乐的兴起正当骑兵在我国开始盛行的西汉时期，它最早就是以马上乐队的形式出现的。据说鼓吹乐是北方边地的雄豪班壹所创。"始皇之末，班壹避地于楼烦，致马牛羊数千群。值汉初定，与民无禁，当孝惠、高后时，以财雄边，出入弋猎，旌旗鼓吹。"②鼓吹的形成显然受了当时从事游牧狩猎的北方民族的影响。《乐府诗集》卷十六引刘瓛《定军礼》云："鼓吹未知其始也，汉班壹雄朔野而有之矣。鸣笳以和箫声，非八音也。"

---

① 钲，同镯，"形如小钟，军行鸣之，以为鼓节"。《宋书·乐志》，第554页。
② 《汉书·叙传》，第4197～4198页。

又引蔡邕《礼乐志》曰："汉乐四品，其四曰短箫铙歌，军乐也。"① 可见当时鼓吹所用乐器包括鼓、铙、箫、笳四种，并且有歌唱相伴随。从出土的汉画像中看到的骑马的军乐队，正是由这几种乐器组成的。1952 年在四川成都站东乡青杠坡 3 号东汉墓出土一方画像砖，有鼓吹的图像②。砖阔 46.7、高 38.5 厘米。上画两排六骑，有五人奏乐：前排居中一骑击建鼓，右侧一骑吹排箫，后排左侧一骑击铙，中间一骑吹笳，右侧一骑吹排箫（图二）。两年之后，在成都扬子山一号墓又出土了一方鼓吹图像的画像砖③，砖近似方形，阔 33、高 38.8 厘米。上面也画两排六骑，五人奏乐，仅乐工的排列位置与前砖稍有不同：前排居中一骑击铙，右侧一骑吹排箫；后排左侧一骑敲鼓，鼓为建鼓，上树羽葆，中间一骑击铙（？），右侧一骑吹排箫（图三）。以上二例反映了汉代鼓吹乐队的组成，也反映出乐

图二　成都站东乡青杠坡东汉墓鼓吹画像砖（拓片）

① 郭茂倩：《乐府诗集》卷十六《鼓吹曲辞》，中国古典文学基本丛书本，中华书局，1979 年，第 223 页。
② 重庆市博物馆：《重庆市博物馆藏四川汉画像砖选集》，文物出版社，1957 年。
③ 重庆市博物馆：《重庆市博物馆藏四川汉画像砖选集》，文物出版社，1957 年。

图三　成都扬子山东汉墓鼓吹画像砖（拓片）

队中排箫的数量较多，其次是铙、笳，鼓系建鼓，只有一面。演奏时以吹奏的箫、笳为主，配以敲击的铙、鼓。箫是中原的传统乐器，排箫编竹而成，大的 23 管，小的 16 管。笳则是从西北游牧民族传入的，是一种以芦叶卷制的直吹的管乐器。魏杜挚《笳赋》："惟笳芦之为物，受洁劲之自然。托妙体于河泽，历百代而不迁。"① 它源于"胡人卷芦叶吹之以作乐也，故谓曰胡笳"②。

　　东汉以后，历魏晋十六国到南北朝，鼓吹乐队的组成基本相同，仍包括上述四种乐器，而以排箫的数量最多。三国时孙权在逍遥津遭曹将张辽掩袭一事，当时"鼓吹惊怖，不能复鸣箫唱，甘宁援刀欲斫之，于是始作之"③，也正说明箫是鼓吹中最主要的乐器。冬寿墓壁画揭示了东晋时鼓吹乐队的情况，乐器组合与东汉画像砖是相同的。当然墓室内的画像或壁画受客观条件限制，常常是象征性地反映鼓吹的组成，并不一定按真实人数

① 《北堂书钞》卷一一一。
② 《太平御览》卷五八一引晋《先蚕仪》注，第 2621 页。
③ 《太平御览》卷五八一引《江表传》，第 2620 页。

绘出整个乐队来。一部鼓吹的乐工人数各代不同，大致在七至十六人之间。据《邺中记》，十六国后赵石虎时，一部鼓吹是十二人①。到南北朝末期，陈宣帝太建六年（574 年）曾对鼓吹制度重新做出明确规定，"其制，鼓吹一部十六人，则箫十三人，笳二人，鼓一人。东宫一部，降三人，箫减二人，笳减一人。诸王一部，又降一人，减箫一。庶姓一部，又降一人，复减箫一"②。从这一规定可以看出不同等级的鼓吹的人数，同时可以看出进入南朝时期以后，乐器的组合有些变化，铙逐渐失去了原有的位置，最后从乐队中消失，敲击的乐器只剩下建鼓。这一变化可能在南齐时已开始。20 世纪60、70 年代，在江苏丹阳胡桥的仙塘湾、吴家村和建山的金家村发掘了三座南朝大墓③，墓中都有拼砌的大幅砖画，画上都有鼓吹的图像（图四）。三墓的砖画大致相同，由三十几块砖组成，画面达 3150 平方厘米。乐队共三骑，第一骑击建鼓，第二骑吹排箫，第三骑吹笳。三骑乐工及三种乐器，象征着整部鼓吹。

图四　丹阳建山金家村南朝墓骑马鼓吹乐队砖画（拓片）

① 《太平御览》卷五六七引《邺中记》，第 2563 页。
② 《隋书·音乐制》，第 309 页。
③ 南京博物院：《江苏丹阳胡桥南朝大墓及砖刻壁画》，《文物》1974 年第 2 期；南京博物院：《江苏丹阳县胡桥、建山两座南朝墓葬》，《文物》1980 年第 2 期。

鼓吹这种军乐队一般都是骑马的，但在曹魏时出现了步行的鼓吹。推行这种做法的是魏武帝曹操。据《太平御览》引魏武帝令，"往者有鼓吹而使步行，为战士爱马也；不乐多署吏，为战士爱粮也"。这反映了曹军早期的艰苦情况，也显示出曹操本人"常念增战士忽余事"的精神，有助于曹军在战斗中不断"以少兵敌众"，获取胜利。

西汉初年班壹始创鼓吹以后，被采用为军乐，东汉时只有边将、万人将军才能配有鼓吹。所以当建初八年（83 年）班超赴西域时，因身非大将，仅拜为将兵长史，只能"假鼓吹幢麾"①。三国初期，配有鼓吹还是很荣耀的事情。例如东吴诸葛恪 32 岁时，孙权拜他为抚越将军、领丹杨太守，"拜毕，命恪备威仪，作鼓吹，导引归家"，以示夸耀②。稍后"魏晋世给鼓吹甚轻，牙门督将五校，悉有鼓吹"。东晋初年尤甚，安西将军庾翼和江夏太守谢尚比射，竟以鼓吹赌赛。"翼与尚射，曰：'卿若破的，当以鼓吹相赏。'尚射破的，便以其副鼓吹给之。"③ 到南朝宋、齐以后，对于鼓吹又较重视了。还应指出，鼓吹在作为军乐的同时，也被采用于皇室仪仗和宴乐中。例如汉代有"黄门鼓吹"。魏晋以后，皇帝、太子、诸王的卤簿中都备有鼓吹，于是成为夸示身份的工具。晋咸宁初，汝南王亮的母亲伏太妃"尝有小疾，被于洛水，亮兄弟三人侍从，并持节鼓吹，震耀洛滨。武帝登陵云台望见，曰：'伏妃可谓富贵矣'"④。鼓吹足以夸耀富贵，是与军乐无关的另一种功能。

除了以箫鼓为主的"鼓吹"外，西汉时还出现了源于西域古乐的另一类军乐队——"横吹"。晋崔豹《古今注》："横吹，胡乐也。博望侯张骞入西域，传其法于西京，唯得摩诃兜勒一曲。李延年因胡曲更造新声二十八解，乘舆以为武乐，后汉以给边将军。和帝时，万人将军得用之。"⑤ 组成这类

①　《后汉书·班超传》，第 1577 页。
②　《三国志·吴书·诸葛恪传》，第 1431 页。
③　《宋书·乐志》，第 559 页。
④　《晋书·汝南王亮传》，第 1591 页。
⑤　崔豹：《古今注》卷中，商务印书馆，1956 年，第 14 页。《古今乐录》所记与此大致相同，见《后汉书·班超传》李贤注引，第 1578 页。

军乐队的乐器，主要是鼓和角。角源于西北从事游牧狩猎的古代民族。据《宋书·乐志》："角，书记所不载。或云出羌胡，以惊中国马。或云出吴越。"①《晋书·乐志》又说："胡角者，本以应胡笳之声，后渐用之横吹，有双角，即胡乐也。"② 胡角横吹，所以这类以角为主的军乐也得此名。又因为鼓吹和横吹都属军乐，所以，有时也把横吹概称为鼓吹。至于两者在汉魏六朝时使用上的区别，似乎是鼓吹后来进入朝堂，成为宣扬威仪的卤簿的组成部分；横吹则一直用于军乐，拥有它的都是与军事有关的将校。

西晋以后，匈奴、鲜卑等少数民族相继进入中原，在其以骑兵为主力的部队中，使用的军乐主要是横吹。以1953年在西安南郊草场坡发掘的十六国墓③的出土品为例，墓西侧室放一组以牛车为中心的甲骑具装俑群，伴出的有一组4件骑马乐俑，其中两骑吹角，另两骑击鼓。吹角者双手握角，角身长而弯曲，口部上扬，即是所谓"胡角"（图五）。这正是配属于重装骑兵的军乐队——"横吹"。

图五　西安草场坡一号墓吹角骑俑　　　图六　北魏元邵墓击鼓骑俑

① 《宋书·乐志》，第559页。
② 《晋书·乐志》，第715页。
③ 陕西省文物管理委员会：《西安南郊草厂（场）坡村北朝墓的发掘》，《考古》1959年第6期。

　　这类骑在马上的军乐队，在北朝墓里出土的俑群中经常可以看到。洛阳北魏建义元年（528 年）葬的元邵墓中，伴同甲骑具装俑出土的骑马军乐队就是横吹①。乐工着袴褶，乘背铺赤色障泥的骏马；击鼓者所击的鼓不同于鼓吹乐中横悬的建鼓，而是平置的板鼓（图六）。1975 年，在河北磁县东槐树村发掘了北齐武平七年（576 年）葬的冯翊王高润的坟墓②，墓中与甲骑具装俑伴出的骑马乐队也属横吹。击鼓的乐工骑红马，双手执桴，击板鼓；吹角的乐工骑白马，双手高擎胡角，作吹奏状，可惜胡角均已残失（图七）。

图七　北齐高润墓横吹骑俑

　　这一时期内，横吹乐不仅在北方盛行，在南方同样盛行，而且除了骑马的乐队外，也有徒步的。河南邓县彩色画象（像）砖墓中，东壁第二柱上就嵌有一方徒步的横吹画像砖③，上有乐工 4 人，戴黑帽，着袴褶，缚袴。前两人吹角，长角上昂，口端系有红、绿二色的彩幡，随风飘扬；后

①　洛阳博物馆：《洛阳北魏元邵墓》，《考古》1973 年第 4 期。
②　磁县文化馆：《河北磁县北齐高润墓》，《考古》1979 年第 3 期。
③　河南省文物工作队：《邓县彩色画象（像）砖墓》，文物出版社，1958 年。

二人击鼓，腰悬红色板鼓，右手执枹敲击（图八）。除了由角、鼓组成的横吹乐外，这一时期又出现了不用打击乐器的横吹乐，以角为主，增添了笛、箫、笳等吹奏乐器。邓县彩色画像砖墓中也有这样的画像砖①，画面中有5个由左向右徒步行进的乐工，从前而后顺序吹奏的乐器是横笛一、排箫一、长角二、笳一（图九）。到了隋代，这种以吹奏乐器组成的乐队中又增加了觱篥和桃皮觱篥，称为"小横吹"（《隋书·音乐志》），与有鼓的"大横吹"一起列入皇室卤簿之中。于是，横吹这种军乐队和鼓吹一样，成为宣扬威仪的工具了。

图八　邓县南朝彩色画像砖墓横吹画像砖（摹本）

图九　邓县南朝彩色画像砖墓横吹画像砖（摹本）

① 河南省文物工作队：《邓县彩色画象（像）砖墓》，文物出版社，1958 年。

最后还应提一下，鼓吹和横吹除了用乐器演奏外，还配有歌唱。据《宋书·乐志》，汉代的鼓吹铙歌有十八曲，是《朱鹭》《思悲翁》《艾如张》《上之回》《翁离》《战城南》《巫山高》《上陵》《将进酒》《君马黄》《芳树》《有所思》《雉子》《圣人出》《上邪》《临高台》《远如期》《石留》①。这些曲辞看来并不是专为军乐谱写的，不少是采录了当时流行的民歌，例如《上邪》本是指天为誓、表示爱情的坚固和永久的情歌，把它录入军乐中，也许是为了安慰那些离家出征的将士，使他相信远在家乡的爱人会对他永远保持着坚贞的爱情，只有"山无陵，江水为竭，冬雷震震，夏雨雪，天地合，乃敢与君绝"。至于《战城南》那样一首诅咒战争的歌曲如何入选为军乐，后人就难以弄清了。总体来看，这种杂录的曲辞是不合统治者的要求的，所以到曹魏时期对鼓吹曲辞进行了改造，那些民歌都被删除了。一部分曲辞改成赞扬在曹操指挥下历次重大战役取得的功绩，如《初之平》《战荥阳》《获吕布》《克官渡》等；另一部分则是对曹魏朝廷的颂歌，例如那首《上邪》改为《太和》，"言魏明帝继体承统，太和改元，德泽流布"②。自此以后，西晋和南朝的宋、齐、梁等朝，都和曹魏一样，根据自己的需要改写过鼓吹曲辞③。

当南方的鼓吹曲辞都成为朝廷的颂歌，失去汉代鼓吹铙歌那种艺术的生命力的时候，在北方为另一种军乐"横吹"配的辞却显示出浑厚粗犷的风格。据说汉代的横吹曲系李延年所作，共二十八解。但"魏晋以来，二十八解不复具存。见世用者《黄鹄》《陇头》《出关》《入关》《出塞》《入塞》《折杨柳》《黄覃子》《赤之阳》《望行人》十曲"④。据《乐府解题》："后又有《关山月》《洛阳道》《长安道》《梅花落》《紫骝马》《骢马》《雨雪》《刘生》八曲，合十八曲。"⑤到北朝时，伴随着纵横驰骋的

① 《宋书·乐志》，第 640~644 页。

② 《宋书·乐志》，第 644~647 页。

③ 《乐府诗集》，第 275~300 页。

④ 《古今注》卷中，第 14 页。

⑤ 《乐府诗集》卷二一引《乐府解题》，第 311 页。

少数民族铁骑，横吹辞曲也出现许多豪放粗犷的佳作，看来也是取自民歌，如《企喻歌》《琅琊王歌》《紫骝马》《折杨柳》等①。这些鼓吹铙歌和横吹曲辞，在我国古代诗歌史上有重要的地位。在它们的影响下，唐代许多著名的诗人写出佳作，如李白的《战城南》《将进酒》，杜甫的《前出塞》《后出塞》等都是。王之涣的"黄沙直上白云间，一片孤城万仞山。羌笛何须怨杨柳，春光不度玉门关"②，也正是一首《出塞》。

根据现有的文物资料，我们对古代的军乐——鼓吹和横吹还只能勾画一个粗略的轮廓。由于它们对我国古代音乐史和文学史研究具有一定的意义，希望得到有关专家进一步的研究。

（原载《文物》1981 年第 7 期。后收入《中国古兵器论丛（增订本）》，文物出版社，1985 年）

---

① 《乐府诗集》，第 362～371 页。
② 王之涣《出塞》，据《乐府诗集》卷二十二，第 324 页。其他版本通常题《凉州词》，"黄沙直上"或作"黄河远上"，"春光"或作"春风"。

汉魏的武库和兰锜

东汉王充在《论衡·实知篇》中记述了一个关于秦惠王异母弟樗里子的传说："秦昭王十年（前297年），樗里子卒，葬于渭南章台之东，曰：'后百年，当有天子宫挟我墓。'至汉兴，长乐宫在其东，未央宫在其西，武库正值其墓，竟如其言。"撇开樗里子先知之类的说法，这里说西汉时武库坐落在长乐、未央二宫之间，是符合事实的。现今西安市郊大刘寨村东面的高地上，保留着它的遗址。汉长安城的武库，是高祖七年（前200年）由丞相萧何主持修建的。据《汉书·高帝纪》："二月，至长安。萧何治未央宫，立东阙、北阙、前殿、武库、大仓。"[1]整个西汉时期，这座武库一直用为储藏禁兵的中央兵器库，由中尉（武帝太初元年更名"执金吾"）属官武库令掌管[2]。经过1975年以来的田野考古发掘工作，这处规模宏大的兵器库遗址正在被揭露出土[3]。

西汉长安武库平面呈长方形，四周筑有牢固的围墙，现在北、西两面大部分已被破坏，仅东、南两面保存较好，南墙长710米，东墙长322米，均厚1.5米。在围墙以内，又有一堵南北向的隔墙，将全库分成面积大致相近的东西两区。已经发现的7座大型建筑基址，4座在东区，即第1至4号遗址；另三座在西区，即第5至7号遗址（图一）。包括库房和一些驻兵的营房，其中的第1和第7两座遗址经发掘后，证实都应是存放兵器的

---

① 《汉书·高帝纪》，第64页。
② 《汉书·百官公卿表》，第732页。
③ 中国社会科学院考古研究所汉城工作队：《汉长安城武库遗址发掘的初步收获》，《考古》1978年第4期。

库房。以第 7 遗址为例，平面呈长方形，残长 190、宽 45.7 米，尚存的三壁夯土墙都厚达 6.5 米，可以想见该建筑的宏大坚固。

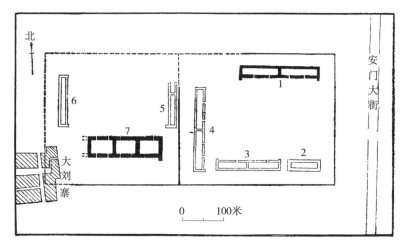

图一　汉长安武库遗址平面图

除了京城长安的这座巨大的武库以外，另一处重要的兵器储藏库是设在雒阳的武库。当吴王濞举兵叛乱时，吴少将桓将军提出，吴军应该"疾西据雒阳武库，食敖仓粟，阻山河之险以令诸侯，虽毋入关，天下固已定矣"[①]。但吴王没有采纳他的建议。当景帝以中尉周亚夫为太尉东击吴楚、行至霸上时，赵涉向周亚夫建议，改变行进的路线以避吴王伏兵，并进一步指出："且兵事上神密，将军何不从此右去，走蓝田，出武关，抵雒阳，间不过差一二日，直入武库，击鸣鼓。诸侯闻之，以为将军从天而下也。"[②]周亚夫接受了他的建议，先抵达雒阳，据有武库，取得战争的主动权。由上述事例可以想见，西汉时期雒阳的武库是重要的兵器补给中心。

雒阳的武库很可能沿用到东汉时期。据《后汉书·坚镡传》，坚镡与诸将于建武元年（25 年）攻洛阳，他曾和朱祐一起，与朱鲔"大战武库下，杀伤甚众，至旦食乃罢，朱鲔由是遂降"。注引《洛阳记》曰："建始

---

① 《史记·吴王濞列传》，第 2832 页。
② 《汉书·周勃传》，第 2059 页。

殿东有太仓，仓东有武库，藏兵之所。"① 讲清了东汉时雒阳武库的位置。东汉雒阳为都城，因此雒阳武库成为中央兵器库，储藏的兵器数量众多，仅元初四年（117 年）发生的一次火灾中，烧毁兵物的价值即"直千万以上"②。此外，各州郡也设有规模不等的地方性武库，内储库兵。《史记·外戚世家》注引《西征记》云："武牢城内有高祖殿，西南有武库。"③ 在《汉书》的《成帝纪》和《平帝纪》中，记录有不少"盗库兵"的事件。例如，阳朔三年（前 22 年）夏六月，"颍川铁官徒申屠圣等百八十人杀长吏，盗库兵，自称将军"④。鸿嘉三年（前 18 年）冬，"广汉男子郑躬等六十余人攻官寺，篡囚徒，盗库兵，自称山君"⑤。永始三年（前 14 年）十二月，"山阳铁官徒苏令等二百二十八人攻杀长吏，盗库兵，自称将军"⑥。元始三年（3 年），"阳陵任横等自称将军，盗库兵，攻官寺，出囚徒"⑦。在上述事件中，涉及的地区就有颍川、广汉、山阳和阳陵等地。

在这些武库中，所储藏的兵器很可能是分类存放的，在汉长安城武库遗址的发掘中，从第 1 遗址中出土的兵器，数量最多的是铁铠甲；而在第 7 遗址中，除少量铁、铜兵器外，主要是箭镞，有一千余枚铁镞和一百余枚铜镞。从上述情况观察，当时武库的不同库房中是按兵器的不同品种分别集中存放的，以便于保养和管理。至于所储兵器的具体放置方法，发掘长安武库库房时获得了值得注意的线索。在库房内除了残存的兵器外，还发现大量木灰和许多相距 1.8～2 米的柱础石，推测它们是固定的木质兵器架的遗迹。

西汉时期的墓葬里，有的也安设兵器架，以存放随葬兵器，这类遗迹也有发现。在河北满城中山靖王刘胜墓中，于棺室的主室东南角出土了几

① 《后汉书·坚镡传》，第 783 页。
② 《后汉书·五行志》第 3294 页注引《东观书》曰："烧兵物百二十五种，直千万以上。"
③ 《史记·外戚世家》，第 1971 页。
④ 《汉书·成帝纪》，第 314 页。
⑤ 《汉书·成帝纪》，第 318 页。
⑥ 《汉书·成帝纪》，第 323 页。
⑦ 《汉书·平帝纪》，第 355 页。

件安装在兵器柄端的铜镦和铜镈，与之相配而装于柄首的戟、矛、铤等都发现于主室的中部，位置互相对应，虽然器柄均已朽毁无存，但还可以量出这些兵器的全长都在1.9～2.26米之间，看来它们原是竖立在靠近南壁东侧处，由于室顶塌陷而被压倒的（图二）①。这组钢铁兵器共5件，自西向东排列的次序是，一为戟、二为矛、三为戟、四为铤、五为铤，各件之间距离匀称，倒下后着地的角度又全一致，说明原来应是插放在靠墙的木兵器架上的。它们东西分布的宽度约1.2米左右，这大约也就是兵器架的宽度。

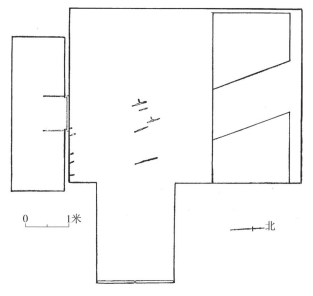

图二　满城西汉刘胜墓棺室的主室
出土兵器位置图（其余器物均略去）

长安武库和满城刘胜墓这两处发现虽然重要，但可惜木质的兵器架均已朽毁无存，仅能依据遗迹进行推测。至于西汉时期完整的木质兵器架，近年来在考古发掘中至少获得过3件标本，虽然都是形制较小的，但也弥足珍贵。第一个例子发现于长沙马王堆轪侯家族墓群三号墓中，全高87.5厘米，下部是带方座的八角形木柱，上承方形木板，在板面上分三层设有

---

① 中国社会科学院考古研究所等：《满城汉墓发掘报告》，文物出版社，1980年。

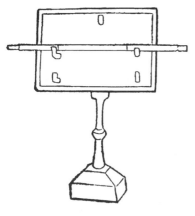

图三　马王堆三号墓出土兵兰示意图

5 个托钩，面上有红黄绿三色彩绘的云气纹。其中的两个托钩上，横托着一柄明器角剑，剑长 79.1 厘米，还套有漆鞘（图三）①。第二个例子是江苏扬州邗江县胡场五号墓的出土品。这具兵器架作长方形框状，四条边框各宽 4 厘米，厚 1.5 厘米，组成兵器架的尺寸为 57.2 × 46 厘米，上面也有彩绘的云纹图案。在上框和下框各安一对托钩，并在两侧框等高处各安一托钩（图四）。出土时架下发现弓和箭囊，大约是原来陈放在架上，后来跌落下去的②。第三个例子出土于扬州东风砖瓦厂九号墓，形制和胡场五号墓出土的兵器架相同，也是木质的长方形框架，已残，边框上墨绘云气纹，四框上各安有两个托钩③。

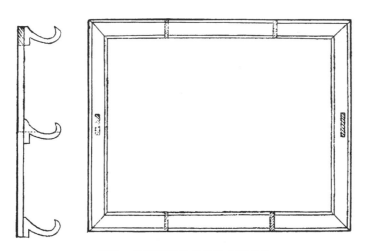

图四　扬州邗江县胡场五号墓兵兰

①　湖南省博物馆等：《长沙马王堆二、三号汉墓发掘简报》，《文物》1974 年第 7 期。
②　扬州博物馆等：《江苏邗江胡场五号汉墓》，《文物》1981 年第 11 期。
③　扬州博物馆：《扬州东风砖瓦厂八、九号汉墓清理简报》，《考古》1982 年第 3 期。

上述诸例说明，西汉时期一般将兵器陈放在木质架上。这种木架的名称，应为"兰锜"。张衡《西京赋》描述都内甲第："木衣绨锦，土被朱紫。武库禁兵，设在兰锜。"《文选》李善注："锜，架也。武库，天子主兵器之官也。善曰：刘逵《魏都赋》注曰，受他兵曰兰，受弩曰锜，音蚁。"① 又《史记·汲黯列传》记载，武帝"尝坐武帐中，黯前奏事，上不冠，望见黯，避帐中，使人可其奏"。武帐，《集解》引孟康曰："今御武帐，置兵兰五兵于帐中。"② 由此可见，当时兵器架子可概称为"兰锜"。若细分，则可区别为弩锜和兵兰，则前述西汉墓中出土的兵器架都属"兰"类。兰锜的设置和使用，在两汉魏晋时很普遍。西晋左思在著名的《三都赋》中两次提到兰锜。《吴都赋》中有"陈兵而归，兰锜内设"；《魏都赋》中有"附以兰锜，宿以禁兵"之句。至于兰锜的图像材料，在东汉墓葬中时有发现，主要是画像石、石棺画像和壁画，其中比较重要的资料有以下诸例。

1953 年发现的山东沂南画像石墓中，在前室南壁正中一幅画像的上部刻画两具兵器架。前面一具由两立柱架一横梁，柱下部又联一横枋，在二柱上各挂一面大盾牌，横梁居中悬挂一领铠甲，在兵器架左右两侧，各有一个下带方座的立柱，柱头各置一顶兜鍪。后面一具在两侧立柱之间上下联两根横枋，上面横枋匀称地开有 5 个插放兵器的孔洞，架上竖立插放 5 件长柄兵器，左侧是两张戟，右侧是 3 支长矛，在戟和矛头上都套有上饰花纹并垂有流苏的囊套。在偏左侧二戟间和偏右侧二矛间，又各悬一张弩（图五）。另在兵器架右侧上端，亦悬有一张弩。这 3 张弩都是弩弓在上，机括在下。在后室靠南壁的承过梁的隔墙的西面，有另一幅兵器架的画像，刻画 3 具兵器架。前排两具。左侧是一架，上竖插两件带套的戟；右侧是一具横置兵器的架子，在两支柱上端托一横梁，下部联一横枋，在两侧柱上等高处，分置 5 组托钩，横托着 5 件长柄兵器，自上而下是两支矛

---

① 《文选》第 42 页，中华书局影印胡刻本，1977 年。
② 《史记·汲黯列传》，第 3107 页。

和两张戟，兵器架前倚放着两个大盾牌。后排的一具也是横置兵器的架子，但是较窄，用以横置短柄兵器，5 组托钩上分别横置着刀、剑和手戟（图六）①。

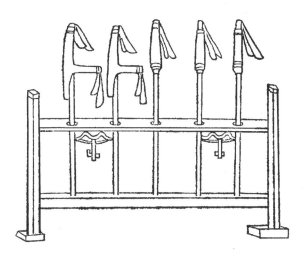

图五　沂南画像石墓前室南壁正中上排画像兵兰示意图

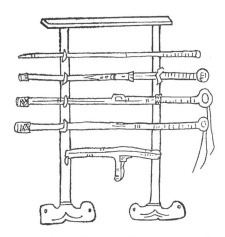

图六　沂南画像石墓后室靠南壁的隔墙西面画像中的兵兰示意图

1953 年在山东安丘发现的画像石上，刻画一人凭几坐在床上，床后置

---

① 南京博物院、山东省文物管理处：《沂南古画像石墓发掘报告》，文化部文物管理局，1956 年。

屏风，屏风上左侧设有兵兰，上面横陈着 4 件刀剑①。这具兵兰呈方框状，上框有钩挂于屏上，两侧框相应的位置上有托钩，用以承托兵器（图七），其形制与扬州邗江汉墓出土的相似。

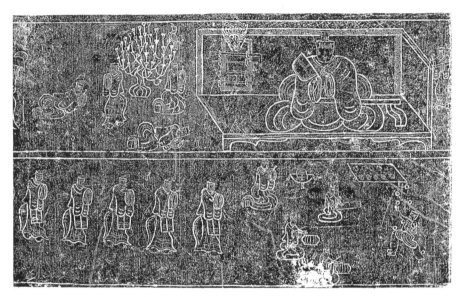

图七　山东安丘汉画像石《屏风图》上的兵兰（拓片）

1965 年发现的江苏徐州青山泉白集画像石墓中，在中室西壁北部下层，刻画兵兰一具②，竖直插放 5 件长柄兵器，两侧各有一戟，中间是 3 支长矛（图八），其形制与沂南画像石墓前室南壁画像中后面一具兵兰相同。

1967 年春，在山东诸城县前凉台村西发现一座画像石墓，墓中舞乐、拷打等画像石侧面，有放在架上的兵器，其中有横置架上的长柄矛、戟等器，也有挂在方架上的弩③。

1971 年秋发现的河南唐河针织厂画像石墓中，在前室墓门内壁两侧都

---

① 山东安丘韩家王封村画像石拓片，参见《文物参考资料》1955 年第 3 期封三。
② 南京博物院：《徐州青山泉白集东汉画象（像）石墓》，《考古》1981 年第 2 期。
③ 诸城县博物馆：《山东诸城汉墓画像石》，《文物》1981 年第 10 期，第 16 页，不知为什么该简报未附有关的图像。

图八　徐州青山泉白集画像石墓中室西壁北部下层画像中兵兰示意图

刻兵兰图像①。看来是在壁面上安有横枋，上安托钩，盾牌挂于托钩上，长柄的矛、戟则斜倚在托钩上。此外壁上还悬着弩，地上又倚立着大盾牌和弩。图像刻画得较简略，形象不及前几例明确。

　　1971 年秋发现的内蒙古和林格尔壁画墓中，在墓门甬道南北两壁、前室通中室的甬道北壁等处，都绘有兵器架。以前室通中室的甬道北壁为例，画的是宁城南门外的情况，中设一建鼓，两侧夹侍披甲武士，陈设弩锜与兵兰。弩锜在前，系两立柱间联二横枋，在上层木枋上垂悬着一排弩，弩弓在上，机括在下。由于这些陈于城门外的弩锜有仪仗的性质，所以，锜上还饰有红色的流苏。兵兰在后，上面竖直插放着一排饰有流苏的棨戟（图九）②。在辽阳一带发现的汉魏壁画墓中，也有绘兵器架图像的，但较简略，如北园 2 号墓前室右耳室左壁绘有兵器架，在一红色横枋上，由左而右挂有环首刀、盾牌、两张戟和铠甲等物③。

①　周到、李京华：《唐河针织厂汉画像石墓的发掘》，《文物》1973 年第 6 期。
②　内蒙古自治区博物馆文物工作队：《和林格尔汉墓壁画》，文物出版社，1978 年。参见第 17 页图 35、第 133 页摹本宁城图（之一），可惜当时摹绘者不太了解弩锜的形制，因此摹绘不够清晰。
③　辽阳市文物管理所：《辽阳发现三座壁画墓》，《考古》1981 年第 1 期。

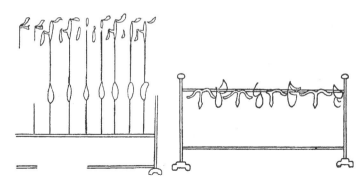

图九　和林格尔壁画墓中室甬道北侧兰锜示意图

　　1972年冬，在四川郫县发现一具石棺，棺侧的宴乐杂技图中，有四阿式顶的建筑一座。室内设有兵兰，其上横置长柄的矛和戟（图一〇）[①]。1973年春，在郫县又发现5具石棺，其中石棺三和石棺四的棺侧，居中刻门，门前有作迎接状的门吏，右侧有车马，左侧有内置兵兰的库房。石棺三的图像有缺损，但横置兰上的矛、戟还保留着；石棺四图像保留完整，除兵兰上横置矛、戟等长柄兵器外，房柱上还悬挂着大型的盾牌，房前还有两条狗[②]。但上述兵兰和武库在原报告中均误为他物。

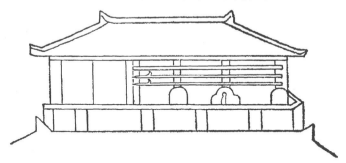

图一〇　四川郫县石棺侧面画像中的兵兰示意图

　　此外，在四川成都曾家包发现的东汉墓中，也发现了刻有兵器架的画像石[③]。在西后室后壁的画像中有一个兵器架，在两立柱下端联以宽厚的横

---

① 李复华：《郫县出土东汉画像石棺图象（像）略说》，《文物》1975年第8期。

② 四川省博物馆等：《四川郫县东汉砖墓的石棺画象（像）》，《考古》1979年第6期。

③ 成都市文物管理处：《四川成都曾家包东汉画像砖石墓》，《文物》1981年第10期。

枋，而架子上端没有安横枋，架上横置矛、戟和长刀。在这些横置的兵器下方，右侧柱上挂一盾牌，左侧柱上挂一张弩（图一一：1）。M2 东扇墓门背面也刻有兵器架，系在两立柱上、下各联以横枋，架上直插二戟一矛，右侧柱上挂一盾牌，左侧柱上挂一张弩，弩弓在上，机栝在下（图一一：2）。

1   2

图一一　四川成都曾家包东汉墓画像石兵兰图拓片
1. M1 后室后壁　2. M2 东扇墓门

综合以上资料，我们可以对汉代放置兵器的兰锜有个比较清楚的了解。它们虽然可分为弩锜和兵兰两类，但是基本结构是相近的，都是由两侧立柱和横联的梁枋构成，上面安装成组的托钩或开挖孔洞。

就兵兰而言，又有固定于库房中的和可随时搬动陈设的两种。前者如汉长安武库中的兵兰，用础石固定在库房中；后者则是墓葬中放置的实物和有关画像所揭示的，它们又可分为大、小两型。大型的兵兰多陈放在门前或库房内，如和林格尔壁画与沂南画像石墓画像所描绘的，依兵器放置形式不同，可分横置和竖插两式。长柄兵器使用的兵兰两式都有，短柄的刀、剑、手戟等则采用横置式的兵兰，以便陈放和取用。小型的兵兰是在厅堂居室内用的，一般是放置随身用的刀剑弓矢，也可分为立置与挂置两式。立置的如马王堆三号墓中的漆兵兰，是放佩剑用的。挂置的则多呈框架式，可以挂在床后屏风上，文献中所说设于武帐中的兵兰，大约就是这种式样的。这种可挂在屏风上的小型框架式兵兰，典型的例子就是安丘画像石刻画的图像。

西汉时期，家中设有兰锜陈设武库禁兵，是极为尊贵和罕见的，是威仪和权势的象征。张衡《西京赋》中说到"匪石匪董，畴能宅此"①，指的是元帝时的宠臣石显和哀帝时的宠臣董贤。《汉书·董贤传》说："下至贤家僮仆皆受上赐，及武库禁兵，上方珍宝。"② 当时也曾遭到大臣的非议，毌将隆曾奏言："武库兵器，天下公用，国家武备，缮治造作，皆度大司农钱。……汉家边吏，职在距寇，亦赐武库兵，皆任其事然后蒙之。"他建议仍收还武库③。

到了东汉，随着豪强大族势力的膨胀，部曲私兵日增，私人武库自然也多起来，这就是东汉画像中经常出现兰锜图的原因，它们象征着豪强地主的武库。同时，直接描绘武库库房的图像也不乏实例，四川郫县石棺画像就是很好的例子。在四川东汉墓中，还发现武库画像砖和模拟武库库房的陶质建筑模型。新都县发现的武库画像砖上，库房内安置兵兰，檐柱上挂着弩（图一二）④。新津牧马山发现有陶质的武库建筑模型，建筑的形制和结构与新都画像砖上的画像完全相同，在右侧的檐柱上悬挂着巨大的盾牌，正是这座建筑物功能的标志（图一三）⑤。到了三国时期，"兰锜内设"的情况更为普遍，这也就是左思在赋中不止一次提到兰锜的缘故。

---

① 《文选》第 42 页，中华书局影印胡刻本，1977 年。
② 《汉书·董贤传》，第 3734 页。
③ 《汉书·毌将隆传》，第 3264 页。
④ 四川省博物馆：《四川新都县发现一批画像砖》，《文物》1980 年第 2 期。
⑤ 四川省博物馆：《四川牧马山灌溉渠古墓清理简报》，《考古》1959 年第 8 期。

图一二　四川新都东汉墓武库
画像砖（拓片）

图一三　四川牧马山出土
武库陶模型

最后还要说明一点。汉魏时期门前设的兰锜，有显示威仪和权势的作用，那上面陈放的兵器却是实用的。随着岁月的推移，在门前摆设兵器架子的风习保留得相当久远。唐宋门前的"门戟"，当系秉承两汉兰锜的遗风，但那已是纯粹的仪仗，完全不是为了陈放实战兵器。例如，唐懿德太子墓内壁画就有列戟图两组，饰有虎头纹彩幡的长戟排列在两侧的木架上，每组均为二十四戟[①]，表示着"号墓为陵"，比拟天子的排场。这里，除去作为仪仗用的长戟外，戟架的形制倒还继承着汉代兵兰的传统格局。

（原题《武库和兰锜》，载《文物》1982 年第 2 期。后改今题，收入
《中国古兵器论丛（增订本）》，文物出版社，1985 年）

---

① 陕西省博物馆等：《唐懿德太子墓发掘简报》，《文物》1972 年第 7 期。

魏晋南北朝将领在战场上的轻便坐具

——胡床

公元 211 年，曹操西征，大军自潼关北渡，突遭马超袭击。据《三国志·魏书·武帝纪》注引《曹瞒传》所记，当时的情况是"公将过河，前队适渡，超等奄至，公犹坐胡床不起。张郃等见事急，共引公入船。"[①] 可见曹操在指挥军队渡河时，是坐在胡床上的。

提到胡床，在魏晋南北朝时期的史籍中，常常可以见到将帅在战争中使用这种家具的记载。有时，主将坐在胡床上指挥作战，如前凉张重华手下大将谢艾与敌将麻秋对阵时，"艾乘轺车，冠白帢，鸣鼓而行。秋望而怒曰：'艾年少书生，冠服如此，轻我也。'命黑矟龙骧三千人驰击之。艾左右大扰。左战帅李伟劝艾乘马，艾不从，乃下车踞胡床，指麾处分。贼以为伏兵发也，惧不敢进"[②]。最后艾军大胜。又如梁将韦放，在公元 527 年与魏将费穆遭遇，当时"放军营未立，麾下止有二百余人。……放胄又三贯流矢。众皆失色，请放突去。放厉声叱之曰：'今日唯有死耳。'乃免胄下马，据胡床处分。于是士皆殊死战，莫不一当百"[③]。

主将坐在胡床上观察敌我军队情况的例子还有不少。公元 477 年沈攸之举兵叛齐时，"攸之乘轻舸从数百人，先大军下住白螺洲，坐胡床以望其军，有自骄色"[④]。公元 501 年萧衍军攻至建业，其将杨公则"自越城移

---

① 《三国志·魏书·武帝纪》注引《曹瞒传》，第 35 页。

② 《晋书·张轨传》附《张重华传》，第 2242 页。

③ 《梁书·韦放传》，第 423 页。

④ 《南齐书·柳世隆传》，第 446 页。

屯领军府垒北楼，与南掖门相对，尝登楼望战。城中遥见麾盖，纵神锋弩射之，矢贯胡床，左右皆失色。公则曰：'几中吾脚。'谈笑如初"①。又如梁将王僧辩引军攻长沙时，至城下，"乃命筑垒围之，悉令诸军广建围栅，僧辩出坐垒上而自临视。贼望识僧辩，知不设备，贼党吴藏、李贤明等乃率锐卒千人，开门掩出，蒙楯直进，径趋僧辩。……李贤明乘铠马，从者十骑，大呼冲突，僧辩尚据胡床，不为之动，于是指挥勇敢，遂获贤明，因即斩之。贼乃退归城内"②。甚至还有坐在胡床上与敌军战斗的事例。苏峻败后，"（张）健复与马雄、韩晃等轻军俱走，（李）闳率锐兵追之，及于岩山，攻之甚急。健等不敢下山，惟晃独出，带两步戟箭，却据胡床，弯弓射之，伤杀甚众。箭尽，乃斩之"③。

由上面列举的事例可以看出，胡床有两个特点。第一，它是一种便于携带的轻便家具。第二，它是一种坐具，但坐的姿势与中国古代传统的坐法不同，不是席地或在床上那种双足后屈的方式，而是"据"，即"踞"，也就是下垂双腿，双足着地。至于它的名字前面冠以"胡"字，则因为这种家具是由西北域外传来。后面的"床"字常引起后人的误解，把它和现代"床"的概念混淆起来，以为是一种专供睡眠的卧具。有些文学作品中，甚至让匈奴的单于和阏氏一起到"胡床"上睡觉。之所以产生这样的误解，是由于对中国古代床的特点和用途不够了解。其实在汉魏时期，床并不仅仅是用于躺下睡眠的卧具，而是室内适于坐、卧乃至办公、授徒、会客、宴饮等多用途的家具。所以《释名》中是这样释床的："人所坐、卧曰床。床，装也，所以自装载也。"因此，对从域外传来的新式坐具，自然也就称之为"床"了。

胡床传入中国，大约是在东汉末年。《后汉书·五行志》说："灵帝好胡服、胡帐、胡床、胡坐、胡饭、胡空侯、胡笛、胡舞，京都贵戚皆竞为

---

① 《梁书·杨公则传》，第196页。
② 《梁书·王僧辩传》，第629～630页。
③ 《晋书·苏峻传》，第2631页。

之。"① 说明至少在东汉灵帝在位时（168～189 年），胡床已出现在当时的宫廷中。前引曹操坐胡床的例子，是在建安十六年（211 年），也说明灵帝以后到曹魏时期，这种家具日渐流行。

在魏晋南北朝时期，胡床除了用于行军作战，其使用范围相当广泛，几乎在社会生活的各种场合都可以寻到它的踪影，现依据有关史籍，择要举例于下。

胡床用于宫廷。东汉灵帝时已如此，见前引《后汉书·五行志》。南北朝时期，北方宫廷中更常用胡床，如公元 534 年，东魏孝静帝使舍人温子升草敕致高欢："子升逡巡未敢作。帝据胡床，拔剑作色。"② 南方宫廷中使用胡床，还有一则比较特殊的事例：侯景篡梁以后，在宫中"床上常设胡床及筌蹄，著靴垂脚坐"③。

胡床用于家居。因胡床便于移动安设，常常用作庭院中随意安放的坐具。如《北堂书钞》引《郭子》："谢万尝诣王恬，既至，坐少时，恬便入内，沐头散发而出，既不复坐，乃踞坐于胡床，在于中庭晒头，神色傲上了无惭怍相对，于是而还。"《南齐书·张岱传》记岱兄镜曾与颜延之为邻，"（延之）于篱边闻其与客语，取胡床坐听，辞义清玄，延之心服，谓宾客曰：'彼有人焉。'"④

胡床又可用于室内或楼上。如《晋书·庾亮传》记载，"亮在武昌，诸佐吏殷浩之徒，乘秋夜往共登南楼，俄而不觉亮至，诸人将起避之。亮徐曰：'诸君少住，老子于此处兴复不浅。'便据胡床与浩等谈咏竟坐"⑤。又据《语林》，"谢镇西着紫罗襦，据胡床，在大市佛图门楼上，弹琵琶作大道曲"⑥。

---

① 《后汉书·五行志》，第 3272 页。
② 《北齐书·神武纪》，第 14 页。
③ 《梁书·侯景传》，第 862 页。
④ 《南齐书·张岱传》，第 580 页。
⑤ 《晋书·庾亮传》，第 1924 页。
⑥ 《艺文类聚》卷四四引《语林》，第 788 页，中华书局，1965 年。又卷七十引文同，见第 1221 页。又见《太平御览》卷五八三引《语林》，第 2628 页。

　　胡床用于行路。途中可随意陈放坐息，或步行携带，或置车、船中。步行携胡床的例子，见《南齐书·刘瓛传》，"瓛姿状纤小，儒学冠于当时，……游诣故人，唯一门生持胡床随后，主人未通，便坐问答"①。船上携胡床的例子，见《南齐书·荀伯玉传》，"（张）景真白服乘画舴艋，坐胡床，观者咸疑是太子"②。随车携胡床的例子，见《世说新语·任诞》，王徽之路遇桓伊，请其吹笛，"桓时已贵显，素闻王名，即便回下车，踞胡床，为作三调。弄毕，便上车去，客主不交一言"。

　　胡床用于狩猎、竞射等活动中。狩猎活动中用胡床的例子，见《三国志·魏书·苏则传》。魏文帝行猎时，"则从行猎，槎桎拔，失鹿，帝大怒，踞胡床拔刀，悉收督吏，将斩之"③。竞射活动中用胡床的例子，突出的是王济与王恺较射赌"八百里駮"的故事。见《世说新语·汰侈》："王君夫有牛，名八百里駮，常莹其蹄角。王武子语君夫，我射不如卿，今指赌卿牛，以千万对之。君夫既恃手快，且谓骏物无有杀理，便相然可，令武子先射。武子一起便破的，却据胡床，叱左右速探牛心来。须臾炙至，一脔便去。"

　　上述例子讲的都是男子使用胡床，下面再引两则妇女使用胡床的事例。《隋书·尔朱敞传》记载他出逃后，"遂入一村，见长孙氏媪踞胡床而坐，敞再拜求哀，长孙氏愍之，藏于复壁"④。同书《郑善果母传》："母性贤明，有节操，博涉书史，通晓治方。每善果出听事，母恒坐胡床，于鄣后察之。"⑤

　　由以上列举诸例，一方面可以看到当时胡床这种轻便的家具，日常使用得相当普遍，男女均用；另一方面也可以看出它仅是一种临时随便陈设的坐具，它不同于床（当时正式的坐具），也不能代替床的功能。

---

① 《南齐书·刘瓛传》，第 679 页。
② 《南齐书·荀伯玉传》，第 573 页。
③ 《三国志·魏书·苏则传》，第 493 页。
④ 《隋书·尔朱敞传》，第 1375 页。
⑤ 《隋书·郑善果母传》，第 1804 页。

这种轻便的坐具，不用时还可以随手挂在屋壁或柱子上。如曹魏时裴潜"为兖州时，尝作一胡床，及其去也，留以挂柱"①。又如北齐武成皇后胡氏"自武成崩后，数出诣佛寺，又与沙门昙献通。布金钱于献席下，又挂宝装胡床于献屋壁，武成平生之所御也"②。

关于胡床的具体形象，在古代文献中也有记录。南朝梁代庾肩吾有《咏胡床应教》诗："传名乃外域，入用信中京。足欹形已正，文斜体自平。临堂对远客，命旅誓初征。何如淄馆下，淹留奉盛明。"其中"足欹形已正，文斜体自平"二句，道出了胡床的形体特点，说明它与一般四足直立的床不同，胡床的足必须交叉斜置时床体才能平稳。这种交叉的斜足，构成胡床形体的主要特点。也正是根据这一点，胡床在隋代以后改名为"交床"。贞观四年（630年），唐太宗曾讲过："隋炀帝性好猜防，去信邪道，大忌胡人，乃至谓胡床为交床，胡瓜为黄瓜。"③宋程大昌在《演繁露》中也说到"今之交床，制本自虏来，始名胡床。隋以谶有胡，改名交床"。对此，胡三省进行了较详尽的注释："交床以木交午为足，足前后皆施横木，平其底，使错之地而安。足之上端，其前后亦施横木而平其上，横木列窍以穿绳绦，使之而坐。足交午处复为圆穿，贯之以铁。敛之可挟，放之可坐；以其足交，故曰交床。"④如果胡三省的说法可靠，就可以比较清楚地看出，古代的胡床实际就是今天还使用的轻便折叠凳，也就是北京俗称的"马扎儿"。由于缺乏古代的物证，上述论断是否正确尚难判定，以致长期以来人们对胡床的具体形象仍弄不清楚⑤。

近年来的考古新发现中，虽然还没有找到胡床的实物标本，但是已获得了一些有关它的形象资料，人们得以窥知它的庐山真貌。

---

① 《三国志·魏书·裴潜传》注引《魏略》，第 673 页。
② 《北史·后妃传》，第 522 页。
③ 《贞观政要》卷六，第 196 页，上海古籍出版社，1978 年。
④ 《资治通鉴》卷二四二，胡三省注，第 7822 页，中华书局，1956 年。
⑤ 日本人藤田八三曾著文论述过胡床，译文请参看杨鍊译的《古物研究》一书，该书收入商务印书馆抗日战争前发行的史地小丛书中。

　　1973 年在陕西三原县发掘了唐淮安靖王李寿（神通）的墓葬①，墓内石椁表里均雕有精美的图像。石椁内壁均为线雕，内容为乐舞和侍从，其中有一幅刻上中下三列共 18 名穿长裙的侍女，手中各捧席、案、凭几及扇、麈尾等用具，在第三列左侧第二名侍女手上，捧着一张胡床（图一）②。画面上正好刻画出胡床侧面的正视图，可以看清床面和其下交叉的床足，还可看清足端前后施横木的顶端，以及床面向下微垂的绳绦，两端还装饰短短的流苏。在另一幅女侍的线雕图中，也有一个捧胡床的形象，胡床的形制是相同的。

　　李寿墓的发现，启发我们辨认出一则时代比李寿墓更早的考古资料。1974 年，在河北磁县东陈村发掘东魏赵胡仁墓，其下葬年代是武定五年（547 年）③。墓中出土的女侍俑中，有 9 人手持各种什物，其中一人原报告称"右臂挟一几案类物"。现在根据李寿墓的线雕胡床侧视图像，能够

图一　李寿墓石椁线雕侍
　　　　女持胡床（拓片）

图二　东魏墓出土的臂携胡床
　　　　的女侍俑（左侧）

① 陕西省博物馆等：《唐李寿墓发掘简报》，《文物》1974 年第 9 期。
② 何正璜：《话说李寿石椁》，《美术》1982 年第 1 期。
③ 磁县文化馆：《河北磁县东陈村东魏墓》，《考古》1977 年第 6 期。

认出那原来是一张敛折起来的胡床，床面向前，交关的足折平，挟在臂下时一组在上面，一组在下侧，足端的横木露在臂后（图二）。这件标本正体现了胡床"敛之可挟"的方便之处。在北齐墓的壁画中，也有肩扛胡床的图像。例如，太原北齐徐显秀墓右壁的鞍马壁画中，马后有肩扛胡床的侍从（图三）。沂州北朝晚期墓的墓道壁画中，在骑马出猎人物身后也随侍有肩扛胡床的侍从（图四）。

图三　北齐徐显秀墓壁画中肩扛胡床的侍从

图四　沂州北朝晚期墓壁画中肩扛胡床的侍从

除以上诸例外，在敦煌莫高窟第420窟的隋代"商人遇盗"壁画中，还可以看到使用胡床的更生动的图像。这幅画绘在窟顶南部，画面左侧丛山中，坐有一个身擐甲胄、手按长刀的武士，其后环卫着另一些披甲的武士，坐者似为首领，他所坐的正是一张胡床，斜向交叉的床足和上撑的床面，都画得很清楚（图五）。从这一图像，可以看到古人"踞"（据）坐于胡床、垂腿、双足着地坐法的真实情景，自然会联想起前面讲过的在战场上使用胡床的事例来。流传至今的北朝绘画中，也画有胡床的图像，如传杨子华绘《北齐校书图》，就有坐在胡床上的人像。

上面引述的诸例文物，把"敛之可挟""放之可坐"的古代胡床，形

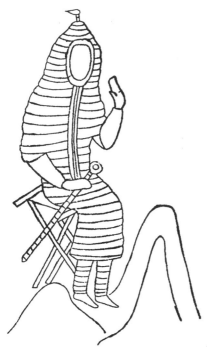

图五　甘肃敦煌莫高窟第420窟武士
坐胡床壁画示意图

象地展现在我们面前，结合有关的文献资料，总该能清除多年来对它的误解了。

最后还要简单提一下，胡床这种坐具，大约是首先在西亚、北非的古代文明中出现的，在古代埃及和罗马，这类家具已经很流行。例如，纽约大都会艺术博物馆所藏埃及第十二至十八王朝的家具中，就有这类折叠凳①。后来经由著名的丝绸之路传到我国。至于它源出于何处，又如何传到中国，还有待中西交通和中外文化交流史的专家来回答。

（原题《漫话胡床——家具谈往之三》，刊于《文物》1982年第10期。后经修改，改今题，收入《中国古兵器论丛（增订本）》，文物出版社，1980年）

①　［埃］穆斯塔法·埃尔－埃米尔：《埃及考古学》，科学出版社，1959年。

日本古坟时代甲胄与中国古代甲胄的关系

一

1982 年冬，在日本奈良的橿原考古学研究所，我观察了由奈良县境内的 12 座古坟中出土的铁甲胄，它们的时代约自公元 4 世纪后半叶至 5 世纪末。出土的甲胄主要是铁质的"短甲"和兜鍪，有的短甲附有颈铠和披膊，"挂甲"只有一例。那些标本是：

1. 橿原市新泽千塚古坟 500 号坟①出土的短甲（图一、一九：1）。

2. 天理市和尔上殿古坟②出土的短甲（图二）。

3. 北葛城郡香芝町别所城山 2 号坟③出土短甲（图三、一九：2）。

4. 高市郡高取町市尾今田 1 号坟出土的短甲。

5. 新泽千塚古坟 508 号坟④出土短甲（图四）。

6. 新泽千塚古坟 173 号坟出土的短甲（图五）。

7. 新泽千塚古坟 139 号坟出土的短甲和兜鍪（图六、七）。

8. 新泽千塚古坟 115 号坟出土的短甲和兜鍪（图八～一〇）。

9. 新泽千塚古坟 281 号坟出土的短甲和披膊（图一一、一二）。

10. 新泽千塚古坟 510 号坟出土短甲（图一三）。

---

① 奈良県立橿原考古学研究所：《新沢千塚古墳群》，1981 年。
② 奈良県立橿原考古学研究所附属博物館：《大和の考古学（常設展示解說）》，1982 年。
③ 奈良県教育委員會：《馬見丘陵における古墳の調査》，1974 年。
④ 奈良県立橿原考古学研究所：《新沢千塚古墳群》，1981 年。

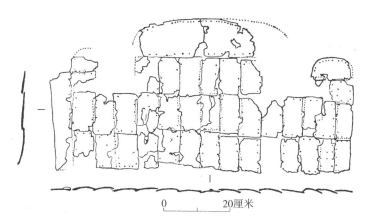

图一　新泽 500 号坟出土Ⅰ2 型短甲

图二　上殿古坟出土Ⅰ2 型短甲

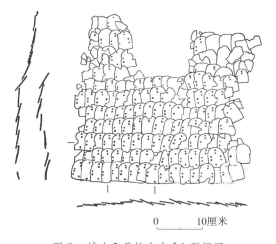

图三　城山 2 号坟出土Ⅰ1 型短甲

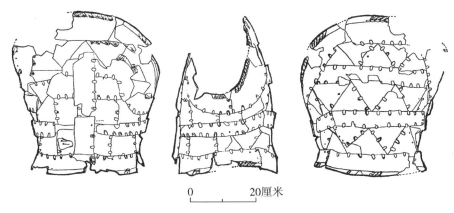

0　　　　　20厘米

图四　新泽 508 号坟出土Ⅲ型短甲

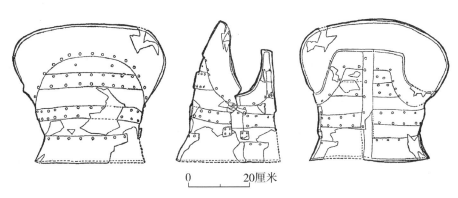

0　　　　　20厘米

图五　新泽 173 号坟出土Ⅴ2 型短甲

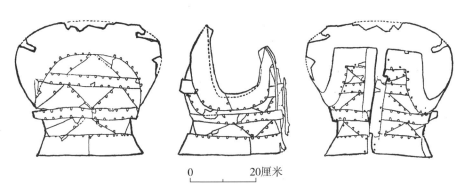

0　　　　　20厘米

图六　新泽 139 号坟出土Ⅳ1 型短甲

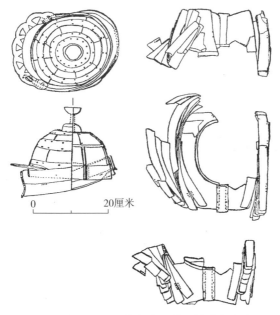

图七　新泽 139 号坟出土颈铠、披膊和兜鍪

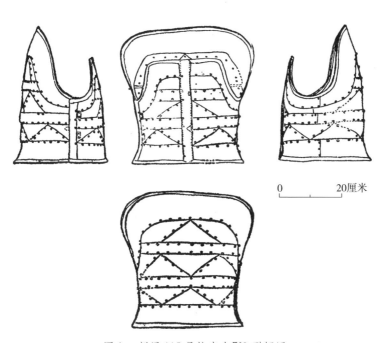

图八　新泽 115 号坟出土Ⅳ2 型短甲

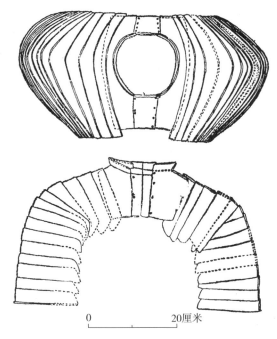

0   20厘米

图九　新泽115号坟出土颈铠和披膊

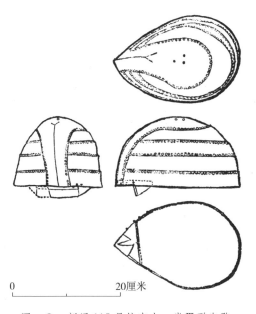

0   20厘米

图一〇　新泽115号坟出土一类Ⅲ型兜鍪

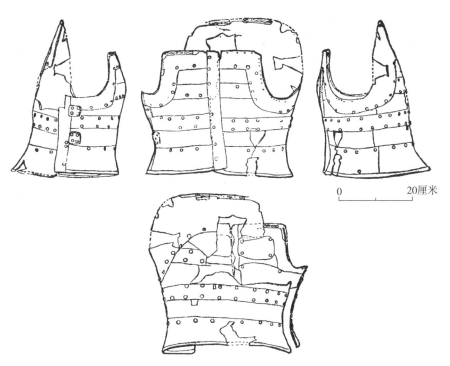

0   20厘米

图一一　新泽281号坟出土V2型短甲

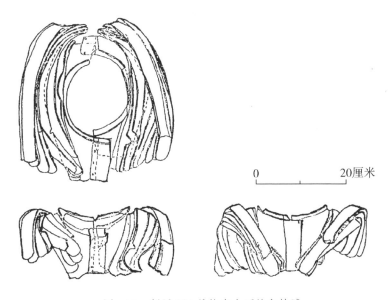

0   20厘米

图一二　新泽281号坟出土颈铠和披膊

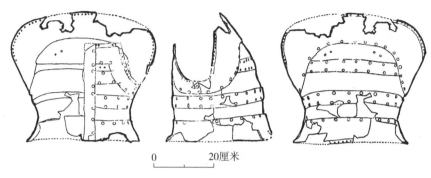

图一三 新泽510号坟出土V2型短甲

11. 新泽千塚古坟109号坟出土的短甲和挂甲（图一四、一五）。

12. 北葛城郡当麻町兵家古坟12号坟①出土的短甲和兜鍪（图一六～一八、一九：3、二〇：1、2）。

同时，我又在京都大学考古学研究室和东京国立博物馆，得以仔细地观察了由大阪府藤井寺市长持山古坟出土的挂甲（图一九：4)② 和由和歌山市大谷古坟③出土的铁马铠（图二〇：3）。在飞鸟资料馆，也观察了在飞鸟寺出土的挂甲④。关于中国与日本两国甲胄细部的不同名称，请参看

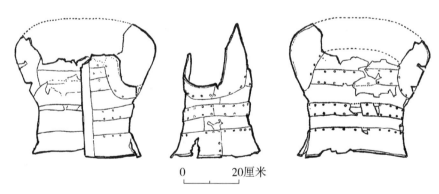

图一四 新泽109号坟出土V2型短甲

① 奈良县立橿原考古学研究所：《兵家古坟群》，1978年。
② ［日］末永雅雄：《日本上代の甲胄》（增補），木耳社，1981年，第452～455页。
③ ［日］樋口隆康等：《大谷古坟》，1959年。
④ ［日］末永雅雄：《日本上代の甲胄》（增補），木耳社，1981年，第126、127页。

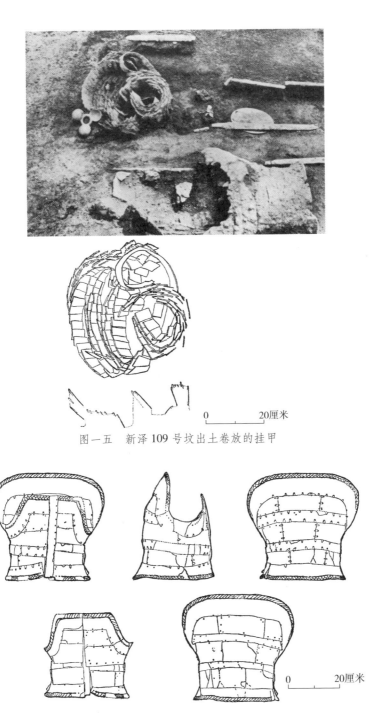

图一五　新泽109号坟出土卷放的挂甲

图一六　兵家12号坟出土Ⅲ型短甲

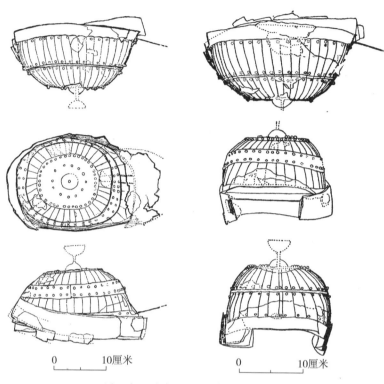

0   10厘米   0   10厘米

图一七   兵家 12 号坟出土二类兜鍪

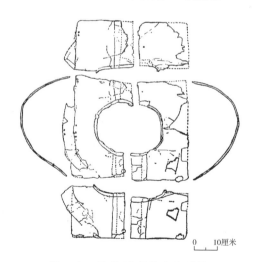

0   10厘米

图一八   兵家 12 号坟出土颈铠

1.新泽500号坟出土Ⅰ2型短甲

2.城山2号坟出土Ⅰ1型短甲

3.兵家12号坟出土带眉庇的兜鍪

4.长持山古坟出土挂甲及兜鍪

图一九　日本古坟时代铁甲胄

下附的中、日两国有关甲胄名称的对照图（图二一）。

　　此外，在关西大学考古学研究室，观察了末永雅雄博士早年精心制作的各类日本甲胄的复原模型（图二二），末永博士还亲自讲解（图二三）。由于有机会这样仔细地观察日本古坟时代铁甲胄的实物，使我加深了对日

1.兵家12号坟甲胄出土情况

2.兵家12号坟出土Ⅲ型短甲

3.大谷古坟出土马面帘

4.穿短甲埴轮

图二〇　日本古坟时代铁甲胄和马面帘

本古坟时代甲胄的认识，从而有可能分析其特点和发展演变的规律，并探讨其与中国古代甲胄的关系。

二

　　日本的古坟时代，一般认为，从公元 3 世纪末开始，一直延续到 7 世

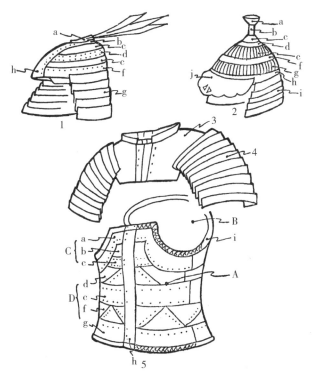

图二一　中国、日本甲胄名称对照示意图
（括号前为中文名称，括号内为日文名称）

1. **带冲角的兜鍪、第一类兜鍪**

   （冲角付胄）：

   a. 缨插（三尾铁），

   b. 顶片（伏板），

   c. 第一排甲片（第一地板），

   d. 第二排甲片（胴卷），

   e. 第三排甲片（第二地板），

   f. 第四排甲片（腰卷），

   g. 顿项（錣），

   h. 冲角（冲角）

2. **带眉庇的兜鍪、第二类兜鍪**

   （眉庇付胄）：

   a. 缨托（受钵），

b. 圆管（管），

c. 底座（伏钵），

d. 顶片（伏板），

e. 第一排甲片（地板第一），

f. 第二排甲片（胴卷），

g. 第三排甲片（地板第二），

h. 第四排甲片（腰卷），

i. 顿项（錣），

j. 眉庇（眉庇）

3. **颈铠（颈铠）**

4. **披膊（肩铠）**

5. **短甲：**

   A. 胸甲（前胴），

B. 背甲（后胴），

C. 上部（竖上），

D. 下部（长侧），

   a. 第一排甲片（竖上1），

   b. 第二排甲片（竖上2），

   c. 第三排甲片（竖上3），

   d. 第四排甲片（长侧1），

   e. 第五排甲片（长侧2），

   f. 第六排甲片（长侧3），

   g. 第七排甲片（长侧4），

   h. 掩襟（引合板），

   i. 包缘（覆轮）

纪末①。从已知的考古发掘资料来看，日本古代在古坟时代以前，还没有发现过金属制造的护甲，仅是在属于弥生时代的遗址里，曾经出土过木甲。有以下三例，一件出土于九州岛佐贺县野田——木杉遗迹，一件出土于静冈县浜松市伊场遗迹，一件出土于奈良县橿原市坪井遗迹②。以静冈伊场遗迹的一件为例，伊场遗迹位于静冈县浜松市西伊场町，在遗迹的壕中出土过弥生后期的木甲，系柳木制成。保留下来的护胸部分，甲高约22厘米；护背的部分略高，约为48.5厘米。木甲表面浮雕有图案纹饰，轮廓鲜明，作风粗犷，除了平行的弦纹和三角状纹外，背甲上还出现有叶脉状图案和类似雷纹形象的复线圆涡状图案，并髹有朱、黑两色漆③。这种色彩鲜艳、装饰性极强的木甲，看来不像是用于实战的防护装具，很可能是举行某种仪式时的用具。

金属制造的甲胄，是迟至公元4世纪时才在古坟中出现的，而且一开始就是铁制品④。古坟中虽有发现过铜甲胄的记录，但仅是孤例。例如，位于大阪府堺市的大山古坟，传为"仁德陵"，曾在1872年发现过铜质鎏金的短甲，但当时又被重新埋了回去，仅留有绘制的图像⑤。从图上看，系由横长的长条状甲片铆合成整体固定的形式，即"横矧板鋲留式"的短甲，从形制看，它不是日本古代短甲最早的形态。看来，使用鎏金的铜铠甲主要是为了华丽美观，并不能说明在使用铁质甲胄以前曾经存在过一个使用铜质甲胄的历史阶段。

日本古坟时代的铁铠甲，从基本类型看，有短甲和挂甲两类，它们也

---

① 关于古坟的分期，可参看〔日〕小林行雄：《古墳がつくられた時代》，《世界考古学大系（3）·日本Ⅲ·古墳時代》，平凡社，1959年。近年来，也有将古坟分期越分越细密的倾向，参看〔日〕森浩一《古墳——石と土の造形》，保育社，1981年；〔日〕今井堯《古墳の様相とその変遷》，《日本考古学む学ぶ学（1）·日本考古学の基礎》，有斐閣，1978年。

② 承橿原考古学研究所菅谷文则先生1983年6月13日来信告知。

③ 〔日〕金関恕、小野山節：《日本原始美術大系⑤·武器 装身具》，講談社，1978年，图版108、109，第173页。

④ 〔日〕小野山節：《古墳時代の装身具と武器》，《日本原始美術大系⑤·武器 装身具》，講談社，1978年。

⑤ 〔日〕末永雅雄：《日本上代の甲胄》（増補），木耳社，1981年，第81～82页，图三五：1。

图二二　关西大学藏日本古代甲胄复原模型

图二三　末永雅雄博士介绍日本古坟时代的短甲模型

正代表了古坟时代铁铠甲发展的两个阶段。短甲是在公元 4 世纪开始出现的，并成为铠甲的主要类型。挂甲则是到公元 5 世纪中叶以后才开始出现于古坟的随葬遗物中，它逐渐取代了短甲的地位，成为铠甲的主要类型，短甲退居辅助的地位。因此，可以把挂甲的出现作为区分古坟时代铁甲胄发展的前后两个阶段的标志。在前一阶段，短甲是主要类型。末永雅雄博士曾作过类型学的研究，分为四类①。在本文中，我把短甲分为五型，以代表它本身的五个发展阶段，现简述于下②。

Ⅰ型：由小型铁甲片用皮索编缀的短甲，又可分为两式。

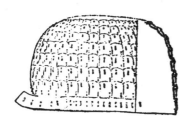

图二四　椿井大塚山古坟出土
由小型甲片编缀的兜鍪

1式：用小型的下缘平直、上缘呈舌状的甲片编成，编法是横排右片压左片、纵列下排压上排，使用的甲片数量较多，典型标本如奈良城山2号坟出土的短甲，甲片高4.5、宽3.6厘米，上缘和左右两侧各有一组纵置的双孔，下缘居中处有一孔。甲身由7排甲片编成，每排约18或19片。左右两侧肩部，又各上缀4排甲片，其间形成半圆状领口。全甲总高约38厘米，宽约40厘米（图三、一九：2）。京都府椿井大塚山古坟，出土过用同样形制甲片编成的兜鍪（图二四），是由纵列7排小型舌状甲片，下排压上排编缀成的，所用甲片较小，日本学者又称这种兜鍪为"小札胄"③。

2式：用中型的长方形甲片编成，一般由纵列三排甲片编成甲身，最上面加缀一块横长的上面两角抹圆的大甲片。典型的标本如奈良新泽500号坟和天理市和尔上殿古坟出土的短甲，新泽500号坟短甲所用的中型甲片，一般高12、宽6厘米，剖面略呈弧形，即"方形板革缀"式（图一、一九：1）。与以上标本形式相同的短甲，还在滋贺县安土瓢箪山古坟出土过，全甲使用的长方形甲片的数量超过40片④。

Ⅱ型：由纵长的长条形大甲片，用皮索横连编成整体固定形式的短

---

① 参看［日］末永雅雄《日本上代の甲冑》（增补），木耳社，1981年，第418页。第一类是金铜装横矧板（鋲留），第二类是铁横矧板鋲留（革缀），第三类是铁三角板鋲留（革缀），第四类是铁竖矧——长方形·方形札（革缀）。

② 关于中、日对甲胄细部的名称，参看本文图二〇（中国、日本甲胄名称对照示意图）。

③ ［日］梅原末治：《椿井大塚山古墳》，1964年。

④ ［日］野上丈助：《古墳時代における甲冑の変遷とその技術史的意義》，《考古学研究》第14卷第4号，1968年3月。

甲。可以山梨县大丸山古坟出土的短甲为代表，该甲通高 42 厘米，由 17 片纵长的甲片编成①。甲片纵长的两侧密布穿孔，多达 10～20 个，然后用皮索与相邻的甲片编联在一起（图二五）。其时代约为公元 4 世纪。这型短甲被称为"竖矩板革缀式"，是出土数量最少的一型。

图二五　大丸山古坟出土Ⅱ型短甲

Ⅲ型：由横长的长条甲片和大型长方形甲片，用皮索连缀成整体固定形式的短甲。从这型短甲开始，日本古坟时代短甲的特征日益明显，形制逐步趋于统一，制作日趋规范化，形成由上段（"竖上"）和下段（"长侧"）共 7 排甲片编成整体固定的形式，背甲高于胸甲，上段第一、三排和下段第二、四排均用横长的整甲片，其余几排则用较小的甲片横列拼缀成排（到Ⅴ型时也改用横长的整甲片），在本型中是用大型的长方形甲片拼缀的。典型标本如奈良北葛城郡兵家 12 号坟出土的短甲，称为"长方板革缀"式（图一六、二〇：2）。典型标本还有岐阜县龙门寺古坟出土的短甲②。奈良新泽 508 号坟出土的短甲，胸甲是这样形制的，但背甲则将大型长方形甲片改换成大型等腰三角形甲片，形成Ⅲ型与下述Ⅳ型的中间形态或过渡形态，又称"三角板、长方板并用革缀"式（图四）。

Ⅳ型：由横长的长条甲片和大型等腰三角形甲片连缀或铆合成整体固定形式的短甲，可分两式。

1 式：是用皮索编缀成甲的，典型标本如新泽 139 号坟出土的短甲（图六），被称为"三角板革缀"式。

2 式：用铆钉铆合成甲，典型标本如奈良今田 1 号坟和新泽 115 号坟

① 参见［日］末永雅雄《日本上代の甲胄》（增补），木耳社，1981 年，第 92～95 页；又见帝室博物馆《昭和十二年十二月古墳発掘品調査報告》，1937 年，第 117～118 页，图版四五。
② 参见［日］金関恕、小野山節《日本原始美術大系⑤·武器　装身具》，第 211 页图版87。

出土的短甲（图八），被称为"三角板鋲留"式。

这一型的短甲是较普遍使用的形制，所以从日本各地古坟的发掘中出土数量较多，据野上丈助在 1968 年统计的 140 例短甲资料中①，Ⅰ型和Ⅱ型短甲合在一起仅有 9 例，不足 7%；Ⅲ型有 11 例，约占 8%；Ⅳ型则多达 55 例，达 39%，其中 1 式有 21 例，2 式有 34 例。出土埴轮所表现的短甲，也常是这一型的，如群马白石稻荷山古坟的短甲埴轮，是模拟着Ⅳ1型短甲的。还有一些古坟上的石刻人像，也是着这型短甲，如福冈高田町石神山古坟的石人②，就是这一例。

Ⅴ型：由横长的长条甲片联缀或铆合成整体固定形式的短甲，也可以分为两式。

1 式：是用皮索编缀成甲的，典型标本如兵库县多纪郡云部车塚古坟出土的短甲③，被称为"横矧板革缀"式。

2 式：是用铆钉铆合成甲的，典型标本如新泽 173 号坟（图五）、281号坟（图一一）、510 号坟出土的短甲（图一三），被称为"横矧板鋲留"式。

这一型短甲中，1 式是较少使用的，主要是 2 式。据上述 1968 年统计的 140 例短甲资料中④，Ⅴ型短甲共 65 例，占 46%，其中 1 式只有 7 例，2 式多达 58 例，从数量上看，它是古坟时代各型式的短甲中出土数量最多的。在武士形象的埴轮所披的短甲中，也常有这型短甲的模拟形象，埼玉县上中条出土的高 63.6 厘米的武士形象埴轮（图二○：4），所披的就是这一型式的短甲。

除了短甲本身以外，还常有附属于它的辅助性防护装具，主要有保护

---

① ［日］野上丈助：《古墳時代における甲冑の変遷とその技術史的意義》，《考古学研究》第14卷第4号，1968 年 3 月。
② ［日］大塚初重：《大和政権の形成——武器武具の発達》，《世界考古学大系（3）·日本Ⅲ·古墳時代》，平凡社，1959 年，图版 52。
③ ［日］末永雅雄：《日本上代の甲冑》（增補），第 83 页。
④ ［日］野上丈助：《古墳時代における甲冑の変遷とその技術史的意義》，《考古学研究》第14卷第4号，1968 年 3 月。

颈肩部分的颈铠，保护肩臂部分的披膊（"肩铠"），以及连缀在短甲下缘下垂以保护腰胯及大腿部分的膝裙（"草折"）。在Ⅰ、Ⅱ两型短甲出土时，没有发现过上述辅助防护装具，自Ⅲ型至Ⅴ型的短甲，有的加辅助防护装具。从出土的情况观察，颈铠和披膊一般是同时配合使用的，出土有颈铠的古坟中常常同时出土有披膊。颈铠是铁板制成，分为左右两部分，中用长条形甲片引合，开有带竖起矮沿的圆形领口。披膊用横长的弧形甲片编成，下片压上片，做活动编缀，可向上推移，连缀在颈铠的左右两肩上。从模拟披铠武士的埴轮来看，披膊也有用小型甲片编缀的。从出土的资料来看，在兵家12号坟中，颈铠、披膊是与Ⅲ型短甲共出的（图一八）；在新泽139号坟中，颈铠、披膊与Ⅳ1型短甲共出（图七）；在奈良塚山古坟中，与Ⅳ2型短甲共出；在新泽281号坟中，与Ⅴ2型短甲共出（图一二）。有时在出土时，颈铠和披膊还附在短甲上。例如大阪府野中古坟出土的一件Ⅴ2型短甲上，就保留着颈铠和披膊套装在上面的原貌（图二六）①。上述诸例说明，Ⅲ型至Ⅴ型的短甲，都有使用颈铠和披膊的。为了保护战士的肩颈，除了加附颈铠和披膊以外，还采用过另一种办法，就是把短甲的背甲从两肩向外延展，形成左右伸出的翼状肩护，以从背后护住双肩。并且在后面背甲正中当颈的部位，向上伸延出一个剖面呈弧形的颈护，用以从背后护住战士的后脖颈。这种带有颈护和肩护的特殊形式的短甲，被称为"襟付短甲"。在大阪府南河内郡美原町的黑姫山古坟中，出土过这种特殊形式的Ⅳ2型短甲（图二七）②。在大阪府藤井寺市野中古坟中，也出土过这种特殊形式的Ⅳ1型短甲③。但是上述两处古坟，都是同时出土多领短甲的较特殊的例子。因此，这是罕见的形式。另外，还有连缀在短甲下缘的膝裙（"草摺"），大多是用小型的甲片做活动编缀，下排压上排，故可以向上推移。福冈县浮羽郡浮羽町德丸的塚堂古坟的出土品，那是一领Ⅴ2型短甲，附有膝裙（图二八），末永雅雄博士曾据此制造了复

---

① ［日］北野耕平：《河内野中古坟の研究》，临川书店，1979年。
② ［日］末永雅雄、森浩一：《河内黑姫山古坟の研究》，1953年。
③ ［日］北野耕平：《河内野中古坟の研究》，临川书店，1979年再版。

原模型①。此外，福冈县的稻童 21 号坟、兵库县的龟山古坟、大阪府的土保山古坟和弁天山 D4 号坟、京都府二子山古坟（南坟）等古坟中，也出土过带膝裙的 V2 型短甲②。

图二六　野中古坟出土附有颈铠和披膊的 V2 型短甲

图二七　黑姬山古坟出土带有颈护和肩护的短甲

图二八　德丸塚堂古坟出土带膝裙的短甲

日本古坟时代铁铠甲的后一阶段，以挂甲为主要类型，出土有挂甲的古坟数量虽然不算少，但保存完整的不多，常常是已经零散的挂甲的甲片，有的还保留着原来卷放的形态。例如，奈良新泽 109 号坟及飞鸟寺遗

① ［日］末永雅雄：《日本上代の甲胄》（增補），第 390~402 页，图版一〇八~一一五。
② ［日］野上丈助：《横剐板形式の短甲と付属小札について》，《考古学杂志》第 56 卷第 2 号，1970 年 12 月。

址出土的挂甲，不过更多的是甲片已零散了。因此，大阪长持山古坟出土的保存较完好的标本就极为珍贵了（图一九：4）。长持山古坟出土的挂甲全长约102厘米，用甲片700~800枚，以其为例，可以看出挂甲有以下特点：一是全甲均由狭长的长方形甲片（高约6、宽约2.5厘米）编缀而成；二是全甲的甲片都做活动编缀，下排压上排，可随意向上活动推移；三是身甲和膝裙用特殊的长条状中腰向内凹曲的腰片（高17、宽2.5厘米）相联缀，并且都是下排压上排的活动编缀。为了增加防护部位，挂甲也附加有颈铠和用小型甲片编缀的披膊，还发现有由小型长条状甲片编缀的臂护（"笼手"）等物。

与铁铠甲共出土的铁兜鍪，主要有两类，第一类是兜鍪的前额带有"冲角"的，被称为"冲角付胄"；第二类是前额带有"眉庇"的，被称为"眉庇付胄"。其中第一类兜鍪出土数量较多，是当时战斗中主要使用的类型。第二类相对来说数量较少，有的装饰较为华美，有金铜质的装饰花纹带，也许表示豪族权势的意义超过实战的功能。关于第一类兜鍪（"冲角付胄"），末永雅雄博士做过类型学的分析①，而后村井嵓雄先生进行过系统的分析研究②，下面根据他们的研究成果，将兜鍪归纳为五型七式，简介于下。

Ⅰ型：顶片以下的四排甲片中，自上而下的第一、三两排（"第一地板"和"第二地板"）由三角形甲片连缀或铆合而成，又可区分为两式。

1式：三角形甲片由革索编缀成整体，被称为"三角板革缀"式，例如大阪府七观古坟、堺市大塚山甲古坟、滋贺县新开古坟出土的带冲角的兜鍪③，都属此式。

2式：三角形甲片铆合成整体，被称为"三角板鋲留"式，例如，佐贺县丸山古坟出土的带冲角兜鍪④，以及兵库县云部车塚出土的带有特大

---

① ［日］末永雅雄：《日本上代の甲胄》（增补），第416~417页。
② ［日］村井嵓雄：《衝角付胄の系譜》，《東京国立博物館紀要》第9號，1973年。
③ ［日］村井嵓雄：《衝角付胄の系譜》，第147~151页。
④ ［日］村井嵓雄：《衝角付胄の系譜》，第151~152页。

异状冲角的兜鍪①。

Ⅱ型：顶片以下四排甲片中，第一、三两排由小型长方形甲片并列横连成整体，又可分为两式。

1式：小型长方形甲片由革索编联，被称为"小札革缀"式，出土数量极少，仅在京都的一座古坟中出有一例②。

2式：小型长方形甲片用铆钉铆合，被称为"小札鋲留"式，在兵库县云部车塚古坟（图二九：2）、宫埼县杉之原古坟（图二九：1）③、京都府久津川车塚古坟④等处都有出土。

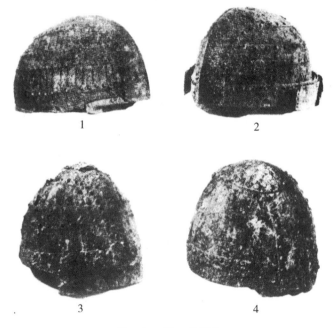

图二九　第一类兜鍪
1. Ⅱ2 型，杉之原古坟出土　2. Ⅱ2 型，云部车塚古坟出土　3. Ⅲ型，传山梨县丰富村出土
4. Ⅴ型，金铃塚古坟出土

---

① ［日］金関恕、小野山節：《日本原始美術大系⑤·武器　装身具》，第210页图版80。
② ［日］村井嵩雄：《衝角付冑の系譜》，第152页。
③ ［日］金関恕、小野山節：《日本原始美術大系⑤·武器　装身具》，图版216、第210页图版81。
④ ［日］村井嵩雄：《衝角付冑の系譜》，第154页图23。

Ⅲ型：顶片以下四排甲片中，第一、三两排使用整片的横长甲片，用铆钉与顶片及第二、四排甲片铆合成整顶兜鍪，被称为"横矧板鋲留"式（图二九：3）。前面引述过的新泽115号坟出土兜鍪，即属此型（图一○）。大阪府长持山古坟的兜鍪，亦属此型。又如爱媛县东宫山古坟、冈山县随庵古坟、姬路市宫山古坟等处都出土过这型兜鍪①。

Ⅳ型：在顶片以下，从外表看还像是下有四排甲片的形式，实际上第一、三排是由内贴的长条形的狭长甲片露出的上部分和下部分，而第二排甲片从外侧铆合在其中部，故此顶片以下实有三排甲片，被称为"竖矧细板鋲留"式。例如大阪府七观古坟、京都府久津川车塚古坟等处都出土有这型兜鍪②。

Ⅴ型：在顶片以下，接一排并列横联的宽体长条形甲片，最下部再连接一整体的横长甲片（"腰卷"），被称为"竖矧广板鋲留"式。这型兜鍪的冲角，有的与顶片是连为一体的整片甲片。例如，埼玉县大宫古坟、千叶县金铃塚古坟出土的Ⅴ型兜鍪（图二九：4），就是这样的冲角③。有的顶片与冲角分制铆合在一起，例如冈山县王墓山古坟、埼玉县真观寺古坟、群马县二子山古坟出土的Ⅴ型兜鍪，都是顶片、冲角分制铆合的④。

第二类兜鍪（"眉庇付胄"）出土的数量比第一类兜鍪少得多，它比第一类出现得迟，而且消失得早，仅流行于公元5世纪至6世纪初⑤。如奈良新泽139号坟出土的兜鍪（图七），它也是由顶片和下连的四排甲片（顶片亦称为"伏板"，其下四排甲片也依次称为"第一地板""胴卷""第二地板""腰卷"）构成，第二、四排为横长的整体长条形甲片，第一、三排多为小型长方形或长条形甲片并列横联，然后与顶片及第二、四排甲片铆合成一体，即"小札鋲留"式或"竖矧细板鋲留"式。也有一、

---

① ［日］村井嵓雄：《衝角付胄の系譜》，第155～161页。
② ［日］村井嵓雄：《衝角付胄の系譜》，第161页。
③ ［日］村井嵓雄：《衝角付胄の系譜》，第164页图36。
④ ［日］村井嵓雄：《衝角付胄の系譜》，图版34、35。
⑤ ［日］村井嵓雄：《衝角付胄の系譜》。

三排也用长条形甲片的，也即"横矧板鋲留"式，新泽139号坟出土的第二类兜鍪即属此式。从兜鍪体的基本结构来讲，它们分别与第一类兜鍪的Ⅱ2型、Ⅳ型和Ⅲ型相一致。在第二类兜鍪顶片（"伏板"）的正中处竖有安缨的缨座（图一七、一九：3），全座由三部分构成，与顶片相接的是一个覆钵状的底座（"伏钵"），其中心向上直竖一圆管（"管"），在圆管顶端托有仰钵体状的缨托（"受钵"）。在前额部位伸出呈半月状的护额的"眉庇"，外缘作成连弧状的花饰，"眉庇"片上有三角状等几何状纹的镂孔，形成装饰花纹带。同时，有的兜鍪上加有金铜饰件，以使外观更加华美，比较突出的例子是长野县妙前大塚3号坟出土的标本，全兜鍪高29.7厘米，是公元5世纪的遗物[①]。在兜鍪顶片及以下几排甲片上，都附贴有金铜饰件，连兜鍪后面缀的顿项（"缀"）的甲片上，也附贴有金铜饰件，顶部的缨座也是金铜的，颇为华丽。另外，也有在兜鍪的金铜饰件上饰有精美的线雕图案的，其中以东京国立博物馆藏的千叶县木更津市祇园出土的一顶最为精美[②]。在兜鍪第二排甲片上，是线雕的花纹带，按兜鍪周围区分为大致相同的十一部分，每一部分中有一组线雕图案，题材有怪兽、鱼和树木等。除此以外，据说在大阪府堺市的"仁德陵"，曾与金铜短甲一起发现过金铜的第二类兜鍪，但已被重新埋了回去[③]。总之，带有华美的金铜饰件的第二类兜鍪，看来装饰的意味更浓，与实战的需求有一定的距离，它们是王室或豪族权势的象征品之一。

综上所述，可以大致勾画出日本古坟时代铁质甲胄发展变化的粗略轮廓。自从公元4世纪铁甲胄开始在古坟的随葬品中出现，到5世纪后半叶为止，是古坟时代铁甲胄发展的第一阶段，其代表类型是短甲，又可区分为发生、发展和成熟三期，各期的特点如下。

发生期，约当公元4世纪后半叶至4世纪末，短甲的主要型式是Ⅰ1型和Ⅰ2型，主要特点是全甲由数量较多的小型甲片用皮索编缀而成，甲

① ［日］金関恕、小野山節：《日本原始美術大系⑤·武器 装身具》，图版185，第179页。
② ［日］末永雅雄：《日本上代の甲冑》（增補），图31、32。
③ ［日］末永雅雄：《日本上代の甲冑》（增補），第53~54页。

片的式样、尺寸和使用的数量都不统一，形制也不固定。此时出土的标本数量很少，说明铁甲虽开始使用，但极不普遍。配合短甲使用的兜鍪，制造工艺的特点与短甲相同，也是用小型甲片编成，出土的标本同样极为罕见。

发展期，约当公元 4 世纪末至 5 世纪中，短甲的主要型式是Ⅱ型至Ⅳ型，Ⅴ型开始出现，所用的甲片尺寸逐渐加大，规格渐趋统一，并且形成两段七排的定制，上段第二排和下段第一、三排甲片由大型方甲片，发展为大型等腰三角形甲片，最后改用横长的长条形甲片（"横矧板"）。制造工艺的主要特点是由用革索编缀转而采用铆接（"鋲留"）固定的方法。同时，配合短甲的辅助防护装具也逐渐完备，开始使用颈铠和披膊。这一时期使用的兜鍪，其工艺特点与短甲相同，主要是第一类兜鍪（"冲角付胄"）的Ⅰ型和Ⅱ型，Ⅲ型开始出现。同时，外观华美的第二类兜鍪（"眉庇付胄"）也在这一时期的晚期开始出现。

成熟期，约当公元 5 世纪中至 5 世纪后半叶，短甲的主要型式是Ⅴ型，Ⅳ型也还使用，主要的工艺特点是铆接固定。附加的辅助防护装备更趋完备，除颈铠、披膊之外，还有的在短甲下缘加缀可以活动推移的膝裙（"草摺"）。兜鍪的型式也以第一类兜鍪的Ⅴ型为主，华美的第二类兜鍪也有使用。

综上所述，短甲的发展大致可归纳为下述四点：其一是所使用的甲片由小型的形制多样向大型固定形制规范化发展；其二是制造技术由革索编缀向铆合（"鋲留"）固定发展；其三是全甲的形制结构由较不定型向两段七排的规范定制发展；其四是配合使用的辅助性防护装具（颈铠、兜鍪、膝裙）日趋完备。总体来看，短甲的形制与工艺的定型和规范化，有利于扩大生产规模，从而可以增加产量。同时，甲胄生产趋于定型和规范化，使军队的防护装具趋于标准化，这有利于组训战士，便于指挥，提高战斗力。在大阪府南河内郡美原町黑姬山古坟①，清理出一个放置甲胄的石椁，

---

① ［日］末永雅雄、森浩一：《河内黑姬山古墳の研究》，1953 年。

出土的铁短甲多达 24 领，其中多数在短甲内部放置有兜鍪，半数以上还放有颈铠和披膊。24 领短甲中，除一领形式不明外，都是铆合固定形式的，计有 V2 型 12 领，IV2 型 11 领（内有一领是特殊形式的"襟付"式的）。出土兜鍪共 24 顶，其中有第一类兜鍪 11 顶，除 3 顶形制不明外，其余均为 III 型；第二类兜鍪 13 顶，除 4 顶形制不明外，有 III 型 3 顶和 II2 型 6 顶。也都是铆合固定形式的[①]。这一发现一方面反映出当时畿内地区豪族所领有的军事力量的强大，同时也反映出短甲生产的定型化和制造技术的成熟[②]。

从公元 5 世纪后半叶开始，进入日本古坟时代铁甲胄发展的第二阶段。标志着这一阶段开始的是铁甲胄的新类型——挂甲的出现，伴随着挂甲出现的还有成套的马具以及马铠。与挂甲同时使用的短甲，一般是 V2 型（"横矧板鋲留"）或是 IV2 型（"三角板鋲留"）的，它们受到重视的程度已不如挂甲。例如，在大谷古坟中，随葬的铁甲胄中，挂甲被放置在石棺中尸骨的头端，短甲则放置在棺外西侧。这一阶段使用的铁兜鍪，除了沿用第一类兜鍪（"冲角付胄"）的 III 型（"横矧板鋲留"）和 II2 型（"小札鋲留"）以外，出现了一种新型的兜鍪，就是 V 型（"竖矧广板鋲留"），据村井嵓雄在 1973 年统计，出有 V 型兜鍪的古坟计有 8 例，伴出的铁铠甲中，除一例是 V2 型短甲、二例型式不明外，其余均为挂甲[③]。上述挂甲与 V 型兜鍪共出的古坟，是大阪府南塚古坟、千叶县金铃塚古坟、埼玉县真观寺古坟、群马县诹取神社古坟和二山子古坟，这些古坟的时代约自公元 6 世纪前半叶到 7 世纪前半叶，因此可以认为，第一类 V 型兜鍪是专门与挂甲配合使用的一种晚期的型式。以后日本历史时期的甲胄，正是在这一阶段的挂甲和短甲的基础上发展形成的。"挂甲"和"短甲"的名称，后来也一直沿用，在东大寺献物账和正仓院文书等古代文献资料中，都可以

---

① ［日］末永雅雄、森浩一：《河内黑姬山古坟の研究》，1953 年。

② ［日］大塚初重：《大和政权の形成——武器武具の发达》，《世界考古学大系（3）·日本 III·古坟时代》，平凡社，1959 年。

③ ［日］村井嵓雄：《衝角付胄の系谱》，第 185 ~ 186 页附表。

看到有关的记录①。直到《延禧式》中，所记录的有关制造、修理甲胄的
制度，仍为挂甲和短甲两类②。

三

通过研究日本古坟时代铁甲胄发展的历史，可以看出前后曾发生过两
次明显变化。第一次是铁质甲胄的出现，也可以说是短甲的出现；第二次
是挂甲的出现，伴随它的是成套的马具突然大量出现。上述两次明显的变
化，分别标志着古坟时代铁甲胄发展的第一阶段和第二阶段的开始。而这
两次明显变化的出现，看来都和中国古代甲胄对日本的影响有着密切的关
系。由于当时的具体的历史条件以及自然地理等因素的限制，上述影响看
来又是以朝鲜半岛为跳板，然后达到日本本土。在古代航海技术不够发达
的情况下，海上航行多需依靠自然的海洋流向和风力，因此由朝鲜半岛东
南端航行到日本比较容易，故此古代中日交通常沿辽东半岛和朝鲜半岛航
行，然后横渡海峡抵达日本③。关于历史方面的因素，两汉时期中国和朝
鲜半岛有密切关系④，而古代日本与朝鲜半岛南端地区的交往也是频繁而
密切⑤，因此汉代的物质文化可以通过朝鲜半岛影响到日本。

在中国古代，至迟在公元前3世纪就使用了由铁甲片编缀的铠甲，现
在已知最早的实物是在河北易县燕下都发现的，在44号墓出土过一顶基本
完好的铁兜鍪⑥，另在第13、21、22号遗址发现铁甲片。仅在1966年对
21号遗址的一次发掘中，就获得261片铁甲片，其中保存完整的达117
片，可以分辨出有些是用于编缀兜鍪的，另一些是用于编缀铁铠的⑦。以

---

① ［日］末永雅雄：《日本上代の甲胄》（增補），第183页。
② 参看《延禧式・兵库寮》，《国史大系》（新订增补）第26卷，1942年。
③ ［日］木宫泰彦：《日中文化交流史》，胡锡年译，商务印书馆，1980年。
④ ［日］大庭脩：《秦漢帝國の威容》，《図説中國の歴史（2）》，講談社，1977年，第173页。
⑤ ［日］井上秀雄：《任那日本府と倭》，東出版，1973年。
⑥ 河北省文物管理处：《河北易县燕下都44号墓发掘报告》，《考古》1975年第4期。
⑦ 河北省文物管理处：《河北易县燕下都第21号遗址第一次发掘报告》，《考古学集刊》第2集，
　中国社会科学出版社，1982年。

后用铁甲片编缀铠甲的技术日趋进步，质量不断提高，使用更加普遍。到了西汉时期，军队中大量装备了各式铁铠甲，从汉长安城武库遗址①和内蒙古呼和浩特二十家子城址②出土的资料，都清楚地说明了这一点。当时已经制造了细密精良的鱼鳞铠，咸阳杨家湾出土的披铠陶俑是年代较早的标本③，而河北满城刘胜墓出土的铁铠是可以复原的实例④。这一时期的皮甲，甲片的形制和尺寸都和同时的铁甲片基本相同，也采用同样的编缀方法，长沙侯家塘西汉墓出土的残皮甲，提供了典型的标本⑤。有关铠甲的考古资料，在西北、北方以及东南沿海等汉代疆域的边远地区不断有所发现，除了上述内蒙古呼和浩特附近的二十家子城址出土的铁铠甲和铁甲片外，在额济纳河流域的烽燧遗址⑥、内蒙古乌兰布和沙漠北部的城址⑦，以及福建崇安城村的城址⑧中，都发现过铁甲片。至于在乐浪地区的墓葬中，也发现过甲胄的资料。在一座出土有印文为"王根信印"的龟纽银印的木椁墓（石巖里第 219 号墓）中，与铁戟、矛等铁兵器和漆弩一起随葬在西边厢内的有一领皮甲⑨，出土时已散乱，可以分辨出原用两种甲片编成，均髹黑漆。一种是长方形甲片，高 7.4、宽 3.2 厘米，上有七组 14 孔，是用来编缀身甲，出土时还保留有纵长约 50 厘米的一段，由上下七排甲片缀成，在宽约 25 厘米的部分横联约 12 片甲片。第二种甲片较短，高 5.4、宽 3.6 厘米，上有四组 8 孔，可能用来编缀披膊或膝裙。在另一座出土有"夫租薉君"银印的土圹墓中，与戟、矛等铁兵器以及弩机等一起出土有

① 中国社会科学院考古研究所汉城工作队：《汉长安城武库遗址发掘的初步收获》，《考古》1978 年第 4 期。
② 内蒙古自治区文物工作队：《呼和浩特二十家子古城出土的西汉铁甲》，《考古》1975 年第 4 期。
③ 陕西省文物管理委员会：《陕西省咸阳市杨家湾出土大批西汉彩绘陶俑》，《文物》1966 年第 3 期。
④ 中国社会科学院考古研究所等：《满城汉墓发掘报告》，文物出版社，1980 年。
⑤ 湖南省文物管理委员会：《被盗掘的古墓葬，是否还值得清理——记 55·长·侯·中 M081 号墓发掘》，《文物参考资料》1956 年第 10 期。
⑥ 夏义普：《内蒙古居延海地区考古研究》，1956～1958 年。
⑦ 侯仁之等：《乌兰布和沙漠的考古发现和地理环境的变迁》，《考古》1973 年第 2 期。
⑧ 福建省文物管理委员会：《福建崇安城村汉城遗址试掘》，《考古》1960 年第 10 期。
⑨ ［日］榫本杜人等：《乐浪汉墓》第二册《石巖里第二一九号墓发掘调查报告》，1975 年。

一些铁甲片①。甲片呈长方形，高10.4、宽3.6、厚0.2厘米，属西汉铁铠甲片分类表中所列一类二型甲片②，与呼和浩特二十家子城址出土的标本中的T85②：2相同③。同墓中还出土有双侧曲刃的青铜短剑和短剑柄饰的石枕状器。"葳"或即"濊"，"夫租"据《汉书·地理志》，为乐浪郡属县之一④。《汉书·地理志》又说："乐浪海中有倭人，分为百余国，以岁时来献见云。"⑤ 这说明在汉代，经乐浪已与古代日本有交往，因此，由这一地区将铁铠或制造铁铠的工艺技术，经朝鲜半岛南端而传往隔海峡相望的日本，是完全有可能的。

为了进一步探讨日本古坟时代突然出现的由小型甲片编缀的铁甲胄与中国甲胄的关系，还应该比较一下两者所使用的铁甲片的形制以及编缀方法的异同。古坟时代铁短甲发生期出现最早的标本，是Ⅰ1型，出土的数量极少。例如，奈良城山2号坟出土的短甲，以及京都椿井大塚山古坟出土的兜錣，所使用的小型甲片都是下缘平直、上缘两角弧曲呈舌状。城山2号坟出土的甲片高4.5、宽3.6厘

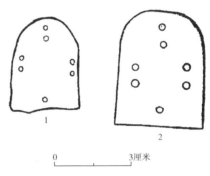

图三〇　中、日铁甲片比较图
1. 呼和浩特二十家子城址出土汉代甲片（T215②：17）　2. 日本城山2号坟出土古坟时代甲片

米，高宽之比为1.25：1。在其上缘和左右两侧各有一组纵置的双孔，下缘居中处有一个单孔（图三〇）。这种型式的铁甲片，属于汉代甲片的二类二型⑥，与它相同的标本在呼和浩特二十家子城址出土的甲片中可以见

---

① ［日］白錬行：《"夫租葳君"印について》，《考古學研究》第14卷第4号，1968年3月；若宫町教育委員會：《竹原古墳》，1982年。
② 参看本书《中国古代的甲胄》表一《西汉铁铠甲片分类表》。
③ 参见《呼和浩特二十家子城出土的西汉铁甲》，《考古》1975年第4期，第255页图11：5。
④ 《汉书·地理志》，第1627页。
⑤ 《汉书·地理志》，第1658页。
⑥ 见本书《中国古代的甲胄》表一《西汉铁铠甲片分类表》。

到，例如标本 T215②：17，高 3.5、宽 2.6 厘米，重 5.2 克①，甲片的高宽之比为 1.3：1（图三○：1）。说明其间应有着一定的联系。除甲片的基本形制外，在编缀技术方面，城山 2 号坟和大塚山古坟都是横排前片压后片、纵编下排压上排的编法，这种编缀方法是汉代铠甲的基本编缀方法之一。一般说来，汉代铠甲的基本编缀方法有两种，横排都是前片压后片，纵编一种是上排压下排，多是固定编缀，常是用来编缀铁铠的身甲部分；另一种是下排压上排，多用于活动编缀，也用于固定编缀。前者常用于编缀披膊或膝裙，后者则是用于编身甲部分的。在呼和浩特二十家子城址东南部窖穴（H28）中出土的一领残铠，就是采用了下排压上排的编缀方法，所使用的大、中、小三种甲片，都是属于汉代甲片的二类二型，只是穿孔的数量由三组 6 孔到六组 12 孔，稍有不同。上述二十家子城址出土的残铠甲和甲片，都是西汉晚期的遗物，至少在公元 1 世纪初期以前。以后在东汉时期，这样形制的甲片和编缀方法继续沿用。通过上面对甲片的形制和编缀方法的分析，大致可以确定，日本古坟时代早期出现的由小型甲片编缀的铁甲和兜鍪，是受到汉代同类铠甲和编缀技术影响的产物②。

值得注意的是，日本的铁甲胄虽是受汉代铁铠影响的产物，但是，很快就走上具有鲜明的民族风格的发展道路。首先是甲片的形制，由与汉代甲片相同的小型、类似舌状的甲片（即 I 型 1 式），发展成中型的长方形甲片（即 I 型 2 式）。例如，新泽千塚 500 号坟出土的中型长方形甲片，高度已是城山 2 号坟甲片的 2.6 倍，甲片的高、宽之比，也由城山 2 号坟的 1.25：1 改为 2：1。但是在编联甲片的方法方面，仍然是用革带编缀的方法。可以看出这一阶段开始引进汉代制造铁铠的技术，还处于仿制阶段。出土实物的数量极少，还说明这种引进的新型防护装备的使用极不普

① 参见《呼和浩特二十家子古城出土的西汉铁甲》，《考古》1975 年第 4 期，第 255 页图 11：28。
② 日本学者也曾论述过大塚山古坟兜鍪与汉代铁铠的关系，并与洛阳西汉墓出土的铁甲片相比，见樋口隆康：《日本人はどてから来たか》，讲谈社现代新书第 265，1980 年。论述城山 2 号坟铁甲片与汉代甲片的关系，参见奈良县教育委员会《馬見丘陵における古墳の調査》，第 4 章第 1 节《城山第 2 号墳出土の札甲》，第 110～113 页。

遍，缺乏与日本民族传统的作战方式等方面的有机结合。但是为了适应日本的民族传统和技术特点，也开始对引进的技术进行适合于自己民族需要的改进，具体的表现就是由小形舌状甲片向中型长方形甲片的过渡。随着以王族为中心的豪族力量的壮大，他们不断加强自己拥有的武装力量，对铁质兵器的需求日趋扩大，同样增加了对防护装备的需求，这就促进了铁甲胄的发展，同时也寻求一条适合日本民族军事传统并且便于扩大生产的新途径，力求在技术方面达到固定化和规范化，以与当时日本的制铁工艺还不够发达的情况相适应。于是沿着已经开始的甲片由小型至中型的趋势，向大型化发展。另一方面改进适于编联小型甲片的皮索缀联技术，改成适用于大型甲片的更牢固的新办法，开始探索把铆接的技术应用于铠甲的制造方面。这样一来，日本的短甲就由开始阶段进入具有自己的民族特征的发展阶段。

铁器制造中的铆合的技术，中国在西汉时期已普遍应用，例如在河北满城刘胜墓中出土的铁暖炉（Ⅰ型）的炉身、承灰盘和三足，是分别锻制后，用铆钉结合成整体。炉身的直壁也是由几部分铆合成圆筒形的[①]。除了暖炉这类较大的器物，一些小型的铁附件（例如把手及合页），也普遍采用铆钉固定的办法，甚至在一些铜合页上也使用铁铆钉[②]。迄今为止，还没有发现用甲片铆合固定的方法制造铁铠的实例。但是，当铆合技术传到日本以后，情况有了很大的变化。从Ⅲ型短甲开始，利用铆合的办法将大型甲片组合成整体固定形式的短甲，并逐渐取代了皮索编缀的方法。大型甲片的应用和铆合固定的技术结合在一起，标志着日本短甲制造技术的日趋成熟，民族特征日益明显。与之相配合的是短甲形制的日趋规范化、定型化，经历了使用中型长方形甲片编缀的Ⅰ2型和纵长的长条形大甲片编成的Ⅱ型短甲的摸索阶段以后，从Ⅲ型短甲开始形成两段七排的固定形式，这是日本短甲制造技术趋于成熟的又一标志。约到Ⅴ型短甲出现，日

① 参看《满城汉墓发掘报告》，第101页，第102页图67。
② 参看《满城汉墓发掘报告》，第115页，第95页。

本短甲进入成熟期。

以日本短甲的发展与中国铁铠发展的情况相比，可看出各有特点。中国铁铠的发展变化概括来看，甲片由大型向中型至小型演进，编缀的方法由以固定编缀为主转向以活动编缀为主，形制由较单一向多样化发展。而日本的短甲相反，在引进的小型甲片、皮索编缀的仿制阶段以后，甲片由小型向中型再向大型演进，组合的方法由皮索固定编缀为主转向以铆合整体固定为主，形制趋向定型的单一化发展。之所以如此，主要是为了减少工艺的复杂程度，力求简易，以达到扩大产品数量、满足不断扩大的豪族武装力量的需求。

就在日本具有民族特色的短甲达到成熟期的时候，又突然发生了另一次明显的变化，挂甲开始出现，伴随它的是成套的马具的大量出现[1]。这一变化的直接原因，一般被认为是由于日本以倭王为中心形成强大的国家以后，扩大了对朝鲜半岛的干预，当倭军与高句丽的军队对抗时，缺乏与高句丽军队的重装骑兵——甲骑具装相抗衡的能力，在接受了失败的教训之后，倭军开始向对手学习，逐渐引进重装骑兵所必需的装备[2]，主要是适于骑兵使用的挂甲和保护战马的"具装铠"，以及成套的完备的马具，可能也同时引进了良种的战马[3]，以想方设法组建自己的骑兵部队。另一方面，倭王开始与东晋南朝建立正式联系[4]。日本古坟时代铁甲胄发展历史上的这第二次变化，是又一次接受了中国甲胄发展的影响，而这一影响还是以朝鲜半岛为桥梁而传到日本的，当时起中转站作用的是高句丽，那是一个最初活动中心在辽宁桓仁地区、以后迁都吉林集安、后期中心移向鸭绿江以南的朝鲜半岛北部的古代民族。

---

① ［日］小野山節：《馬具と乗馬の風習——半島經營の盛衰》，《世界考古學大係（3）·日本Ⅲ·古墳時代》，平凡社，1959 年。

② ［日］籐家礼之助：《日中交流二千年》，张俊彦等译，北京大学出版社，1982 年，第 46～49页。

③ 有关日本引进良种马的资料，可参看竹原古坟的壁画，正表现了用船载运良种马到达日本的情况，见若宫町教育委員會《竹原古墳》，1982 年。

④ ［日］籐家礼之助：《日中交流二千年》。

在论述重装骑兵——甲骑具装由中原传到高句丽地区以前，必须先回溯一下中国古代重装骑兵发展的概况。保护骑兵战马的马铠——"具装铠"大约出现于东汉末年，据曹操《军策令》中的记述，东汉献帝建安五年（200 年）官渡之战时，双方的军队都装备有少量马铠[1]。西晋末年到东晋十六国时期，装备具装铠的重装骑兵有了很大的发展，一次战役中出动的甲骑具装常以千计甚至以万计[2]。这一时期的甲骑具装的具体形象，西安草场坡一号墓出土的一组甲骑具装俑是典型代表，墓中共出土有 14 件高 37.5 厘米的甲骑具装俑，还有一件体披具装铠的陶马，都模印出铠甲的细部[3]。可以看出马具装各部分结构完备，包括面帘、鸡项、当胸、马身甲和搭后，寄生是后插的，现已缺失。面帘看来是由整片铁板制成的，由额达至鼻端，在两颊连有圆形的护板，在额部是微向前倾斜的三瓣状花饰，马的耳、目、口、鼻露在外面（图三一：1）。鸡项、当胸、马身甲和搭后都由长方形小型甲片编缀而成，当胸和搭后都是上下七排甲片。马上骑士所披的铠甲有较高的盆领，身甲也是由小型甲片编缀而成，与西晋的筒袖铠和以后南北朝时流行的两当铠、明光铠不同。头戴兜鍪，顶端有插缨的圆孔。草场坡的甲骑具装，代表了东晋十六国时期流行的式样。东晋永和十三年（即升平元年，357 年）冬寿墓壁画中的甲骑具装图像，特点与草场坡的陶俑相同，特别是马具装的面帘额部的三瓣花饰和护颊的圆形护板（图三一：2），都是具有时代特征的细部结构[4]。到了南北朝时期，甲骑具装的细部结构有了新的变化。北魏甲骑具装，人铠多用两当铠，以后改为明光铠，马具装中的面帘，一般改为耳部穿出孔洞、整套在头上的方式，因此额前不再有微向前倾的三瓣花饰，而在头顶中央上竖装缨的插管。在河北、山西一带的东魏、北齐墓中出土的甲骑具装俑，以及敦煌莫高窟西魏、北周壁画中的甲骑具装图像，都是这种式样的（图三一：

---

① 详见《三国志·魏书·武帝纪》和《袁绍传》。
② 详见《晋书》的《桓彝传》和《石勒载记》《姚兴载记》。
③ 陕西省文物管理委员会：《西安南郊草厂（场）坡北朝墓的发掘》，《考古》1959 年第 6 期。
④ 洪晴玉：《关于冬寿墓的发现和研究》，《考古》1959 年第 1 期。

图三一　马面帘示意图

1. 西安草场坡一号墓陶俑　2. 冬寿墓壁画　3. 吉林集安三室墓壁画　4. 朝鲜德兴里壁画墓墓壁画　5. 敦煌第 285 窟壁画　6. 吉林集安洞沟 12 号墓壁画　7. 河北磁县赵胡仁墓陶俑　8. 朝鲜铠马冢壁画　9. 河南邓县画像砖墓画像砖　10. 江苏丹阳南朝墓拼镶砖画　11. 日本大谷古坟铁面帘

5、7）①。已经发现的南朝甲骑具装图像，马具装的特点和北朝相同。例如，丹阳地区南朝大墓中的拼镶砖画②和邓县彩色画像砖墓中的画像砖③，马具装面帘的细部特征，都是整套在马头上，双耳从孔洞中伸出，颊边不用圆形护板，头顶上竖装缨饰（图三一：9、10），式样与北朝的陶俑和壁画中的马具装相同。对照高句丽墓室壁画中马具装铠的图像，就可以清楚地看出，它具有与东晋十六国时期相同的特征。在吉林集安洞沟墓群的壁画石墓中，在早期的壁画石墓（例如舞蹈、角抵等墓④的壁画）中，还没有表现甲骑具装的画面。从中期开始出现有甲骑具装的壁画，以洞沟 12 号墓（新编号 JYM1894，即"马槽冢"）和三室墓（新编号 JYM2231，即"三室冢"）为代表，中期壁画石墓的相对年代，约在公元 4 世纪中叶至 5 世纪中叶⑤。这一现象表明，在高句丽地区开始传入重装骑兵的各种装备的时期，正是在 4 世纪中叶前后，高句丽从辽宁桓仁迁至吉林集安一带，虽然鸭绿江岸旁有小面积的平原，但仍"多大山深谷，无原泽。随山谷以为居"⑥。而所产的马，据《三国志·魏书·东夷传》："其马皆小，便登山。"⑦ 因此，在高句丽早期没有大规模发展骑兵部队的条件，所产的形体矮小、适于山地的马匹，不适于披上较沉重的具装铠后再背负披铠的骑士作战，因此难于组建重装骑兵。至公元 4 世纪以后，高句丽的活动中心向南移动，形成了以现平壤市为中心的幅员较广的高句丽国家。后一地区有自西汉以来建立的比较雄厚的物质文化基础，有助于提高高句丽的工艺技术水平，并且进一步改进兵器装备的生产。同时，由于当时中原地区处于西晋以后不同民族和他们建立的政权的纷争局面，辽东半岛一带也先后出现过前燕、后燕、南燕、北燕等地方割据政权，各政权内部也不时发生权

---

① 另见本书《中国古代的甲胄》图三一、三二。
② 南京博物院：《江苏丹阳胡桥南朝大墓及砖刻壁画》，《文物》1974 年第 2 期。
③ 河南省文物工作队：《邓县彩色画象（像）砖墓》，文物出版社，1958 年。
④ ［日］池内宏等：《通沟》，1941 年。
⑤ 李殿福：《集安高句丽墓研究》，《考古学报》1980 年第 2 期。
⑥ 《三国志·魏书·东夷传》，第 843 页。
⑦ 《三国志·魏书·东夷传》，第 844 页。

力之争，混乱不堪。一些在权力角逐之中失利的豪族，往往率领家族部曲迁入高句丽境内定居，在政治上依附于高句丽王室，但仍保持有强大的部曲武装力量，他们也接受高句丽授予的官职，但仍保留着原来的各种官职，甚至还加上自封的头衔，以抒发他们仍想统治辽东的梦想，并且还沿用着代表正统的东晋的年号。这正是在当时那种混乱的历史条件下，形成的特殊情况。比较突出的例子是冬寿墓。在前燕慕容皝与慕容仁争夺政权的战争中，慕容仁败亡，司马冬（亦作"佟"）寿于咸康二年（336年）奔往高句丽①。1949年在朝鲜民主主义人民共和国黄海北道安岳发现了冬寿的坟墓，由墓中的墨书铭记可知，他死于永和十三年（即升平元年，357年），到那时已留在高句丽达22年之久②。冬寿墓从形制结构到壁画内容，都保持着汉晋传统，特别是壁画中的人物形象，缺少如舞蹈、角抵等墓中那样的典型的高句丽族服制，不但墓主夫妇和他们的属吏近侍如此，而且连汲水、执炊、碓米的侍婢等也都如此。至于墨铭中所记官职，不是高句丽的制度，也不是他在前燕的原职，而是承袭晋制，即使不是东晋所命，而是冬寿自封的话，他也是自臣于东晋的。过去在平壤车站附近曾发现过一座单室砖墓，墓砖有"永和九年三月十日辽东韩玄菟太守领佟利造"的纪年铭文，而且墓室保留着晋墓的近方形平面、两侧壁微外弧的传统，墓砖也用一丁三顺的砌法③。这也说明当时冬（佟）氏在那一地区是势力相当强大的宗族之一。同时在较冬寿墓稍北的地区，也发现过一些与冬寿墓的特征相近似的壁画墓，墓中壁画内容保持着汉晋传统，同样在人物形象中缺少典型的高句丽服制，例如在平安南道的药水里壁画墓、德兴里壁画墓等④。在德兴里壁画墓中，也保留有与冬寿墓相近似的墨书铭记，但记明墓主接受了高句丽的"国小大兄"的官职⑤，并用了好太王的年号，

---

① 《资治通鉴》卷九五，第3005～3006页。

② 洪晴玉：《关于冬寿墓的发现和研究》，《考古》1959年第1期。

③ ［日］榧木龟次郎、野守健：《永和九年在铭塼出土古坟调查报告》，1933年。

④ ［韩］金基雄：《朝鲜半岛の壁畫古墳》，六興出版，1980年。

⑤ "国小大兄"，有人认为"国"应为"同"字，恐不确。

纪年为永乐十八年（408 年），说明德兴里壁画墓葬入的时间比冬寿墓迟了将近半个世纪，墨铭中使用好太王纪年，并加冠高句丽官职，说明这时高句丽王室对迁入的豪族的控制力比冬寿在世时加强了，也反映出高句丽中央政权力量日益增强。但是墓中墨铭中仍保留着晋代的官制及沿袭中原习俗的"周公相地、孔子择日、武王选时"等迷信套语，依然表明墓主人仍能相对独立地坚持着原有的汉晋传统。此外，除前述东晋永和九年铭墓砖外，还曾在朝鲜半岛发现过不少东晋年号的墓砖，例如明帝泰宁五年（即咸和二年，327 年）、成帝咸和口年（326～334 年）、康帝建元三年（即永和元年，345 年）、穆帝永和八年（352 年）、安帝元兴三年（404年）等①，其中常有与冬寿墓纪年相似之处。东晋已改元，但因路远且有阻隔，以致那里还沿用着原来的年号。这些纪年铭墓砖所显示的信息，应是与冬寿墓相同的。在冬寿墓和与其相近也保持着汉晋传统的壁画墓中，几乎毫无例外地都绘有大幅的墓主乘坐牛车，由武装部曲及属吏、鼓吹护从出行的壁画，而在武装部曲中除步兵外，都有大量甲骑具装的形象，具装铠都是与西安草场坡陶俑相同的早期形态（图三一：4）。由此可见，正是东晋十六国时期迁入的豪族，将甲骑具装引进高句丽，促使高句丽军队的构成突然发生了变化，出现了重装骑兵，并且成为军队的主力兵种，于是在高句丽的中期的壁画石墓中，出现了描绘甲骑具装的画面。例如集安洞沟的 12 号墓（图三一：6）和三室墓（图三一：3），其特点与冬寿墓及德兴里壁画墓的甲骑具装相同，人披由小型长方形甲片编缀的"挂甲"，战马所披具装铠属中原地区的早期形态，马面帘额部有三瓣花饰和护颊的圆形护板。在朝鲜半岛上属于这一时期的高句丽壁画中的甲骑具装的图像，也是与集安洞沟 12 号墓和三室墓的特征相同。在日本的古坟中发现的铁质马具装铠，最典型的资料是和歌山市大谷古坟出土的标本，那具保存完整的铁质马面帘，正是具有中国南北朝以前的早期形态的特征，有额部

---

① ［日］榧木龟次郎、野守健：《永和九年在铭塼出土古坟调查报告》中所附《乐浪、带方郡时代纪年铭塼集录》。

的三瓣花饰和护颊的半圆形护板，正和高句丽墓壁画中马具装铠的形象相同（图三一：11），正好说明这种防护战马的铠甲，是经由朝鲜半岛、以高句丽为跳板引进日本本土的。因为到了公元 5 世纪中叶至 6 世纪初的大谷古坟的时期，中国境内不论是北朝还是南朝，马具装铠的形态都已改用整套在马头上的面帘，已属晚期形态，当时已不用斜倾于额上的三瓣花饰而改用向上竖立装缨的插管了。但是在高句丽地区，当时还在沿用着早期形态的马具装铠。在 5 世纪末至 6 世纪初的高句丽墓室壁画中，马具装铠的形态还延袭着冬寿墓壁画以来的早期形态，马面帘额上有三瓣花饰，并有护颊的圆形或半圆形的护板。例如在朝鲜平安南道的双楹冢[①]和铠马冢[②]等墓壁画中，都有马具装铠的形象，特别是铠马冢中的图像画得较细致，是一匹没有骑人的战马，前侧还题有"冢主着铠马之像"，马面帘画得很清楚，属带三瓣花饰、有护颊板的形态（图三一：8），马后尻上竖有寄生，作竹枝状，上缀红、浅红、绿、褐等色的叶饰。寄生作枝状，也是东晋至六朝初期的特征。前几年在朝鲜半岛南端的釜山市福泉洞发掘的墓葬中，第 10 号墓出土有马具和铁质的马面帘（图三二）[③]；第 11 号墓出土有以纵长的长条形大甲片用皮索编缀的短甲，属于日本短甲的 Ⅱ 型。据认为这处墓地是大约 5 世纪时的古代伽耶的

图三二　韩国釜山福泉洞 10 号墓出土马面帘

① ［韩］金基雄：《朝鲜半岛の壁畫古墳》，六興出版，1980 年。

② ［日］関野貞等：《高句麗時代之遺蹟（図版）》下册，1930 年。

③ ［韩］申敬澈：《釜山福泉洞古墳群遺蹟第 1 次発掘調査概要と若干の私見》，《古代文化》34 卷第 2 号，1982 年 2 月。

墓葬。这一发现对于探讨日本古坟时代由朝鲜半岛引入马具装铠的问题，是很令人注意的资料，由于还没有能看到有关的详细的考古报告，还难以进一步探讨这一问题。过去在朝鲜半岛南端也曾发现过和日本古坟时代特征相同的铁质甲胄，例如，传出土于釜山市东莱区连山洞古坟出土的短甲①，由横长的长条甲片和大型等腰三角形甲片铆合成整体固定的形式，属于Ⅳ2型短甲（图三三）。传还出土过第二类兜鍪

图三三　传韩国釜山连山洞古坟出土Ⅳ2型短甲

（"眉庇付胄"）。以后，又曾在庆尚南道咸阳郡上栢里古坟中出土过短甲②，也属于Ⅳ2型。这些短甲出土的地点，同样属于伽耶境内。在这一地区出土有少量的具有日本古坟时代特征的铁甲胄，应和倭的军事力量参与朝鲜半岛的角逐一事有关，因此一些日本短甲留在伽耶的墓中。

综上所述，可以看出日本古坟时代铁甲胄发展的历史上，前后两次较突然的明显的变化，都应与中国古代甲胄的影响有关，并且都是在接受了中国古代甲胄的影响后，并不是简单的模仿，而是在汲取了外来影响的基础上，进行了适合于日本古代具体条件和技术传统的改进和再创造，逐渐形成具有日本特点的"短甲"和"挂甲"。成套马具的引进也是如此。以上是我在观察了一些日本古坟时代甲胄标本后的一些不成熟的看法，以求教于中国和日本的学者。

（原载《考古》1985年第1期。后收入《中国古兵器论丛（增订

---

① ［日］穴沢咊光、馬目順一：《南部朝鮮出土の鐵制鋲留甲胄》，《朝鮮学報》第76辑，1975年7月。
② ［日］穴沢咊光、馬目順一：《南部朝鮮出土の鐵制鋲留甲胄》。

本)》，文物出版社，1985年)

后记　1982年，我在考古研究所的学术职称还仅是助理研究员，但因日本前辈学者末永雅雄在重新出版他的成名之作《日本上代の甲冑》时，依据我的《中国古代的甲冑》等研究成果，增写了《增补三　中国の甲冑》一章。因此在夏作铭先生和以后王仲殊访日时，几次提出破格邀请我访问日本关西大学大学院和奈良橿原考古研究所。因此我获准于1982年访日。由于末永雅雄、網干善教、石野博信，以及樋口隆康、岡崎敬、大塚初重等日本学者的关心和协助，年轻的菅谷文则、河上邦彦全程陪同，我先后在大阪、奈良、京都、东京等地，能够仔细观察和了解日本古坟时代的大量铁甲冑实物和出土标本。返回北京后，以1982年11月5日在橿原考古学研究所《大和的武器·武具》研究集会上的发言稿为基础，重新写成本文，于1983年7月4日完成初稿。初稿写成后，先拿给王仲殊，他让我送夏作铭先生审阅。作铭先生在1983年9月11日审阅该稿，签注了长篇审阅意见，并在日记中记说"这文值得发表"。此后按夏先生的意见，对初稿进行了较大的修改，将定稿交《考古》月刊发表。现夏作铭先生、王仲殊以及日本方面的末永雅雄、樋口隆康、岡崎敬、網干善教，乃至当时最年轻的菅谷文则诸位，均已仙逝，不胜感慨，谨祈各位冥福。

中国古代的戟

戟，是中国古代战争中经常使用的一种重要的冷兵器。它的出现可以上溯到商代，西周时期有所发展，但是成为军队中主要装备的格斗兵器，则已是迟到东周时期了。历经两汉魏晋，延续将近 8 个世纪之久。由于戟是军中普遍使用的格斗兵器，以致从战国时期开始，常用"持戟"一词作为士兵的同义词。如《史记·平原君列传》中记载，毛遂面对楚王时曾说过："今楚地方五千里，持戟百万，此霸王之资也。"① 又如《史记·高祖本纪》，田肯曾对汉高祖刘邦进言，其中谈道："秦，形胜之国，带河山之险，县隔千里，持戟百万，秦得百二焉。"又说："夫齐……地方二千里，持戟百万，县隔千里之外，齐得十二焉"②。到了西晋以后，戟的重要性日渐降低。及至唐代，戟作为军队中主要格斗兵器的历史已告结束，但保留着仪仗的作用，诸如"门戟"。这种作用一直到北宋还保持着，但作为格斗兵器，则已从战场上被淘汰了。北宋官修的《武经总要》一书中，已经寻不到古戟的踪迹，不过在刀类兵器中出现了一种异形的长柄刀，就是侧边附有月牙状刃的"戟刀"。宋代以后的杂兵器及武术演练中所谓的"戟"，实际上滥觞于戟刀，它们是与古代的戟无关的另一类型。特别是当依照这类兵器的形制设计成戏剧舞台上的道具以后，在一般人的心目中，就认为它是古戟的形象，影响颇为深远，更使人们遗忘了古戟的真实面貌。

---

① 《史记·平原君列传》，第 2369 页。
② 《史记·高祖本纪》，第 282～283 页。

　　由于以上种种原因，长期以来人们难以正确地理解记录古代的戟的文献资料，特别是对《考工记》中所载的关于戟的制度，历代注家各有不同的推测。甚至一些对经学造诣很深的学者，也难以弄清戟的庐山真貌。清代深明小学的戴震在所著《考工记图》中，曾推测着绘出过戈和戟的图像，但它们与古代的实物有较大的差异，就是一例（图一）。为了解决上述疑问，另一些学者开始求助于宋代已出现的金石学，依据传世的古物结合文献来探索古戟的形制，逐渐得出了较正确的结论。从清代直到中华人民共和国成立以前，这样的探索和研究一直持续不断。较早的是清代的程瑶田，曾依据他当时能收集到的古物图像进行考据，他绘出的戟图，已缩小了其与实物间的差距①。后来马衡先生在程瑶田考据的基础上，继续进行着探索②。20 世纪 30 年代初，郭沫若先生也对古戟进行过考证，开始获得了对戈、矛联装的青铜戟的正确的认识③。随着田野考古工作的开展，出土文物为古戟的真实形象不断提供了科学依据，郭宝钧先生利用他亲身

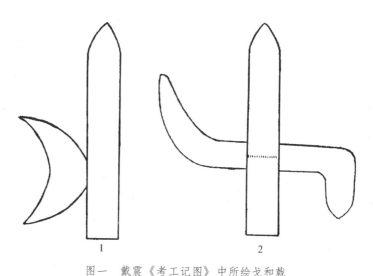

图一　戴震《考工记图》中所绘戈和戟
1. 戈　　2. 戟

①　程瑶田：《通艺录》之《冶氏为戈戟考》。
②　马衡：《戈戟之研究》，《凡将斋金石丛稿》，中华书局，1977 年。
③　郭沫若：《说戟》，《殷周青铜器铭文研究》，科学出版社，1961 年。

参加发掘获得的资料，阐述了有关两周青铜戟的演变等问题①。前辈学者的上述研究成果，为进一步研究中国古代的青铜戟奠定了基础。

近30年来，由于文物考古事业的蓬勃开展，发掘出土的古戟实物日渐增多，因此对它的发生、发展、成熟和衰退的全过程有了较为清楚的了解。根据考古资料可以看出，中国古代的戟大致可以分为两段四期：

第一阶段是青铜时代的戟，这一阶段包括四期中的前两期，即戟的发生期——殷和西周、戟的发展期——东周时期。

第二阶段是铁器时代的戟，这一阶段包括四期中的后两期，即戟的成熟期——战国晚期到汉魏、戟的衰退期——南北朝至唐。唐代以后，古代的戟从战场上被淘汰了。

一　青铜戟的出现

在中国古代，戟这种格斗兵器最早出现在什么时期，还不十分清楚。过去从古文献中所看到的用戟作战的记录，首推《左传》。在《左传》中，经常被引用的用戟的事例如下：

> 隐公十一年（前712年），"郑伯将伐许。五月甲辰，授兵于大宫。公孙阏与颍考叔争车，颍考叔挟辀以走，子都拔棘以逐之。及大逵。弗及，子都怒"。"棘"即"戟"。
>
> 宣公二年（前607年），晋侯饮赵盾酒，伏甲将攻之，后赵盾脱出，灵辄"倒戟以御公徒而免之"。
>
> 宣公二年（前607年），郑宋战于大棘，"狂狡辂郑人，郑人入于井。倒戟而出之，获狂狡"。
>
> 襄公十年（前563年），晋伐偪阳之战中，"狄虒弥建大车之轮，而蒙之以甲，以为橹。左执之，右拔戟，以成一队"。

---

① 郭宝钧：《戈戟余论》，《历史语言研究所集刊》第5本，1935年。

襄公二十三年（前550年），"（范）鞅用剑以帅卒，栾氏退，摄
车从之。遇栾乐……乐射之，不中；又注，则乘槐本而覆。或以戟钩
（钩）之，断肘而死"。

除了上述用戟作战的记录外，谈到有关戟的具体形制和制作规范的文
献，则是《考工记》，这是春秋时期齐国的一部官书①。根据上述文献，过
去常认为戟是出现于春秋时期。20世纪30年代，在考古发掘中获得了西
周时期的青铜戟，雄辩地说明，用戟的历史可以上溯到西周时期。那么戟
的出现是否应该更早呢？1973年，在河北藁城台西村商代遗址的一项考古
发现，为探讨这一问题提供了重要的实物证据。

在台西发掘的商代墓葬中，有一座（M17）的随葬品以兵器为主，有
铜戈、铜戟、铜刀，还有石斧和石钺等器物，在墓主人尸骨两侧都放有青
铜兵器。右侧放置的是一柄铜
戈，銎内，木柲长87厘米。左
侧放置的兵器值得注意。在一件
长64厘米的木柲顶端，安有青
铜矛，柲端插入矛銎内，在矛下
的木柲上又横装一青铜的戈头，
戈刃与柲呈直角。木柲呈扁圆
形，虽已腐朽，但痕迹清晰②。
很明显这是一柄用木柲联装的
戈、矛合体的戟，它是现已发现
的这类兵器的最早形态（图二）。
台西遗址的时代约当商代早期，
在公元前16世纪至公元前13世

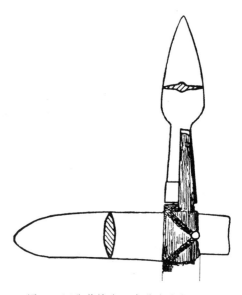

图二　河北藁城台西商墓出土戈
矛合体铜戟

① 郭沫若：《考工记的年代与国别》，《沫若文集》第16卷，人民文学出版社，1962年。
② 河北省博物馆、河北省文管处台西发掘小组：《河北藁城县台西村商代遗址1973年的重要发
　现》，《文物》1974年第8期。

纪。因此，铜戟开始出现的时期，至少在距今3000年以前（图三：1）。

在商代军队中，主要装备的格斗兵器，是直刺的矛和用于勾杀、横啄的戈，可能是出于增强兵器效能的目的，开始尝试把上述两种兵器结合在一起，使它既可扎刺又能勾击，因此戟开始产生。从藁城台西出土的标本考察，它仅仅是简单地用木柲将戈和矛联装在一起，戈和矛还是原来的形制和大小，并没有根据联装后使用的特点在形制方面进行改进，因此并未形成有机的整体。且木柲很短，仅64厘米，属于当时"短兵"的范畴，在格斗中不及长柄的戈或矛重要。在全国各地商代遗存的多次发掘中，至今获得的仅有台西的一例，这说明当时或许是改进兵器效能的一次尝试，

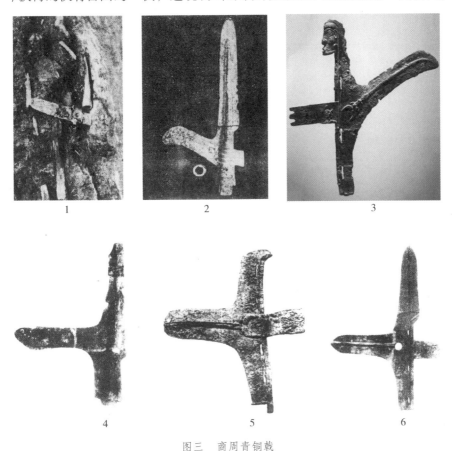

1　　　　　　　2　　　　　　　3

4　　　　　　　5　　　　　　　6

图三　商周青铜戟
1. 藁城商代铜戟　2. 胶县西庵西周铜戟　3. 灵台白草坡西周铜戟　4～6. 浚县辛村西周铜戟

既未能形成定制，也没有广为应用。因此台西出土的戈矛联装戟，只应被视为青铜戟的雏形。

台西商墓中出现的以木柲联装戈、矛的尝试，看来在周人灭商后并没有继续实践下去。也许是周氏族有着与商族不同的风格，于是出现了把戈、矛的特点合成一种新型兵器的尝试，那就是在铸造时就把矛刺和戈体合铸成一体。这种整体合铸的青铜戟，开始在田野考古中被发现，是在河南浚县辛村西周墓的发掘中。以后陆续有新的发现，都是在墓葬的发掘中获得的，现已公布资料的较重要的发现有下述各项，按出土先后简述如下。

1932～1933年，对河南浚县辛村西周墓地进行过4次发掘，先后清理了墓葬80余座，在其中的M2、M4、M8、M29、M42等墓中，都发现有合铸的青铜戟，共计30余件（图三：4～6、图四），① 以M42中出土的数量最多，在那座墓中，至少随葬有23件青铜戟，而且许多戟都两两相似，各自成对。

1934～1937年，在陕西宝鸡斗鸡台的沟东区发掘的西周墓中，于MA8中获得一件青铜戟②。该墓早经盗扰，伴随铜戟出土的还有残存的铜戈和甲泡等器物。

1958年6月，在陕西宝鸡桑园堡发现一座已被破坏的西周墓，出土的青铜器中，有一件青铜戟③。

1963年，在陕西岐山贺家村发掘了54座中小型周墓，只在其中一座墓（M31）里有一件青铜戟（图五：4）。这座墓的年代，下限不迟于成王时期④。

1964年以来，在河南洛阳庞家沟陆续清理了300余座西周墓，其中的M139出土过两件青铜戟。与这两件戟同时出土的还有车马饰、甲泡和大

① 郭宝钧：《浚县辛村》，科学出版社，1964年。
② 苏秉琦：《斗鸡台沟东区墓葬》，国立北京大学出版部，1948年。
③ 程学华：《宝鸡扶风发现西周铜器》，《文物》1959年第11期。
④ 陕西省考古研究所：《岐山贺家村周墓发掘简报》，《考古与文物》1980年创刊号。

量兵器，仅铜戈即有较完整的 14 件，残戈援有 23 件之多。墓葬的时代上限当西周早期，下限不会迟于西周中期①。

1967 年和 1972 年，在甘肃灵台白草坡先后发掘了 9 座周墓和一座车马坑。M2 出土了两件铜戟，其中一件形制特殊，戟刺铸成人头状銎（图三：3）。墓葬的年代约为康王时期，至迟不晚于昭王②。

1970 年，在陕西宝鸡峪泉发现了一座西周早期墓，出土过一件青铜戟，伴同出土的兵器还有 6 件铜戈和一件弓柲③。

1973～1974 年，在北京西南郊房山县琉璃河镇附近的黄土坡、董家林一带，发掘了 7 座西周墓和一座车马坑。在其中的 M52 出土过一件青铜戟，内上有铭文四字。同墓中出土的青铜兵器，还有戈四、矛一、剑一以及镞和盾饰。墓葬的时代约当成康时期④。

1975 年，在北京昌平白浮村附近发掘了 3 座西周木椁墓，其中两墓（M2，M3）都出土有青铜戟，共 9 件，但只有 6 件较完整。内有两件戟援勾曲，戟内下卷，形制特殊。墓葬的时代属西周早期⑤。

1976 年，在山东胶县西庵发掘了一座西周车马坑，在车舆上发现一件青铜戟⑥。这座车马坑的时代，约当西周早期（图三：2）。

现仅据上述发掘已公布资料的这 53 件青铜戟，对它们的式样加以分析，大致可以分成两类。

第一类，以銎装柲，推测它们可能是以矛为主体，在侧旁加铸戈援而组成的新型兵器。这类戟发现很少，依其具体形制，又可区分为二型。

一型：无内。仅在浚县辛村 M2 发现过一件（M2：42）。在体长 27.4 厘米的戟刺一侧，接近刺叶基部处，横伸出戟援，援下的胡延伸贴附在刺

① 洛阳博物馆：《洛阳庞家沟五座西周墓的清理》，《文物》1977 年第 10 期。
② 甘肃省博物馆文物队：《甘肃灵台白草坡西周墓》，《考古学报》1977 年第 2 期。
③ 宝鸡市博物馆：《陕西省宝鸡市峪泉生产队发现西周早期墓葬》，《文物》1975 年第 3 期。
④ 琉璃河考古工作队：《北京附近发现的西周奴隶殉葬墓》，《考古》1974 年第 5 期。
⑤ 北京市文物管理处：《北京地区的又一重要考古收获——昌平白浮西周木椁墓的新启示》，《考古》1976 年第 4 期。
⑥ 山东省昌潍地区文物管理组：《胶县西庵遗址调查试掘简报》，《文物》1977 年第 4 期。

銎旁，援长 15.7 厘米，援与柲的夹角为直角。以銎装柲，銎孔直达刺锋端，銎侧有用以固柲的钉孔。形体较厚重，重 597 克，应为实用的兵器（图四：2）。

二型：有内。亦仅发现一件，出土于山东胶县西庵车马坑。戟刺长 29 厘米，形似长身窄叶矛，脊侧有血槽，在銎侧伸出上翘的戟援，援锋微下卷，在援基接銎处，銎上有四周凸棱，似起加固作用，棱后接一短方内。銎上前后各有二钉孔，用以固柲。銎口呈椭圆形，下沿左右两侧还各下伸一方形夹板，也是用来夹固住戟柲的。

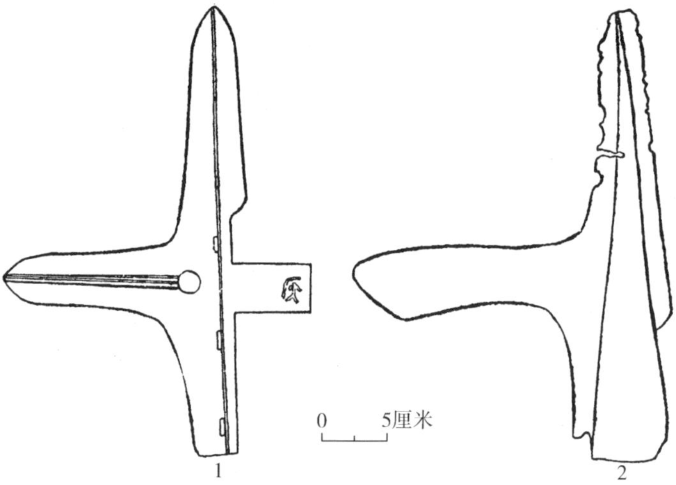

图四　河南浚县辛村出土西周青铜戟
1. M2：81　2. M2：42

第二类，长胡多穿，有内，上加铸扁体的戟刺，援宽有脊。推测它可能是以戈为主体，上端加铸扁刺组成的新型兵器。已发表的西周合铸铜戟，绝大多数属于这一类。由于横延的前援后内与纵伸的上刺下胡交叉呈"十"字形状，又往往把这类戟形容为"十"字形戟。依据刺援比例及戟刺式样等不同，又可分为二型。

一型：戟援较短且较宽，近于等边三角形，中脊处常有脊棱，后联一较大的圆穿，援锋呈舌状。援的上刃弧曲上折，与刺刃相连；下刃向下弧曲，与长胡相连。胡较长，有阑，阑向上延伸，成为戟刺的中脊。刺脊两侧为扁平的刺叶，前侧叶刃向下，与上弧的援的上刃相连成一体；后侧叶刃在近刺体一半处垂直内收成一折角，装柲时用来抵住柲端。内较短窄，呈矩形。在阑侧刺部一穿，胡上一至二穿，与援基的圆穿一起，用以缠绳固柲。有的戟上在内部铸有铭文，如辛村出土的"侯"戟（M2：81）（图四：1）、"𤦺"戟（M2：90）均如此。属于这一型的戟，辛村至少有15件，还有庞家沟的两件和白草坡的一件。这型戟从整体来看，高度（即从刺至胡的纵长，下同）都大于宽度（即由援到内的宽度，下同）。例如辛村M42：12号戟，高19.7、宽15.8厘米；辛村M2：81号戟，高27.35、宽18.85厘米；庞家村M139：5号戟，高24.6、宽18.6厘米；白草坡M2：22号戟，高23.1、宽15.5厘米（图五：3）。它们的高宽之比为4：5至2：3。

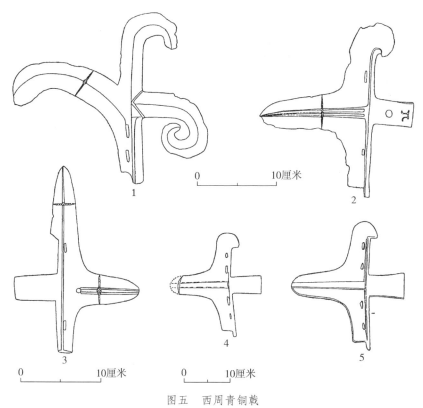

图五　西周青铜戟

1、2. 北京昌平白浮出土　3. 甘肃灵台白草坡出土　4. 陕西岐山贺家村出土　5. 陕西宝鸡斗鸡台出土二型：戟援较一型稍长，也有中脊，长胡方内，有阑，但戟刺无尖锋，扁体，后侧与阑平齐、无刃，前缘与戟援的上刃相连，锋端向后反卷呈钩状，所以过去多称它为"钩戟"。实际上戟锋的反钩与一型戟刺体后下侧的折角一样，是用来抵住柲端、用以固柲的。这型戟在援脊基部有的有圆穿，也有的把圆穿后移到内上。阑侧多有四穿，二穿在胡上，另二穿在刺侧，上下对称。也有的只有二穿，上下各一穿。属于这一型的戟，辛村出土的不少于 21 件，昌平白浮有 4 件，此外，斗鸡台、峪泉、琉璃河、桑园堡各有一件。从整体来看，这型戟的高与宽的尺寸大致相近。如辛村 M29：17 号戟，高 17.2、宽 19.8 厘米；辛村 M40：102 号戟，高 26.7、宽 26.4 厘米；斗鸡台墓 A8 戟，高 21、宽 20 厘米（图五：5）；白浮 M2：35 号戟，高 20、宽 21.5 厘米（图五：2）。它们的高宽比均约为 1：1。

除以上两型外，第二类戟中还有几件形体特殊的异形戟。在昌平白浮墓 2 出有两件，戟援上翘，而援锋又向下回卷，向上伸延的戟刺也向后反卷成卷钩，戟内末端也向下勾曲反卷而成卷花饰。阑仅及戟内下缘，刺上无穿，只在胡上设二穿（图五：1）。其中 M2：33 号戟，高 24.5、宽 21 厘米。另一件是甘肃灵台白草坡出土的 M2：30 号戟，其戟援上翘而锋端勾曲，中有脊棱，棱基饰一牛首。戟刺顶端无锋，铸成一个浓眉巨目、披发卷须的人头像，他的脖颈铸成椭圆形的銎孔，用来接插柲端。方内，内末歧出三齿，内面上饰有牛首图像。长胡有阑，胡上二穿，刺侧一穿。戟高 25.5 厘米，重 275 克（图三：3）。上述异形戟造型奇特，不便作战，因此它们不是实战用的格斗兵器。

通过以上分析，已可了解西周时期青铜戟的概貌。同时还应注意到青铜戟常是伴同其他青铜兵器和车马具一起出土的，特别是在山东西庵的西周车马坑中，青铜戟是与戈、箭镞和盾饰等一起放置在驷马战车上的，说明它是用于车战的格斗兵器。在出土有铜戟的昌平白浮 M2 中，放置有铜车軎、辖、辕等车器和辕马用的镳、衔、銮、当卢、马冠等，也表明这类兵器和车战有关。其他如宝鸡的桑园堡和峪泉、岐山贺家村、灵台白草坡、北京琉璃河等处出铜戟的墓中都出有铜车马器，洛阳庞家沟 M139 虽经过多次盗掘，但不少车马器还是与铜戟一起残存下来，这些劫余的铜车马饰有车衡末的矛状饰、铜銮和一些马镳上的铜泡。由以上资料可以说明，西周时期这种新型的兵器是为进行车战而铸造的。

但是还应注意到另外一些情况。首先应注意到青铜戟虽然在陕、甘、豫、冀、鲁等省都有发现，但是出土的数量很少，而且多集中于少数中型以上的墓中，特别是较大型的墓葬里。如浚县辛村的 M42，虽遭多次盗掘，但还出有二类一型戟 3 件和二型戟 20 件之多，几乎接近已经发表的铜戟总数的一半。又如辛村出土带有"侯"字铭戟的 M2 中，被盗后劫余的"侯"戟达 7 件、"狄"戟 3 件，共计 10 件之多。昌平白浮 M2 出有较完整的戟 5 件，另还有两件残缺过甚，总数达 7 件。而在中、小型墓中，铜戟则罕见。例如在陕西长安沣西历年发掘的西周墓中，出土过较多的青铜兵器，主要是戈，也有矛和短剑，但很少见到戟。岐山贺家村发掘的 54 座中小型墓中，仅在随葬遗物丰富的 M31 中获得了一件青铜戟。其次应注意到在出土有戟的墓中，除特殊的例子如辛村 M42 外，戟与和它伴出的其他兵器的数量，特别与主要格斗兵器铜戈相比，常是相差悬殊的。如在洛阳庞家沟 M139 中，出土有两件二类一型戟，同时还发现有各式铜戈 14 件，以及残戈援至少 23 件。灵台白草坡 M2 中出土有二类一型戟及异形戟各一件，但同时出土的各式铜戈达 21 件之多。在昌平白浮 M2 中，存有残整铜戟共 7 件，伴同它们出土的铜戈有 19 件。最后还应注意到出土的铜戟中，有相当数量的是体轻质薄的仪仗用具。例如，辛村 M42 中，出土的二类二型戟虽达 20 件之多，但其中只有以 M42：102 号戟为代表的 4 件，形体厚重，体厚 0.45 厘米，重 594 克，属于实用的格斗兵器。其余的戟都较它为小，有 8 件高 21.2 厘米，属中型；另有 8 件更小，属小型。它们都两两相似，各自成对，不适于实战，应系仪仗用具。至于同墓出土的 3 件二类一型戟，高、宽均不及 20 厘米，重仅 131 克，也属于体小质轻的仪仗用具。辛村 M2 出土的"侯"戟以 M2：81 号为代表，仅厚 0.1 厘米，重 156 克。以它与辛村出土的标准实用铜戈相比，如"成周"戈（M42：80）的体厚为 0.55 厘米，重 281 克。对比之下，可以看出"侯"戟和与它相似的

"**〤ᐅᐞᐞ**" 戟显得过于轻薄，也应是仪仗用具。再如灵台白草坡 M2 出土的二类一型戟（M2：22），亦较轻薄，仅重 130 克，而同墓中出土的实用的铜戈，一般都重 250 克以上，较重的则超过 400 克。看来其中埋葬的 M2：22 号戟也难用于实战。至于同墓出土的刺作人头鋬的异形戟，自然更可肯定是仪仗用具，它那末端歧出三齿的内上，阴刻有牛首图案，应为一种徽识。和它具有相同特征的内，且上面也有牛首徽识的戟，曾在洛阳庞家沟出土过一件残器①，援部已失，看来也应是仪仗用具。另两件援、内、刺都卷曲的异形戟，出自北京昌平白浮 M2。该墓还出土有罕见的西周甲骨，是一位中年女性，由出土的大量兵器来看，她生前是一位统兵的将领，这两件异形戟应是她的仪仗用具。由于不少资料在发表时没有提供标本的重量，甚至缺少尺寸，因此难以确定它们是实用兵器还是仪仗用具。但是仅据上述可以分析的资料，在已发表资料的青铜戟中，已可看出真正可供作战使用的也许只占总数的三分之一。

与当时主要格斗兵器铜戈相比，西周时期的刺援合铸的青铜戟出土数量太少了，特别是像一类一型和二型青铜戟，都仅存孤例，这一现象说明，这种兵器的使用极不普遍；同时也说明它还处于探索阶段，以至于未成定制。特别是以鋬装柲的一类戟，勾击时似易脱柲②，所以难于发展。由于是不成功的尝试，所以它的踪迹很快就消失了。另外，这种兵器的第二类，虽然比第一类出土的数量多，但多为体轻质薄的仪仗，很可能是由于工艺方面的原因。因为刺胡与援内相交叉呈"十"字形，增加了铸造的困难，特别是因为青铜质脆易折，使铸造铜戟的困难加大，工艺更加复杂。工艺复杂而又易损坏，既不适于大量生产，又不适用于实战，就加速了这种尝试不能成功的过程，以致这种合铸的戟在西周晚期就逐渐消失了。

综上所述，可以得出以下结论：

---

① 洛阳市文物管理委员会：《洛阳市北窑庞家沟出土西周铜器》，《文物》1964 年第 9 期。

② 郭宝钧先生主张此说，见氏著《中国青铜器时代》，生活·读书·新知三联书店，1963 年，第 178 页。

（一）西周时期出现的援刺合铸的青铜戟，是当时人们企图把两种兵器的性能结合在一起的尝试。

（二）由青铜戟较罕见，及它在形体方面分成两类四型的特点可以看出，这种新型兵器还处于未定型的探索阶段。

（三）试制青铜戟是为了在车战中使用，从西庵战车上出有实用的青铜戟来看，这种新型兵器确曾在战争中使用过。

（四）出土的青铜戟中，很大一部分或质轻体薄，或形制奇异，都不适于实战，只能充作仪仗用具。

（五）由于形体方面的弱点和铸造工艺过于复杂，决定了这种兵器没有发展前途，因此它在出现后不久就被淘汰。

既然把援、刺合铸的尝试是不成功的，人们就另外探索可以把戈、矛这两种兵器的功效结合在一起的别的办法，于是前面已经讲到的商代已萌发的用柲把戈、矛结合成新的类型的做法，又被重新选来应用，使这类兵器的试制和使用步入一个新的阶段，进入它的发展期。至于在西周时期是否继续进行过用柲联装戈和矛的试验，现在还不清楚。不过在边缘地区的一些古代民族中，曾经有过类似的尝试。例如1960年在四川彭县竹瓦街出土的窖藏铜器中，就发现一件上铸鸟纹的戈、刺分铸的青铜戟[1]。1980年又在竹瓦街出土过窖藏铜器，其中也发现过那种类型的戟（图六），援和刺上都饰有目纹和蝉纹，共两件，有一件的戟刺已失[2]。上述铜戟的时代，相当于西周末期或春秋初期，即蜀杜宇氏统治的晚期。这些戈刺联装的戟，不论它的形制还是它们的纹饰，都具有鲜明的地方特点，它们和中原的周文化是否有联系，还须再作探讨。

二 青铜戟的发展

进入春秋时代，当时的文献中开始出现用戟格斗的记述，前面引用过

---

① 冯汉骥：《四川彭县出土的铜器》，《文物》1980年第12期。

② 四川省博物馆等：《四川彭县西周窖藏铜器》，《考古》1981年第6期。

的《左传》中，子都拔棘（戟）逐颍考叔、灵辄倒戟护赵盾等事例，都说明戟在那一时期已成为常用的格斗兵器。因此在《考工记·庐人》中，它已和传统的主要格斗兵器戈、殳和矛并列在一起。而在春秋以前，戟虽然已经出现，但并不是重要的格斗兵器，所以在文献中出现的有关兵器的记述中，还找不到它的名字。如《尚书·牧誓》："称尔戈，比尔干，立尔矛，予其誓。"[1] 只讲戈、矛，说明西周初年它们是主要格斗兵器，戟还没有资格和它们并列在一起。正是因为戟在春秋时期已经是重要的格斗兵器，所以在《考工记》中，对它的具体形制有着比较清楚的记述。《考工记·冶氏》："戟广寸有半寸，内三之，胡四之，援五之，倨句中矩，与刺重三锊。"关于戟的全长，《考工记》也有记述，在论及"车有六等之数"时，指出"车戟常，崇于殳四尺，谓之五等"。当时"八尺曰寻，倍寻为常"，而"人长八尺"，所以车戟的长度超出人体高度一倍。在车战使用的格斗兵器中，车戟的秘比戈和殳长，但比矛要短。

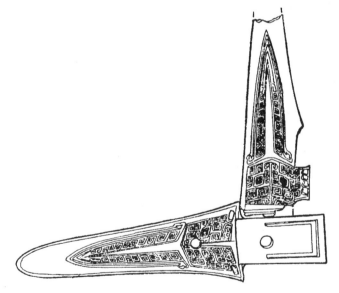

图六　四川彭县竹瓦街出土青铜戟

[1] 《尚书·牧誓》，中华书局影印《十三经注疏》，1980年，第183页。

　　《考工记》中关于戟的这些相当明晰的记述，虽然保存下来了，但是在战国末年铁戟开始出现在战争舞台上以后，春秋以来使用的青铜戟很快就被淘汰了，于是它的形象同样很快从人们的记忆中消失了。因此到了近7个世纪以后的东汉晚期，一些名儒已经弄不清东周铜戟的面貌，因而常依据对汉代的铁戟的了解而进行注解，这自然影响了后代，成为人们长期难于辨识东周铜戟的障碍。东汉以后，人们对古代兵器的认识更为混乱，如前引《尚书·牧誓》"称尔戈"的"戈"，竟被注疏为"戈即戟也"，并把《考工记》中戈、戟的柲尺寸长短不同，附会为"然则戈戟长短异名，而云戈者即戟。戈戟长短虽异，其形制则同。此云举戈，宜举其长者，故以戈为戟也"①。这种混乱的考据到宋代开始有所澄清。由于金石学已滥觞，先秦古物屡有出土，对古代的铜戈的形象开始有所认识，但是对东周的戟的形制仍然难以识别清楚。这是由于当时用柲联装戟体和戟刺形成的戟，久埋地下则木柲多已朽毁，如未经科学发掘，偶有出土也是刺、体早已脱开，自然易被金石学家分别视为戈和矛两类兵器。直到清代仍然如此，程瑶田虽然尽量收集有关的古物，观察以后才推出结论，但是仍然认为内末有刃的戈即为《考工记》中所记的戟，最终没能弄清东周铜戟的真面貌。在20世纪30年代，郭沫若先生已经指出："汉人因不解胡、援、内等字古义，仅据汉制以意为说，故其所解戈戟之制与存世古器多不相符。然学者反宗崇汉说，于是而戈戟之制遂晦。"他依据《考工记·冶氏》所记的戟制，同时进一步观察已发现的古物，从而推论出以柲联装戟体和戟刺的戟的想象图，并且指出："然余之所谓古戟，亦有法可望证实，即于古器物于地下所保存之位置以求证明也。例如发掘一古墓，或其他，有矛头与戈头或镈形之物（镈之有无，无关紧要），其所在之位置，矛头与戈头接近而成垂直，或与镈形之物相连之直线与戈体横轴成正交者，则古戟之残骸也，此事余断其必有可能，然非用近世之

---

① 《尚书正义》卷一一，孔颖达疏，中华书局影印《十三经注疏》，1980年，第183页。

科学方法以事发掘者自不能办。"① 这种预测很快地就在田野考古发掘中得到证实。1937 年在河南辉县琉璃阁发掘的 M75 中，就已寻获了戟的踪迹。墓中发现有一件戈头与矛头接近而呈垂直，并在其间还清楚地保留着木柲的残痕，说明它们正是戟体和戟刺，用木柲联装而合成为戟②。在此稍前，在汲县山彪镇的发掘中，曾在 M1 出土两件水陆攻战纹铜鉴，鉴上的图像中有持戟搏斗的战士，所持的戟都由体、刺联装而成，在柲上靠近戟体的地方，还装有一组距刺。这组图像不仅提供了当时戟的形象，并且表现出在陆地或船上用戟战斗的情景③。同时，在那座墓中也发现了 4 组由戟体和刺分铸合装的青铜戟，并且还有缚在柲上用的青铜戟距。中华人民共和国成立以后，田野考古工作进展迅速，在各地获得的有关体刺分铸联装戟的资料更是不胜枚举，现仅以 20 世纪 50 年代较早的三次发现举例于下。

1951 年，在发掘河南辉县赵固一号墓时，在墓室东南隅发现一组体、刺联装的戟（M1：23），出土时木柲朽痕尚存，正好把戟体和刺联属成一体④。戟体为长胡三穿的戈，有阑，在阑的上角还设有一穿。援有中脊，细长体微曲，锋端下弧。内末上斜，其上与内的上下缘都有刃，内上有一横穿。长胡上作两度弧曲，形成两个小距刺。刺似小矛，刺叶居中处外凸，呈两个小子刺，叶的后下角又翘起一小子刺并向上挑，与一般的矛不同。戟体援内全宽 29、刺高 8.9 厘米。同一墓中还出土了另一件戟，戟体与前一件相同，仅胡上为二穿。刺与前一件稍有不同处，在刺叶两侧有凸出的子刺。戟体宽（指援内全宽，下同）26.2、刺高 9.3 厘米。

1952 年，在河北唐山贾各庄发掘的战国墓中⑤，于 M18 内出土一组体刺分铸联装的铜戟，出土时刺尚位于戟体上端，但稍有倾斜。戟体为长胡

---

① 郭沫若：《说戟》，《殷周青铜器铭文研究》，科学出版社，1961 年。
② 郭宝钧：《山彪镇与琉璃阁》，科学出版社，1959 年。
③ 郭宝钧：《山彪镇与琉璃阁》，科学出版社，1959 年。
④ 中国科学院考古研究所：《辉县发掘报告》，科学出版社。1956 年。
⑤ 安志敏：《河北省唐山市贾各庄发掘报告》，《考古学报》第 6 册，1953 年。

二穿戈，内上有二穿，内末下弧有刃。刺为小型长骹窄叶矛，骹筒较长，筒中空直透脊部，两面对穿二孔以钉固在柲上。戟体宽27.5、通刺高17.6、脊厚0.9厘米。

1954～1955年，在洛阳中州路西工段的发掘中[①]，在属于东周第四期墓葬的M2717中，发现了两组体刺分铸联装的铜戟（M2717：145+146、M2717：147），戟体和刺皆在一起发现，还有一组（M2717：140+141）戟体和刺相距稍远。第一组（M2717：145+146）戟体是长胡二穿戈，有阑，阑上角又有一穿。内上一穿，内末上翘成距刺，距下有刃并突出二小子刺。戟刺骹较长，两面有穿。另有钩形距一件（M2717：154），应与这件戟合为一器。戟体宽23、刺高14厘米。第二组（M2717：147）戟体内部下缘有小转角，刺身较短，骹筒无穿，刺叶下垂至筒底又起翘成子刺。戟体宽24、刺高10.8厘米。第三组（M2717：140+141）戟体上无内，这一点值得注意，下面再讨论。刺骹较短，筒上两面有穿。戟体宽17.5、刺高12厘米。

上述三处考古发现，结合30年代在琉璃阁和山彪镇发掘中获得的资料，不但清楚地证实东周时期使用的是体刺分铸联装的青铜戟，并且看到这种铜戟的形体有所不同，因此有必要对东周青铜戟的类型和形体演变的规律做进一步的考查。由于有关东周青铜戟的资料比较多，在这里选取一些典型的资料，除了上面已经引述过的三次考古发现外，再从河北、山西、湖北、湖南、江苏、安徽、四川等省选取了11个考古发现，现按发现的时间顺序简述如下。

1957～1959年，在河北邯郸百家村发掘了一处战国墓地，获得过4组体刺分铸联装铜戟，戟体都是长胡三穿戈，内末上斜有刃。戟刺有两种，一种刺叶凸出两个子刺，筒上有穿孔，如标本M57：37（图七：2）；另一种刺呈扁锥体，锋圆钝，如标本M20：15（图七：1）。此外，还发现一件

---

① 中国科学院考古研究所：《洛阳中州路（西工段）》，科学出版社，1959年。

戟距（M3：85）①。

1958～1959 年，在安徽淮南市蔡家岗赵家孤堆发掘了两座墓葬，在 M2 中出土的 4 件铜戈中，有的应是戟体，如标本 M2：19.2 和 M2：19.4，后一件的胡部两面都有鸟篆体铭文，反面铭为"［戊］王者［旨］于赐"。该器长胡二穿，阑侧上角有一圆穿，其上有一小鼻饰，援长 14.8、胡长 11.6 厘米，内极短，仅长 1.1 厘米②。据陈梦家先生考订，M2 可能是蔡声侯产的坟墓，也有可能是蔡元侯或蔡侯齐的墓，因此下葬时间当在公元前 457～前 447 年这十年之中③。

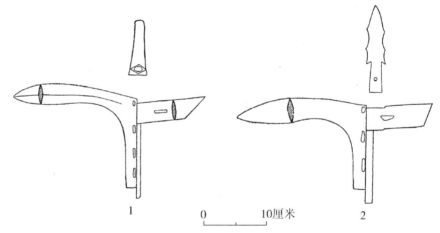

图七　河北邯郸百家村出土战国青铜戟
1. M20：15　2. M57：37

1959～1961 年，在山西长治分水岭东周墓群进行了第二次发掘④，从一座大型墓（M35）中获得了两组体刺分铸的铜戟，伴同出土的铜兵器还有戈、矛和镞。一组的戟体为长胡三穿戈，阑上角有一穿，援微曲，直内一穿。刺叶两侧刃凸出小子刺。戟体宽 29、刺高 12 厘米。另一组戟（M35：6）的戟体长胡二穿，阑上角一穿，内末上斜有刃，内上一穿。援

①　河北省文化局文物工作队：《河北邯郸百家村战国墓》，《考古》1962 年第 12 期。
②　安徽省文化局文物工作队：《安徽淮南市蔡家岗赵家孤堆战国墓》，《考古》1963 年第 4 期。
③　陈梦家：《蔡器三记》，《考古》1963 年第 7 期。
④　山西省文物管理会等：《山西长治分水岭战国墓第二次发掘》，《考古》1964 年第 3 期。

微曲，援锋下斜成斜刃，然后形成折角，再弧接长胡。戟刺为三棱形。戟体宽26、脊厚0.5厘米，刺高12厘米（图八：1）。

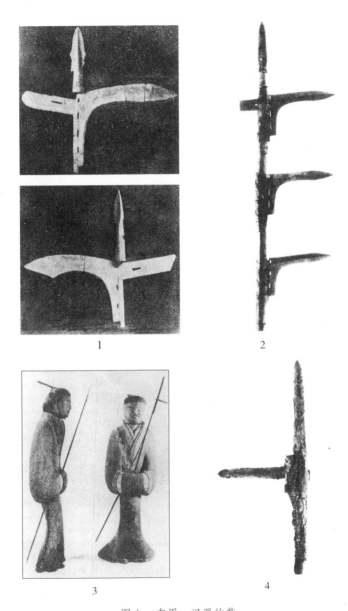

图八　东周、汉晋的戟

1. 长治东周铜戟　2. 曾侯乙墓三果戟　3. 江陵出土西汉执戟木俑
4. 满城西汉铁戟

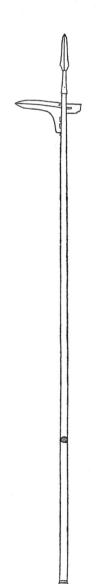

图九　江苏六合程桥
出土春秋青铜戟

1964 年，江苏六合程桥发现一座东周墓，墓内出土有铜兵器和车马器，兵器有三件剑、四件戈、一件矛和一组体刺分铸联装的铜戟①。戟体为长胡二穿戈，阑侧上角有一穿，方内一穿，内部下缘有小转角。刺为长骹窄叶矛，隆脊有棱，筒两面有对穿小孔。戟身宽 27.5、刺高 24.6 厘米。值得注意的是，戟末的铜镦还保留在原来的位置上，为平底椭圆筒形，上饰雷纹。出土时木柲虽朽，但仍可见其外形的遗痕，木柲表面缠绕织物，然后髹赭漆，长 179 厘米。测知该戟全长 227 厘米（图九）。墓中出土的铜戈中，有三件只有短内，阑侧上角有一穿，其上有一鼻饰，也应是用于戟上的。发掘者认为，这是一座春秋末年（约公元前 500 年左右）的吴国墓葬。

1971 年 2 月，在湖南长沙浏城桥发现一座东周木椁墓，墓中出土的遗物内有大量的铜兵器，也有车马器②。兵器中有一件铜戟，形制较特殊，刺援相连，内末向下弯弧成尖锐的钩刺。已残，戟体残宽 17.5、刺高 28 厘米。戟柲为积竹柄，中心为菱形木柱，周包青竹篾一周，共 18 根，每根宽约 4 厘米，周围用丝线紧缠，再髹漆粘牢，柲长 283.5 厘米。

1972 年，在四川涪陵地区小田溪清理了三座土坑墓，其中 M3 出土有三组体刺分铸联装铜戟③。戟体为长胡三穿方内戈，刺为短骹，有双穿。戟体宽 20.9～21.2、刺高 12.3～12.4 厘米。伴同出土的有一件秦戈，还有剑、钺、矛、弩机和三件镞，剑和矛

① 江苏省文物管理委员会等：《江苏六合程桥东周墓》，《考古》1965 年第 3 期。
② 湖南省博物馆：《长沙浏城桥一号墓》，《考古学报》1972 年第 1 期。
③ 四川省博物馆等：《四川涪陵地区小田溪战国土坑墓清理简报》，《文物》1974 年第 5 期。

上都有巴文化特点的纹饰，发掘者认为，这是战国时期巴人的坟墓。

1973 年 3 月，在湖北江陵藤店一号墓中，出土有一件体刺分铸联装戟，刺微残，戟体的胡部下端伸出一钩距。墓中还出土有剑、戈、矛、钺和弓箭等兵器，以及皮甲和车马器①。

1977 年 8 月，安徽贵池发现一批窖藏的东周青铜器，兵器中有 6 件铜戈，其中有些无内的戈应为戟上所用的②。

1978 年，发掘了湖北随县擂鼓墩曾侯乙墓③，墓内发现的大批兵器中，有体刺分铸联装的铜戟多件，其中比较完整的有三件，出自墓北室。这些戟除戟体和刺外，在戟体下又联装两件无内的戈，其间的距离为 4.7 ~ 5.3 厘米。在竹简的简文中，所记的戟几乎都加上"二果"或"三果"的说明语，"戈""果"古音相近，大约为了将戟体与一般戈相区别而用"果"字④，因此这类戟应呼为"三果戟"。戟上联装的三"果"上的铭文，也是上下顺序相连的，如最上面装的有内果铭文为"曾侯郱"，其下的一果铭文则为"乍时"或"之行戟"，连读即为"曾侯郱之行戟"了。戟柲保存完整，通长约 3.43 米（图八：2）。在曾侯乙墓主棺的内棺上，有漆画的神怪图像，手中所持的兵器都是这种多果戟⑤。

1978 年，在湖北江陵天星观一号楚墓的发掘中⑥，共获得了 160 余件兵器，其中有体刺分铸联装的铜戟，因遭盗扰，仅存戟刺 20 件和戟体 12 件，还有一些残断的戟柲。戟体长胡三穿，援窄长，援锋下斜成斜刃，然后形成折角，再弧接长胡。内平伸后上翘，形成向后弯曲的锐利距刺。以标本 M1：288 为例，体宽35.7、脊厚0.6 厘米（图一○：5）。这样的戟体共出 4 件。另一些戟体无内，阑侧只有一穿，应是联装于多果戟上的戟果。

① 荆州地区博物馆：《湖北江陵藤店一号墓发掘简报》，《文物》1973 年第 9 期。
② 安徽省博物馆：《安徽贵池发现东周青铜器》，《文物》1980 年第 8 期。
③ 随县擂鼓墩一号墓考古发掘队：《湖北随县曾侯乙墓发掘简报》，《文物》1979 年第 7 期。
④ 湖北省荆州地区博物馆：《江陵天星观 1 号楚墓》，《考古学报》1982 年第 1 期。
⑤ 湖北省博物馆：《随县曾侯乙墓》，文物出版社，1980 年。
⑥ 荆州地区博物馆：《江陵天星观一号楚墓出土大批楚简》，《光明日报》1978 年 7 月 23 日第 3 版；湖北省荆州地区博物馆：《江陵天星观 1 号楚墓》，《考古学报》1982 年第 1 期。

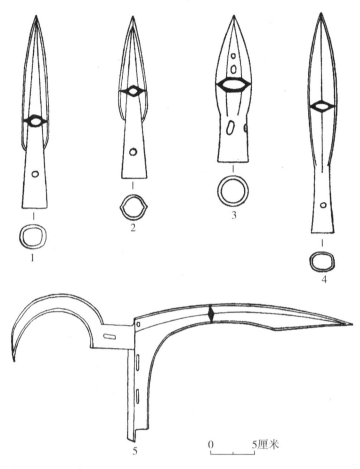

图一〇　湖北江陵天星观一号墓出土铜戟体和戟刺

以标本 M1：295 为例，体宽 24、脊厚 0.6 厘米。戟刺为有骹的短矛，数量最多的是刺叶前锐，后转圆钝，全形似水滴，筒侧一穿，体高 11.2 厘米。也有一些刺叶窄长或作柳叶状的，体高最高的达 15.1 厘米（图一〇：1～4）。残戟柲约 20 余根，均为积竹柄，截面呈八棱形，中为木心，外绕长条竹篾两层，外层 5 根，内层 38 根，然后用丝绸缠裹，再于上面髹漆。漆色红、黑相间，局部黑漆上饰有金色三角云纹。以标本 M1：226 为例，残长 338、径 3 厘米。

1980 年 9 月，安徽舒城九里墩发现一座土坑竖穴墓①，墓坑南侧放置有一件体刺分铸联装的铜戟，戟柲已朽，漆痕尚存，长约 3 米。戟体为长胡三穿戈，援有脊，锋端近圭首状。内上有二穿，一作长方形，一作圆形，内面饰有错金纹饰。在援和胡上共有错金铭文六字。为"蔡□□之用戟"。戟刺较长，脊为三棱形，锋已残，下附短骹，扁圆形銎，骹刺之间有上饰卷云纹的宽箍。戟体宽 24、刺残高 15 厘米（图一一）。伴出的铜兵器还有矛、殳、镞和戈，铜戈中有的是无内戈，也应为戟果。此外，墓中也出土有数量较多的车马器。由于戟上铭文的字体与寿县蔡侯墓出土器铭相同，故可断定是春秋时代的器物。

依据上面列举的考古发现资料，对东周体刺分铸联装铜戟可以有一个概略的了解，从而对其形制的特点进行分析，按照戟体的不同，可以分为三型：

一型：戟体为长胡多穿戈，援和内的上缘基本上形成一条直线，援体较宽，援与柲的交角稍大于直角，援锋还保持着圭首状。在阑侧援上的穿上，常有一鼻饰。戟刺较长，还保持着矛的原状。可以分为两式。

1 式：有内，直内上有一横穿，内末圆钝无刃。属于这一式的标本，有安徽舒城九里墩铜戟（图一一）、湖北随县曾侯乙墓铜戟和江苏六合程桥铜戟（图九）。

2 式：无内，或仅有 1 厘米左右的短内，它们是在多果戟上使用的，形体比一式稍小。属于这一式的标本，在随县曾侯乙墓（图八：2）、淮南蔡家岗蔡侯墓、六合程桥吴墓均有出土，安徽贵池发现的东周铜器窖藏中也有这式的标本。

二型：戟体仍系长胡多穿戈，戟援上翘，戟内平伸，有的也逐渐上扬。戟援渐趋瘦窄，并微呈弧曲，援锋锐尖，援与柲的夹角增大，常接近 100°。戟刺除仍保持矛的原形外，形体稍渐减小，并设计了专用的特殊形制，常在刺叶侧刃凸出一至两个小子刺，或是刺叶下垂至筒底又起翘成子

---

① 安徽省文物工作队：《安徽舒城九里墩春秋墓》，《考古学报》1982 年第 2 期。

刺。也分二式。

1式：有内，渐趋窄长，有的内末上斜有刃，个别标本上翘成距刺。属于这一式的标本，多出土于河南和河北等省，如辉县赵固、洛阳中州路、唐山贾各庄出土的铜戟。

2式：无内，发现的数量极少，仅在洛阳中州路M2717见到一例，即墓中出土的第三组戟（M2717：140＋141），出土时，戟体与戟刺之间的距离较大，似也说明，二者之间可能另有一个已缺的有内戟体，或可认为这也是一种多果戟。

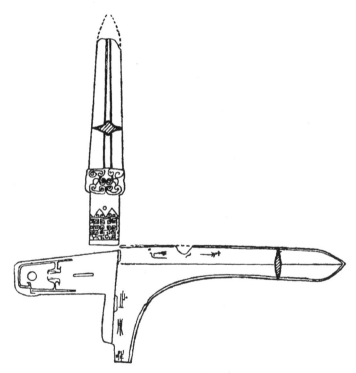

图一一　安徽舒城九里墩春秋墓出土铜戟

三型：戟体仍为长胡多穿戈，但戟援向上扬翘，然后弧曲下垂。戟锋尖锐，下斜成斜刃，然后形成折角，再弧接长胡。因此使援的上刃呈弧刃，下刃的弧度更增大，加强了勾击的威力。援与秘的夹角更大，已超过100°，有的接近于110°。分为二式。

1 式：有内，瘦长上扬，内末多上斜有刃，还有的内末上翘形成向后弯曲的锐利距刺。属于这一式的标本，在河北邯郸百家村（图七）、山西长治分水岭、湖北江陵藤店和天星观（图一〇）等地的墓葬中都有出土。

2 式：无内，在江陵天星观出土多件，是联装在多果戟上使用的。

以上把东周铜戟分成三型，可以大致勾画出这类分铸联装戟发展的轨迹。其中一型戟的戟体和戟刺，分别保留着戈和矛原有的特征，可以看出它们被联装成新型的戟的时间并不太久，应是东周体刺联装铜戟发展的初期阶段。出土有这型戟的九里墩蔡墓和六合程桥吴墓，都是春秋晚期的墓葬。其他的墓葬，也都是进入战国时期不久埋葬的。因此可以说一型戟流行的时期是春秋晚期，并延续到战国初年。二型戟的戟体和戟刺与一型戟相比，都有所改进，特别是戟刺的形体日益减短，刺叶刃侧出子刺和叶底起翘成子刺的都已出现。出土这型戟的洛阳中州路 M2717，属战国早期，可以说二型戟是进入战国时期才开始流行的。三型戟的戟体有了较大的改进，增强了戟的勾杀效能，长内也可用来勾搏，其杀敌效能达到东周戟刺联装铜戟的顶峰。出土这型戟的江陵天星观 1 号墓和藤店 1 号墓，都是战国中期的墓葬，至于山西长治分水岭 M35，可能迟到战国晚期。因此可以说三型戟流行的时间应在战国中期，以后沿用到战国晚期，它应是东周体刺联装戟最成熟的型式。值得注意的是，在一型戟中出现了一型二式戟体，无内，体长较一型一式与其对应的戟稍小，它们是装在多果戟上用的，由随县曾侯乙墓出土的保存完整的三果戟标本可以证实。在二型和三型内，也相应地有二型二式和三型二式戟体，也同样是用于多果戟的。由此可以知道，当东周的体刺联装戟一开始应用，同时也就出现了多果戟，而且沿用到这类东周体刺联装戟的晚期。

值得注意的是，上述的出有铜戟的墓葬里面，大多也随葬有大量的铜车器和铜马具，而且墓主人的身份都较高，蔡侯墓和曾侯墓自不必多说，其他墓从墓内用鼎的情况来分析，多是大夫的墓，最低也是有田禄的士的墓葬，他们都是具有乘车作战的身份。因此这些铜戟都是用于车战的兵器，与戟同时伴出的兵器常有戈、矛和殳，正好与《考工记》中所记车战兵器有戈、殳、车戟、酋矛相吻合。已知戟柲长度的有六合程桥 M1、长沙浏城桥 M1、随县曾侯乙墓和江陵天星观一号墓等四处，它们的长度分别是 227、283.5、343、338 厘米，按《考工记》车戟的长度应多于人体高度的一倍，因此除了程桥一例外，其余三例都是与《考工记》的规定大致符合，说明它们正是用于车战的车戟。十分明显，进入春秋时代，车战发展到其历史的顶峰，战车乘员中的车右，主要职责是与敌方车错毂时杀伤敌车上的乘员，为了加强格斗兵器的杀敌效能，迫切需要一种能把传统的戈与矛的优点结合起来的新型兵器。为了完成上述设想，开始了新的设计，并力图获得最佳方案。由于西周时期遗留的经验，表明援刺合铸成戟的办法并不成功，于是人们又回到商代前期曾有人尝试过的设想方面来，利用长柲把戈和矛联装在一起，于是东周时期的戟刺分铸联装铜戟开始出现，从而使青铜戟发展的历史进入了新阶段，成为车战中的重要格斗兵器。

　　戟的功能是多样的，戟刺可向前直刺，戟援的上刃可推击，援锋可啄击，援的下刃可钩斫。有的戟内加刃或距钩，长胡上有子刺或距钩，柲上加施距钩，也都可用来杀伤敌方。但是它的最主要的功能，还应是以戟援的下刃进行勾斫[①]。前引《左传》襄公二十三年范氏和栾氏的战斗中，栾乐车覆，"或以戟钩之，断肘而死"，是有关用戟勾斫的记录。又《晏子春秋》记崔杼杀庄公后，与庆封劫诸将军大夫盟于大宫之坎上，对不盟者"戟拘其颈，剑承其心"。又曰："曲刃钩之，直兵推之"。这也说明了当时戟主要是用曲刃勾斫。这一点也可从东周铜戟形体上的演变找到证明。东周铜戟的改进主要表现在以下几点。首先是戟援上扬，援与柲的交角从近于直角发展到约 100°，再发展到接近于 110°。其次是戟援由阔变窄，由直变曲。再次是戟锋变锐，到三型时戟锋下斜成斜刃，然后形成折角，再弧接长胡，使得自折角处到弧接长胡的一段下刃的弧曲度，几乎接近圆周的

---

① 在曾侯乙墓中，有的多果戟柲端不装戟刺，在棺画中的神怪手执的二果戟，柲端也没有联装戟刺，这些现象更说明，戟的主要功能是勾斫。

弧度。经过上述改进，戟援下刃的勾斫效能有了较大的提高。对敌方来讲，身体上最易遭勾斫致命的部位，主要是颈部，其次是上肢，特别是脖颈最易遭致命的伤害。因此也就促使用于车战的皮甲，加强了对颈、肩和手臂的防护。在随县曾侯乙墓中获得的皮甲标本，都缀有较大而高的甲领，领高约 11 厘米，由颈后向两侧斜伸，看来主要是抗御勾斫之用（除戟外，车战格斗兵器中，戈也是勾兵）①。同时，从肩到腕都有甲袖保护。在秦始皇陵俑坑中，战车御手俑所披的甲上，同样可以看到高大的甲领和长甲袖。这样形制的皮甲，正是为适应车战特点，以有效地抗御戟（或戈）勾斫而设计制造的。

从一型戟开始，就同时出现有多果戟，以曾侯乙墓为例。三果戟的全长达 3～3.43 米，显然是车战兵器，在墓中出土竹简的简文中更明确地记明这一点，自然无须怀疑。但是在战车错毂搏斗时，戟上装一果即已适用，下侧二果则用处不大，因此它除了车战中格斗外，还有其他的用途，看来它可能也是车右用来对付敌方接近战车的步兵的利器②。

谈到步兵，自然令人联想起山彪镇出土的水陆攻战纹铜鉴上的图像③。前面列举的考古资料虽然表明它们都是用于车战的车戟，但是应注意到这是和那些墓主人的身份相适应的，因为他们除了贵族外，最低也是属于车上的战士，让他们走下战车徒步作战是大失身份的事，自然墓中随葬的是与其身份相适应的成套车战兵器。但也应注意到当时有关步兵的情况，除了附庸于战车的装备简陋的徒兵外，特别是在南方，步战和水战是在水网纵横地区的重要作战方式，例如吴越、吴楚间的战争，因此除了车戟以外，东周时期步兵和水兵也使用戟为格斗兵器，这在水陆攻战纹铜鉴的图像中清楚地反映出来。和山彪镇获得的铜鉴有相同图像的青铜器，在故宫

---

① 认为皮甲所装的较大而高的甲领，主要是为抗御勾斫兵器的说法，是在日本访问时林巳奈夫教授向笔者讲的意见。

② 认为多果戟是对付敌方接近战车的步兵所用，是孙机同志的意见，见《有刃车軎与多戈戟》，《文物》1980 年第 12 期。

③ 郭宝钧：《山彪镇与琉璃阁》，科学出版社，1959 年。

博物院藏有一件传世的青铜壶①，并且在 1965 年 2 月 26 日于四川成都百花潭中学 10 号墓中获得了另一件青铜壶，上面也嵌有水陆攻战图像②。在这几件铜器的图像中，双方战船的船头处，都竖有上飘旌旗的长戟，还有执戟击鼓的人像和举戟战斗的人像，看来在船上使用的戟柄也较长，大约和车戟差不多。在山彪镇铜鉴上，还有互相格斗的步兵，使用的兵器有弓矢、剑和盾、戈和戟。图中的戟有的柲较长，也有的较短，一般是看来比人体略高，和戈相差不多，但也有一手持短柲戟、另一手执剑战斗的图像（参见本书《剑和刀》图五）。这些都是步兵用戟格斗的例证。至于多果戟，看来也用于步兵，在随县曾侯乙墓棺画中的神怪，手执柲仅与人同高的二果戟，也可以视为执多果戟的徒兵的象征③。随着战国时期车战的衰落和步兵的大量出现，步兵用戟自然会日渐增多，以致出现《史记·平原君列传》中以"持戟"代表士兵的说法④。不过到了这一时期，青铜戟已从它发展的顶峰开始向下跌落了，因为一种新质料的戟已经出现，并且促使这种格斗兵器发生了划时代的变化，开始进入一个新的阶段，那就是铁器时代的戟，从而使戟的历史发展到它的成熟期，在战场上发挥出更大的功效。

三　铁戟的出现

戟的发展史上的一个重大的转折，发生在战国晚期，不论是质料、制造工艺还是外貌和功能，都变得和以前大不相同。导致这一变革的原因，是钢铁冶炼工艺技术的发展，和它被用来制造兵器。1976 年 4 月在湖南长

---

① 铜壶纹饰拓片见《文物》1976 年 3 期，第 51 页图一。
② 四川省博物馆：《成都百花潭中学十号墓发掘记》，《文物》1976 年第 3 期。
③ 湖北省博物馆：《随县曾侯乙墓》，文物出版社，1980 年。
④ 战国时期，在城堡或营垒的防御中也常用戟，参看银雀山简本《孙膑兵法》的《陈忌问垒》，参看《孙膑兵法（普及本）》，文物出版社，1975 年，第 49～50 页；又可看《墨子·备城门》，中华书局《诸子集成》本第 303～304 页。秦律中也有关于戟色漆错如何论处的律文，参看《睡虎地秦墓竹简》，文物出版社，1978 年，第 121～122 页。

沙的长杨 65 号春秋晚期墓中，出土了迄今发现年代最早的一把钢剑[1]，说明至迟在那一时期，钢铁冶炼工艺已开始被用于制造兵器。但是直到战国晚期，这种新兴的先进的工艺技术的作用才逐渐显露出来，铁质兵器才较多地出现在战场上。在战国晚期的楚墓中，经常会发现一些铁兵器，主要是剑和矛，但也偶有铁戟的残件出土，说明利用钢铁制造戟这种格斗兵器的历史开始了[2]。最重要的发现，还是 1965 年 10 月在河北易县燕下都遗址发掘的 44 号丛葬墓[3]，看来是匆忙地掩埋了二十几位阵亡的将士，连同他们使用的兵器以及随身携带的铜币。出土的格斗兵器绝大部分是铁质的，其中就有 12 件铁戟，大致都保存完整。其中一件（M44∶9）曾经用金相、电子束微区 X 射线分析等方法检验，是由含碳不均匀的钢制成的，并且经过整体淬火[4]。这件钢戟和同墓出土的两把钢剑（M44∶12、M44∶100）的组织相似，都采用的是块炼铁固态渗碳制钢的方法，而钢戟的特点是各部分含碳不均匀，分层比较明显，又看不出明显的折叠，因此推测它可能是将增碳的钢片叠在一起锻打，或是将铁片叠好、增碳锻打成形、整体淬火得到的。

燕下都 44 号墓的发现，明确地告诉人们，在战国晚期，燕国的士兵已较多地装备有新型的钢铁兵器，其中长柄的格斗兵器主要是矛和戟，从 44 号墓出土的上述两类兵器数量来比较，有矛 19 件和戟 12 件，为 3∶2 的比例，说明戟是次于矛的重要格斗兵器。而同墓中出土的青铜长柄格斗兵器只有一件戈，它与铁兵器相比，仅为铁质长柄格斗兵器的 3% 强。这一局部的例子强烈地预示着，青铜兵器的没落和钢铁兵器的崛起已成为兵器发展史的不可遏止的趋向。兵器改用钢铁锻造以后，坚韧程度大大加强，去掉了青铜质脆易折的缺点。同时由于采用了淬火技术，即把加热的钢骤然

①　长沙铁路车站建设工程文物发掘队：《长沙新发现春秋晚期的钢剑和铁器》，《文物》1978 年第 10 期。

②　湖南省文物工作队：《长沙、衡阳出土战国时代的铁器》，《考古通讯》1956 年第 1 期。

③　河北省文物管理处：《河北易县燕下都 44 号墓发掘报告》，《考古》1975 年第 4 期。

④　北京钢铁学院压力加工专业：《易县燕下都 44 号墓葬铁器金相考察初步报告》，《考古》1975 年第 4 期。

放入水或油中迅速冷却，以提高钢铁的强度和硬度，这样使得制成的兵器的刃部刚硬、锋利，更是青铜兵器无法比拟的。于是原来为了提高青铜戟的效能而在形体方面采取的各种改进办法，全然变得毫无意义了。从此戟这种兵器完全改变了自己的面貌，为了适应以块炼铁为原料、反复在木炭中加热渗碳折叠锻打的新工艺，体刺分铸的办法完全不必要了。而且弯曲的戟援形成的各种弧线的外形过于复杂，难于锻制，这些连援后伸出的带刃或钩距的长内一起，都成为制作中的累赘，须加革除。又由于钢铁的坚韧大大超过青铜，可以适当增长刺的长度，而且减小其宽度。基于上述种种原因，钢铁的戟设计成前面有长而锐利的戟刺，与戟刺相垂直伸出侧出的戟枝，以代替过去青铜戟身上那扁体有脊的援，援后的内被取消，刺和枝下接的长胡也随之改为直体，上有三个方穿。为了缚柲牢固，又在刺、枝相交处加一圆穿，并在枝的基部设一横长方形穿。由于全戟形似"卜"字，过去又常被称做"卜"字形戟。据44号墓的四件完整的铁戟计量，由刺锋到胡末全长为43～49.5厘米。以M44：16号戟为例，全长49.5、刺高27、胡长22.5、枝的横长19.5厘米。与青铜戟相比，铁戟的旁枝与铜戟的援相近或稍短一些，如44号墓铁戟旁枝横长19.5～22.4厘米，而天星观一号楚墓的三型戟体援宽22.5～23厘米。但铁戟的戟刺的高度比青铜戟有较大的增加，44号墓铁戟戟刺高23～27厘米，而天星观一号楚墓出土的三型戟所用铜刺，最高的标本M1：313高15.1厘米，最矮的标本M1：284只有10.2厘米，还不及铁戟戟刺高度的一半[1]。在取消了戟内以后，为了使戟体缚牢在柲上避免前脱，采取了加装青铜的柲帽的办法。从44号墓看，有两种办法。第一种以M44：54为例，青铜柲帽较长，帽錾蛋圆形，正与戟柲形状相当，柲帽长7.2、錾径2.5厘米，将帽安置在刺、枝呈直角相交处，然后用绳索通过戟穿，将铁戟、柲帽与木柲捆扎成一体（图一二：2）。第二种以M44：11为例，青铜柲帽较前一种为短，柲帽长仅2.4厘米，它套装在柲端，位于刺、枝直角相交处上侧，然后再将戟体

---

① 湖北省荆州地区博物馆：《江陵天星观1号楚墓》，《考古学报》1982年第1期。

与柲捆扎成一体，但不将柲帽缚在一起（图一二：1）。因此，铁戟戟柲的位置又与青铜戟不同，青铜戟的柲与刺成一直线，因刺装在柲端，而柲在援后，以阑固定位置，胡在柲前，向后缚柲。铁戟则不同，因刺、胡成一直线，故柲在胡、刺前侧，由胡向前缚柲，而枝又在柲前，这样一来，当用戟的旁枝横砸或勾砸时，戟体完全不会向前侧脱落，也比青铜戟的装柲法更为牢靠。

应该指出，战国晚期先进的钢铁戟虽已出现，但目前所获标本数量很少，而且主要发现于燕国境内。从整个中国的范围来看，铁戟的使用还极不普遍，在战场上居垄断地位的还是东周式的青铜体刺分铸联装戟，特别是秦国更是如此。而铁戟真正在战场上充分发挥它的功效，还应是迟到秦朝的短暂的统一局面陷于崩溃时的事，特别是楚汉相争的战场上，随着骑兵和步兵野战的需要，铁戟才真正进入它的发展期。

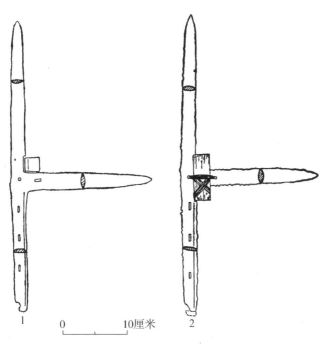

图一二　河北易县燕下都出土铁戟

1. M44：11　2. M44：54

四 铁戟的发展

公元前 203 年冬，"楚汉久相持未决，丁壮苦军旅，老弱罢转漕。项王谓汉王曰：'天下匈匈数岁者，徒以吾两人耳，愿与汉王挑战决雌雄，毋徒苦天下之民父子为也。'汉王笑谢曰：'吾宁斗智，不能斗力。'项王令壮士出挑战。汉有善骑射者楼烦，楚挑战三合，楼烦辄射杀之。项王大怒，乃自被甲持戟挑战。楼烦欲射之，项王瞋目叱之，楼烦目不敢视，手不敢发，遂走还入壁，不敢复出。"① 司马迁的这段描述，使项羽的神勇姿态跃然纸上。但这里请大家注意的是他挑战时的装备——被甲持戟，楚军统帅的格斗兵器是戟，正反映出当时戟已上升为军中主要长柄格斗兵器的事实。

西汉时期，勇将突阵而"以此名闻天下"的当属灌夫。景帝时，吴楚诸国反，汉军与吴军对垒，将军颍阴侯灌何的校尉灌孟战死于吴军中，其子灌夫"不肯随丧归，奋曰：'愿取吴王若将军头，以报父之仇。'于是灌夫被甲持戟，募军中壮士所善愿从者数十人。及出壁门，莫敢前，独二人及从奴十数骑驰入吴军，至吴将麾下，所杀伤数十人"②。灌夫的装备和项羽一样，也是被甲持戟。

戟在战斗中的作用日渐加大，它与矛和剑盾一起，成为西汉时期战争中短兵相接时的主要格斗兵器，它们与弓弩等远射兵器一起，成为当时部队必备的标准装备③。因此，在当时的兵法中，常有关于它们的作用的论述。例如，文帝时太子家令晁错上言兵事时曾说："兵法曰……平陵相远，川谷居间，仰高临下，此弓弩之地也，短兵百不当一。两陈相近，平地浅草，可前可后，此长戟之地也，剑楯三不当一。萑苇竹萧，草木蒙茏，支

① 《史记·项羽本纪》，第 328 页。
② 《史记·魏其武安侯列传》，第 2845～2846 页。
③ 除战争中使用为格斗兵器，戟当时也是宫廷卫士的主要兵器，又称"陛戟"。《汉书·东方朔传》中，"是时朔陛戟殿下"注，师古曰："持戟列陛侧。"第 2856～2857 页。

叶茂接，此矛鋋之地也，长戟二不当一。曲道相伏，险阨相薄，此剑楯之
地也，弓弩三不当一。"① 正是准确地表述了这三种主要格斗兵器和远射的
弓弩的性能以及同作战地形的关系。以此与马王堆三号西汉墓简牍中关于
卒从的装备相对照，可以看出两者的内容是相近似的。那座墓中出土的记
事木牍上记有："百九十六人从，三百人卒。"② 又在遣策木简中分别记述
了他们的装备，其中卒都装备着弩和长柄的格斗兵器，弩、"长戟应盾"
和"长鈹应盾"③ 各占三分之一。"从"则大多数装备着盾和短柄格斗兵
器，其中执盾、短戟和短鈹的各有 60 人。与晁错所讲的相比，弩、长戟和
长鈹（矛）是相符合的，仅短柄的格斗兵器前者是剑，而这里是短戟和短
鈹。上述古文献和出土简牍资料可以充分说明，戟在西汉军队的装备中占
有重要的地位。

　　由于戟的普遍应用，在西汉政权最基层的亭长所备"五兵"中，就列
有戟。《后汉书·百官志》："亭有亭长，以禁盗贼。"注引《风俗通》曰：
"汉家因秦，大率十里一亭。亭，留也，盖行旅宿会之所馆。亭史旧名负
弩，改为长，或谓亭父。"又引《汉官仪》："尉、游徼、亭长皆习设备五
兵。五兵：弓弩，戟，楯，刀剑，甲铠。鼓吏赤帻行滕，带剑佩刀，持楯
被甲，设矛戟，习射。设十里一亭，亭长、亭侯；五里一邮。邮间相去二
里半，司奸盗。亭长持二尺板以劾贼，索绳以收执贼。"④ 由当时基层治安
防盗组织所常备的"五兵"中，长柄的格斗兵器是戟，就可以说明这类兵
器当时的普及面是很广的。

　　与前引文献及简牍资料时代相当的西汉初期戟的形象，在考古发掘中
已有发现。1975 年发掘的江陵凤凰山 167 号墓中，在头箱和边箱交界处放
置有两件高 48 厘米的"谒者"木俑，手执长柲戟（图八：3）⑤，戟的长度

---

① 《汉书·爰盎晁错列传》，第 2279 页。
② 何介钧等：《马王堆汉墓》，文物出版社，1982 年。
③ 傅举有：《关于长沙马王堆三号汉墓的墓主问题》，《考古》1983 年第 2 期。
④ 《后汉书·百官志》，第 3624～3625 页。
⑤ 参见《江陵凤凰山一六七号墓发掘简报》，《文物》1976 年第 10 期。

比俑的身高稍长一些，如按真人身高估计，其所模拟的真实兵器的总长应超过 2 米。戟刺长而锐利，刺侧垂直横伸出旁枝，为"卜"字形戟。

至于这一时期的实物，最重要的标本出土于河北满城刘胜墓中[①]。在刘胜棺室的主室东南角，原来竖立着一组钢铁兵器，其中有两张戟（M1：5023、M1：5077）。按照戟锋和柲尾的铜镦之间的距离计量，一张戟（M1：5023）全长约 2.26 米，另一张戟（M1：5077）全长约 1.93 米。戟柲积竹为之，铜镦作长筒形状，銎的断面略呈五边形，其一边短窄，故近似杏仁状。戟刺前伸，刺侧垂直横伸出旁枝，枝较刺为短。刺下延伸成长胡，上有四穿，在枝上还有一穿，在刺、枝垂直相交处安有铜柲帽，然后用麻往复交叉贯穿缚柲。在戟上套有木鞘，系由两木片夹合制成，外面可能缠有麻类纤维，外表髹褐漆。戟鞘保存尚好，因此只能连鞘一起量戟的尺寸。M1：5023 号戟刺锋微残，

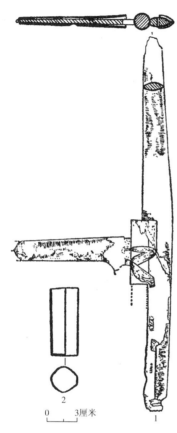

图一三　河北满城刘胜墓出土西汉铁戟
1. 铁戟　2. 铜镦

带鞘刺胡通高 37、枝长 12 厘米（图一三）。M1：5077 号戟刺胡通高 36.7、枝长 12.1 厘米。对 M1：5023 号戟的旁枝曾进行过金相和电子显微镜考察，知道它是经多次加热渗碳、反复锻打制成的钢戟，而且曾经淬火处理。从钢戟的断面上看到有高碳和低碳的分层现象，但碳含量较均匀，分层不显著，说明制作时反复锻打次数是很多的，质量较高，与燕下都出土

---

① 中国社会科学院考古研究所等：《满城汉墓发掘报告》，文物出版社，1980 年。

的钢戟比较，可以看出块炼渗碳钢工艺有了较大的进步，因此制造出来的兵器更为锐利精良。但从西汉钢戟的外貌特征来观察，可以清楚地看出它是承继着战国末年的传统。与燕下都44号墓出土的戟相比，只是刺胡通高稍有些减低，刺和枝本身的宽度却略有增加，使得其本身的结构更加牢固合理。安秘的方式，仍然沿袭着燕下都铁戟使用青铜秘帽的第一种办法（图八：4）。

除了刘胜墓出土的西汉戟以外，在考古发掘中还曾获得过一些西汉的铁戟，比较重要的标本有以下五例：

1958年，在浙江杭州古荡发掘了一座西汉末年的墓葬，墓内出土铜印的印文为"朱乐昌印"①，出土的兵器中有一张铁戟，附有铜镈，依据戟与铜镈的距离度量，戟的全长约2.5米。戟刺前伸，刺侧横伸旁枝，交角为直角，有青铜秘帽。与满城戟相比，戟胡似稍短一些。

1959~1961年发掘的内蒙古呼和浩特二十家子汉代城址中，在出土有一领完整的铁铠甲的窖穴（H8）里面，还发现残铁戟（H8：115）一件②。仅残存有一段戟刺和与它垂直的旁枝，刺残长约10厘米，枝残长约16厘米，可以看出是一张"卜"字形戟的残件。这座窖穴的时代大约属于武帝晚期。

1974年，在江苏盱眙东阳汉墓群清理的七座墓中，获得了三张铁戟③，其中两张仅存有戟头，仅有M7：83号戟保存完整，连秘全长2.49米。戟刺和枝上原套有麻布胎的漆鞘，棕黄色。戟的形制和满城钢戟一样，仅胡部稍短。安秘的方法也与满城钢戟相同，秘端有青铜秘帽（图一四）。墓葬的时代约当西汉晚期至新莽时期。

1975年开始，在西安市郊区大刘寨村东发掘了汉长安城武库遗址，在第一遗址和第七遗址中都获得过铁戟，是刺、枝垂直的"卜"字形。以

---

① 浙江省文物管理委员会：《杭州古荡汉代朱乐昌墓清理简报》，《考古》1959年第3期。

② 内蒙古自治区文物工作队：《呼和浩特二十家子古城出土的西汉铁甲》，《考古》1975年第4期。

③ 南京博物馆：《江苏盱眙东阳汉墓》，《考古》1979年第5期。

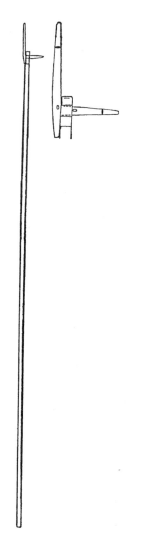

图一四　江苏盱眙东阳
出土西汉铁戟

7：2：23 号戟为例，刺胡通高 35、枝长 14 厘米。汉长安城武库创建于西汉初年，毁于王莽末年的战争中，遗址内发现的铁兵器，最迟应是西汉末年的遗物①。

在山东菏泽巨野红土山汉墓②，出土有铁戟，形制有两种：一种与刘胜墓钢戟相同，呈刺、枝垂直的"卜"字形，在刺、枝相交处也有铜柲帽（图一五：右）；另一种形制特殊，戟刺不是与枝垂直前伸，而是向外移，约与柲呈 12°夹角，且刺体较宽，侧刃明显（图一五：左）。其中后一种是少见的形制，似与湖南长沙发现的战国残铁戟的形体略有相似之处，看来不是当时普遍使用的形制。

1975 年，在陕西长武也曾发现一铁戟③，是刺、枝垂直的"卜"字形，全长 43.4 厘米。

根根上述考古资料，大致可以了解到西汉时期戟的基本形制，从西汉初到新莽时期没有变化，戟刺和戟枝的交角是直角，枝和刺一样都是直体，仅长度略短于刺高。刺胡通高一般在 35 ~ 37 厘米左右，连柲全戟长 2 ~ 2.5 米左右。也有短柲的，如长沙马王堆三号墓竹简所记的"短戟"，但因未发现有关实物，具体长度尚无法了解。此外，在广西贵县罗泊湾一号墓

① 中国社会科学院考古研究所汉城工作队：《汉长安城武库遗址发掘的初步收获》，《考古》1978 年第 4 期。
② 山东省菏泽地区汉墓发掘小组：《巨野红土山西汉墓》，《考古学报》1983 年第 4 期。
③ 刘庆柱：《陕西长武出土汉代铁器》，《考古与文物》1982 年第 1 期。

发现的《从器志》木牍中①，记有随葬兵器的名称，内有三种戟，即策戟，横戟和栝戟，因那座墓早遭盗掘，清理时没能发现有关戟的实物，因而无法弄清这三种戟各具有什么特点。

图一五　巨野红土山汉墓出土铁戟

　　综上所述，钢铁的戟在战国晚期出现后，到西汉时期有了较大的发展，主要表现在下述两方面：一是由于钢铁冶炼技术的进步，质量有较大的提高，使用效能也随之增强；二是在使用方面，戟的使用范围日益普遍，成为军队中装备的主要格斗兵器。但是，在形制方面，还主要是沿袭它在战国晚期出现时的面貌，没有什么变化。总之，经过西汉时期这两个世纪的发展以后，铁戟进入了成熟阶段，使它在王莽末年开始到东汉建立的连年战争中，发挥了更大的作用。光武帝刘秀依靠的云台诸将的战绩中，不乏持戟奋战的战例。如建武三年（27 年）吴汉与苏茂、周建战，他因坠马伤膝，但仍裹创力战，"汉躬被甲拔戟，令诸部将曰：'闻靁鼓声，皆大呼俱进，后至者斩。'遂鼓而进之"②。于是军士激怒，人倍其气，大获全胜。再如建武六年（30 年）马武与耿弇西击隗嚣，汉军不利，"嚣追

①　广西壮族自治区文物工作队：《广西贵县罗泊湾一号墓发掘简报》，《文物》1978 年第 9 期。
②　《后汉书·吴汉传》注引《续汉书》，第 680 页。又《太平御览》卷三五二引《东观汉记》，内容大致相同，第 1619 页。

急，武选精骑还为后拒，身被甲持戟奔击，杀数千人，嚣军乃退，诸军得还长安"①。这些事例一方面表现出这些东汉名将英勇拼搏的英雄气概，另一方面也反映出戟作为主要格斗兵器的史实。

勇将"被甲持戟"搏战的事例，如前所引，在楚汉之争、西汉初年乃至东汉建武年间虽不乏例，但在《史记》《汉书》和《后汉书》中所保留下来的记录，大概仅有上面引述过的诸例。但是当翻阅《三国志》时，读者就会看到，这类战例突然明显地增多，这应该是反映出在东汉末年到三国对峙时期，戟这种格斗兵器的使用更加普遍，它在战场上的作用也更为增大，可以说达到戟的成熟期的高峰。其中最脍炙人口的故事，就是"吕布射戟"。

《三国志·魏书·吕布传》："（袁）术遣将纪灵等步骑三万攻备，备求救于布。……（布）便严步兵千、骑二百，驰往赴备。灵等闻布至，皆敛兵不敢复攻。布于沛西南一里安屯，遣铃下请灵等，灵等亦请布共饮食。布谓灵等曰：'玄德，布弟也。弟为诸君所困，故来救之。布性不喜合斗，但喜解斗耳。'布令门候于营门中举一支戟，布言：'诸君观布射戟小支，一发中者诸君当解去，不中可留决斗。'布举弓射戟，正中小支。诸将皆惊，言'将军天威也'！明日复欢会，然后各罢。"②吕布随便命令门候举一支戟，说明这种格斗兵器在军中普遍使用，随处均有，不必特殊寻取。

军中所用的戟，主要是长戟。《三国志·魏书·张辽传》，辽守合肥时，面对孙权的优势兵力，"辽被甲持戟，先登陷陈，杀数十人，斩二将，大呼自名，冲垒入，至权麾下。"吓得孙权只好"走登高冢，以长戟自守"③。又如《典韦传》记曹操与吕布战于濮阳时，曹军袭布别屯后，遭吕布救兵三面包围，形势危急。时"太祖募陷陈，韦先占，将应募者数十人，皆重衣两铠，弃楯但持长矛撩戟。时西面又急，韦进当之，贼弓弩乱

---

① 《后汉书·马武传》，第 785 页。
② 《三国志·魏书·吕布传》，第 222~223 页。
③ 《三国志·魏书·张辽传》，第 519 页。

发，矢至如雨，韦不视，谓等人曰：'虏来十步，乃白之。'等人曰：'十步矣。'又曰：'五步乃白'。等人惧，疾言'虏至矣'！韦手持十余戟，大呼起，所抵无不应手倒者。布众退"①。当张绣袭曹营时，典韦当营门力战，"以长戟左右击之，一叉入，辄十余矛摧"②。在《军令》中也常提到戟，如诸葛亮《军令》中，有"始出营，竖矛戟，舒幡旗，鸣鼓角。行三里，辟矛戟，结幡旗，止鼓角"。又有"敌已附，鹿角裹兵但得进踞，以矛戟刺之，不得起住，起住妨弩"③。至于戟这种兵器的普遍使用，还可以从郑泰与董卓的对话中看出："关西诸郡，北接上党、太原、冯翊、扶风、安定，自顷以来，数与胡战，妇女载戟挟矛，弦弓负矢，况其悍夫……"④关西诸郡妇女都会用戟，虽属夸张之词，但也反映了戟的普遍使用。

除长戟外，军中又常用双戟。三国时善用双戟的勇将，仍是典韦，他"好持大双戟与长刀等，军中为之语曰：'帐下壮士有典君，提一双戟八十斤'"⑤。东吴名将甘宁也善用双戟。《三国志·吴书·甘宁传》注引《吴书》："凌统怨宁杀其父操，宁常备统，不与相见。权亦命统不得仇之。尝于吕蒙舍会，酒酣，统乃以刀舞。宁起曰：'宁能双戟舞。'蒙曰：'宁虽能，未若蒙之巧也。'因操刀持楯，以身分之。"⑥甚至曹丕和孙权，都会用双戟。曹丕在《典论·自叙》中，曾大谈以单对复搏斗的技术，他写道："夫事不可自谓己长，余少晓持复，自谓无对；俗名双戟为坐铁室，镶楯为蔽木户；后从陈国袁敏学，以单攻复，每为若神，对家不知所出，先日若逢敏于狭路，直决耳！"⑦孙权曾"亲乘马射虎于庱亭。马为虎所伤，权投以双戟，虎却废"⑧。

此外，还有防身用的"手戟"。《三国志·吴书·太史慈传》，太史慈

① 《三国志·魏书·典韦传》，第544页。
② 《三国志·魏书·典韦传》，第545页。
③ 《太平御览》卷三三七、三三九引诸葛亮军令，第1548、1554页。
④ 《三国志·魏书·郑浑传》注引张璠《汉记》，第510页。
⑤ 《三国志·魏书·典韦传》，第544页。
⑥ 《三国志·吴书·甘宁传》注引《吴书》，第1295页。
⑦ 《三国志·魏书·文帝纪》注引《典论·自叙》，第90页。
⑧ 《三国志·吴书·吴主传》，第1120页。

曾与孙策相斗，"策刺慈马，而揽得慈项上手戟，慈亦得策兜鍪"①。此外，孙策又曾以手戟投击严白虎弟舆，把他杀死②。董卓尝因小失意，"拔手戟掷（吕）布"③。曹操"尝私入中常侍张让室，让觉之；乃舞手戟于庭，踰垣而出。才武绝人，莫之能害"④。手戟的使用看来是相当普遍的，制工也极精良，所以，张协的《手戟铭》写道："锬锬雄戟，清金练钢。名配越棘，用遇干将。严锋劲枝，擒锷耀芒。"⑤ 正是描绘出钢制手戟锋、枝锐利的实况。

除了上述用戟的事例的记述外，在《释名》和《方言》中，还保留有当时戟的各种名称和各地方言对戟的不同称谓。《释名》记有戟、车戟和手戟："戟，格也。旁有枝格也。""车戟曰常，长丈六尺，车上所持也。八尺曰寻，倍寻曰常，故称常也。""手戟，手所持摘（掷）之戟也。"

《方言》："戟，楚谓之釾。凡戟而无刃，秦晋之间谓之釾或谓之镩，吴扬之间谓之戈。东齐秦晋之间谓其大者曰镘胡，其曲者谓之钩釾镘胡。""三刃枝，南楚宛郢谓之匽戟。其柄自关而西谓之柲，或谓之殳。"

《释名》释戟的特征是"旁有枝格也"，正与《吕布传》谓"射戟小支"相合，所讲的正是指自战国末年以来流行的刺旁横伸旁枝的铁戟，过去注家都用《考工记》中讲的东周青铜戟的制度去比附，自然是越解释越是丈二和尚摸不着头脑了。近年来考古发掘中获得的有关汉魏戟的实物和图像资料，使我们对这一时期戟的形制有了较清楚的了解。遗憾的是由于铁戟的标本的面貌不太好看，常不被重视，有的刊物于发表时常删去它们的图像和尺寸，因此对戟的综合比较造成一定的困难。下面将较重要的资料分实物和图像两部分简介于下。

东汉时期的铁戟，已发表的资料值得注意的如下。

---

① 《三国志·吴书·太史慈传》，第 1188 页。
② 《三国志·吴书·孙破虏讨逆传》注引《吴录》，第 1105 页。
③ 《三国志·魏书·吕布传》，第 219 页。
④ 《三国志·魏书·武帝纪》注引孙盛《异同杂语》，第 3 页。
⑤ 《太平御览》卷三五三引，第 1623 页。

1958 年春，在河南荥阳河王水库 CHM1 号墓中出土有铁戟①，刺与枝呈直角，胡上两穿，刺枝相交处又有一穿。原套有木鞘，已朽。刺胡通高 50 厘米。与铁戟伴同出土的有一柄长 111.5 厘米的铁剑。

1959 年，在江苏泰州新庄东汉晚期墓出土一件铁戟（M3：5），但残缺过甚，仅能看出是刺、枝垂直相交的"卜"字形戟，残长仅 18 厘米②。另外，这里还出土有三件较小的铜戟，长约 31～38.5 厘米。

1960 年 6 月，在河南鹤壁发掘的冶铁遗址中，出土过一件铁戟③，从照片看是刺、枝垂直相交的"卜"字形戟，长度不详。同一遗址中还出土有铁矛 7 件，长 30 厘米左右；另有铁剑 2 件。

1972 年 6 月，在河南洛阳涧西七里河东汉墓发掘中，获得了一组铁兵器，有钩镶、剑和戟各一件④。戟是刺、枝垂直相交的"卜"字形，全长 59 厘米，重 875 克。刺与枝均套有木鞘，鞘端安有铜镖，鞘外有绳索缠绕痕迹。同出的铁钩镶总长 70 厘米，重 1500 克；铁剑长 112 厘米，重 750 克。

1972 年 6～7 月，在江西南昌市区发掘的东汉早期墓中，于 72 南 M1 内出土一件铁戟⑤，刺与枝垂直相交，长胡四穿，穿均置于有枝的一侧，另一侧有刃向上与刺刃相接，但二者相接处稍向外弧凸。原应有鞘，鞘端的铜镖现仍锈合在刺锋端，枝锋已残。刺胡全高 49、枝残长 16 厘米。刺较枝长，刺高为 27 厘米（图一六：2）。同墓中出土的兵器还有铜剑一件、铜矛两件和残铁刀两件。

1974 年 7 月，在洛阳东汉光和二年（179 年）王当墓中，出土一件铁戟（M1：86），依据发表的实测线图度量，刺胡全高 69、枝长 27 厘米（图一六：1）。在枝、胡相交处有一铆钉，经化验系铅锡合金⑥。

① 河南省文化局文物工作队：《河南荥阳河王水库汉墓》，《文物》1960 年第 5 期。
② 江苏省博物馆等：《江苏泰州新庄汉墓》，《考古》1962 年第 10 期。
③ 河南省文化局文物工作队：《河南鹤壁市汉代冶铁遗址》，《考古》1963 年第 10 期。
④ 洛阳博物馆：《洛阳涧西七里河东汉墓发掘简报》，《考古》1975 年第 2 期。
⑤ 程应林：《江西南昌市区汉墓发掘简报》，《文物资料丛刊》第 1 辑，文物出版社，1977 年。
⑥ 洛阳博物馆：《洛阳东汉光和二年王当墓发掘简报》，《文物》1980 年第 6 期。

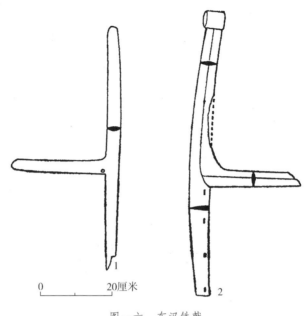

图一六　东汉铁戟
1. 洛阳出土　2. 江西南昌出土

　　1976 年 1 月，浙江长兴出土一批汉代的兵器，包括铜弩机、环首铁刀、铁矛、铁戟等，其中有两件铁戟，刺、枝垂直相交，一件全高 58、枝长 22 厘米①。

　　1976 年 2 月，湖南郴州市郊东汉墓发掘中，获得了两件铁戟②。一件刺锋已残，刺、胡全高 46 厘米，刺有中脊，两侧有刃，断面呈菱形。旁伸的戟枝上翘。在刺、胡相交处有长 10 厘米的铜柲帽。另一件较小，高 40 厘米，侧旁伸出的戟枝也是尖端上翘，成向前的钩刺。

　　1979 年 1 月，在徐州铜山驼龙山一座汉墓出土有建初二年（77 年）铭"五十涑"钢剑，剑长 109 厘米。同墓还出土有铁刀和铁戟③。从墓葬平面图上观察，铁戟为刺、枝垂直相交的"卜"字形戟，戟高约为钢剑长度的二分之一，估计应长 54 厘米左右。据简报讲，铁戟的组织也"是珠

----

① 夏星南：《浙江长兴县出土一件有刻度的铜弩机》，《考古》1983 年第 1 期。
② 湖南省博物馆：《湖南郴州市郊东汉墓发掘简报》，《考古》1982 年第 3 期。
③ 徐州博物馆：《徐州发现东汉建初二年五十涑铜剑》，《文物》1979 年第 7 期。

光体和铁素体组成，含碳量较高"，是"用生铁炒成钢，加热锻打而成"。

此外，在广州发掘的东汉墓里，虽然没有获得过铁戟，但曾出土过铜戟及陶质的模型，对了解东汉戟的形制也有参考价值①。东汉墓出土的铜戟形体较小，M4013：甲10、甲24两件，仅高26.6厘米，戟上还套有木胎漆鞘，附有残长143.3厘米长的木柲，可能是仪仗用器。这两件铜戟的刺有中脊，刺锋后扬呈弧状，戟枝的锋端又向下反钩，也呈弧状，较为特殊。出土的陶质模型共4件，同出于M5080中。其中两件大小相同，胡有四穿孔，戟枝锋端上翘，形成向前的钩刺。另外两件（M5080：106、107）大小相同，为刺、枝垂直相交的"卜"字形戟，胡上无孔，出土时平置于一张陶案上。看来，前两件模型（M5080：104、105）胡上有穿，似象征着应装有长柲；后两件胡上无任何穿孔，又相对置于案上，也许模拟的是一副手戟。在江西南昌青云谱汉墓中②出土过铜戟，形状与上述广州汉墓的陶戟模型近似。

除了以上的铁戟实物标本和模型外，还发现有不少汉画像石或画像砖上有放置兵器的兰锜图像，在它们上面所陈放的兵器中常有戟。值得注意的资料有1953年发现的山东沂南画像石墓③、1955年发现的山东安丘画像石④、1965年发掘的江苏徐州青山泉白集画像石墓⑤、1971年秋内蒙古和林格尔发现的壁画墓⑥、1972年发掘的河南唐河针织厂画像石墓⑦、1972年冬及1973年春在四川郫县发现的一些石棺画像⑧、1978年在四川新都发现的画像砖⑨，以及四川成都曾家包东汉墓中的画像石⑩，等等。另外，有

① 广州市文物管理委员会等：《广州汉墓》，文物出版社，1981年。

② 江西省文物管理委员会：《江西南昌青云谱汉墓》，《考古》1960年第10期。

③ 南京博物院、山东省文物管理处：《沂南古画像石墓发掘报告》，文化部文物管理局，1956年。

④ 安丘画像石拓片，参见《文物参考资料》1955年第3期封三。

⑤ 南京博物院：《徐州青山泉白集东汉画象（像）石墓》，《考古》1981年第2期。

⑥ 内蒙古自治区博物馆文物工作队：《和林格尔汉墓壁画》，文物出版社，1978年。

⑦ 周到等：《唐河针织厂汉画像石墓的发掘》，《文物》1973年第6期。

⑧ 李复华：《郫县出土东汉画象（像）石棺图象（像）略说》，《文物》1975年第8期；四川省博物馆等：《四川郫县东汉砖墓的石棺画象（像）》，《考古》1979年第6期。

⑨ 四川省博物馆：《四川新都县发现一批画像砖》，《文物》1980年第2期。

⑩ 成都市文物管理处：《四川成都曾家包东汉画像砖石墓》，《文物》1981年第10期。

些汉俑也持有戟，这类标本中最被人注意的是甘肃武威雷台汉墓出土的铜骑俑，那些青铜骑士分执两种兵器，就是长戟和长矛①。

综观上述与东汉戟有关的考古资料，能够看出依据戟枝的不同特点，可以分为两型。

一型：戟刺与戟枝垂直相交，戟枝体直而有锐锋。戟枝的长度一般比刺高为短。又可以区别为两式。

1式：戟刺与胡相连成一条直线，即一般的"卜"字形戟。这一式戟完全承继了西汉时期铁戟的式样，也是东汉时期普遍使用的形制。河南荥阳河王水库 CHM1 出土铁戟、鹤壁鹿楼村冶铁遗址出土铁戟、洛阳东汉王当墓出土铁戟、徐州铜山汉墓铁戟等，都是这一式的戟。甘肃武威雷台铜骑俑所执的戟，也属于这一式。汉画像中的图像，如沂南画像石墓前室南壁正中上排兵兰画像上插的戟，就是这一式的，上面套有戟鞘。和林格尔壁画墓中室甬道北侧所绘兵兰上插的戟，也是这一式的②。

2式：戟刺与胡相接处稍向外弧凸，因此，当安装上戟柲后，胡与柲呈直线，而刺略微向有枝的一侧倾斜。这一式的铁戟，有江西南昌市区东汉墓出土的铁戟、洛阳涧西七里河东汉墓出土铁戟和浙江长兴发现的铁戟。

二型：戟刺直伸，戟枝在刺侧横伸，随即向上翘翻，形成向前的钩刺。钩刺的高比戟刺短得多。也可区分为两式：

1式：戟枝基本上作横伸状，仅在枝锋端微向上翘，形成一个起翘的小钩锋。这一式的戟，仅可以广州汉墓出土的 M4039：59 号铜戟为代表。

2式：戟枝侧伸后，迅即弧翘成钩刺，湖南郴州市郊东汉墓出土的两件铁戟，都是这一式的标本，可惜残毁过甚。广州汉墓 M5080：105 号陶模型，也是这一式的戟的模拟品。汉代画像中，这一式戟的图像较多，如徐州青山泉白集画像石墓中室西壁北部下层所刻兵兰上插的长戟、四川郫

① 甘肃省博物馆：《武威雷台汉墓》，《考古学报》1974 年第 2 期。
② 这一型式的铁戟，在乐浪汉墓中常有出土，参看［日］榧本杜人等《乐浪汉墓》第二册《石巖里第二一九号墓发掘调查报告》，1975 年。

县石棺侧面兵兰画像横放的长戟、南阳唐河针织厂汉画像石墓画像中的长戟、四川成都曾家包画像砖石墓 M1 西后室后壁兵兰画像上的戟（见本书《汉魏的武库和兰锜》，图一一：1），等等。徐州十里铺画像石墓中所刻披铠持戟的武士，所持的长戟也是这式的戟。

此外，在广州汉墓中还获得过一件戟刺的刺锋向后弧曲，而戟枝的锋端向下弧曲的铜戟，看来是一件异形的标本，是特殊形式。

上述的两型四式，约略可以寻出东汉时期戟形变化的轨迹。一型戟表示着从西汉以来的传统形制，它一直沿用于整个东汉时期。二型戟则是西汉时期没有出现过的新样式，它是在一型戟基础上发展而来，其中的二型 1 式与一型更近似，2 式则演变出具有东汉时代特征的新的特点。同时，从山东安丘的画像石和沂南画像石中，都可以看到手戟的图像，从而知道手戟的型式是与当时流行的长戟相一致，只是将长柲改短而已。

二型 2 式戟，到魏晋时使用更趋普遍，是军中装备的主要兵器，这可以由甘肃嘉峪关地区发掘的魏晋时代墓室壁画中找到证明。1972 年发掘的嘉峪关新城公社 3 号墓中，有两幅与军队有关的壁画①。一幅绘出了行军的情景，两行步兵头戴兜鍪、披铠，肩戟持楯（见本书《中国古代的甲胄》图二四）。另一幅绘出了宿营的情景，在将领所在的大帐周围，排列着众多士兵居住的帐篷，每个帐前竖着一张戟和一张楯。说明戟和楯是士兵的标准装备，因此用以作为帐内士兵的象征（图一七）。这使人想起《太平御览》引王隐《晋书》中一则讲到祖逖营中发生的事："祖逖军大饥，进据食大丘城。樊雅遣六十余人入逖营，拔戟楯大呼向逖，逖军入夜不知何贼多少，皆欲散走。"② 正因为军中宿营时把戟楯竖于帐前，如嘉峪关壁画所描绘的情景，夜入逖营的樊雅部下才能"拔戟楯大呼"。这件事说明，东晋初年军队中，戟楯还是最主要的装备。说明东晋时军中装备戟楯的另一考古资料，是东晋永和十三年（即升平元年，357 年）冬寿墓壁

---

① 嘉峪关市文物清理小组：《嘉峪关汉画像砖墓》，《文物》1972 年第 12 期。
② 《太平御览》卷三五二，第 1620 页。

画，在冬寿乘牛车统军出行的大幅壁画中，左右最外侧各有一行甲骑具
装，其内左右各有一行头戴兜鍪、披铠，肩戟持楯的步兵，再内各有一行
装备着刀楯的步兵①。这样的行军行列，还是沿袭着西晋的制度。从《晋

图一七　嘉峪关三号墓壁画营垒图

书·舆服志》可以看到，在大驾卤簿中，黄门前部鼓吹以前、司空引从以
后，中护军、步兵校尉（左）和长水校尉（右）、射声校尉（左）和翊军
校尉（右）、骁骑将军（左）和游击将军（右）、左将军（左）和前将军
（右），以及豹尾车以后的后将军（左）和右将军（右）、越骑校尉（左）
和屯骑校尉（右）等，都是“卤簿左右各二行，戟楯在外，刀楯在内”②。
这正反映出当时军队最主要的格斗兵器是戟和刀，都与楯配合使用。当卤
簿增至左右各四行以上时，则增加了装备九尺楯、弓、弩等的行列，但最

①　洪晴玉：《关于冬寿墓的发现和研究》，《考古》1959 年第 1 期。
②　《晋书·舆服志》，第 757～760 页。

外侧的一行或两行仍是"大戟楯"①。因此可以看出，魏晋时期正是军队中用戟最盛的时期，也可以说戟这种格斗兵器那时已发展到它的历史顶峰。

从西汉到魏晋，钢铁的戟所以有如此空前的发展。一方面是由于钢铁冶炼工艺的迅速发展，提供了坚实的物质基础。但是更重要的另一方面，还是为了满足战争的实际需要，因而促使这种格斗兵器不断向前发展。在西汉，特别是对抗匈奴骑兵的战争中，骑兵成为军队的主力，自然迫切需要发展适用于骑兵战斗的长柄格斗兵器。过去以勾斫为主要功能的青铜戟，很适用于两车错毂时格斗，但当双方骑兵相对驰马冲击时，只有借助快速冲刺的力量来加强兵器的效能，才能更有效地杀伤对手，如果像车错毂时那样横挥兵器再回拉钩斫，就完全不适用了。为了达到新的骑兵战斗的需求，戟在改变了材质以后也改变了形状，由勾斫为主改为前刺为主，而以戟枝横击和勾斫为辅。这也是戟刺加长而且刺锋更加尖锐的原因。这种式样的戟正适于在高速驰马冲击时，随着向前冲刺的态势猛然扎刺对方。前引灌夫被甲持戟冲击吴军，就是骑马前往的。在《后汉书·铫期传》中还记有铫期奋戟骑马的事迹。刘秀到蓟时，"王郎檄书到蓟，蓟中起兵应郎。光武趋驾出，百姓聚观，喧呼满道，遮路不得行，期骑马奋戟，瞋目大呼左右曰'跸'，众皆披靡"②。又如崔骃《安封侯诗》，有"被光甲兮跨良马，挥长戟兮彀强弩"③。也讲的是骑马挥戟的事。这种骑马用的戟，汉代称为"马戟"，在汉简中有记录，青海大通上孙家寨汉墓出土的第132号简，简文为"人擎马戟"。"马戟"应为骑兵在马上使用的。推测在满城汉墓、杭州古荡汉墓和盱眙东阳汉墓出土的长柲钢铁戟，全长达226～250厘米，步兵使用稍嫌过长，很可能就是骑兵使用的马戟。从长沙马王堆三号墓遣策简中，也可以看出步卒用的戟分为两种，是依柲的长短来分的，那就是长戟和短戟。

---

① 宫廷用大戟，可能还加有华饰，《太平御览》卷三五三引陶侃表曰："伏惟武库倾荡，宿卫有阙，辄简选其差可者，奉献金铃大戟五十张。"第1623页。
② 《后汉书·铫期传》，第731页。
③ 《全汉三国晋南北朝诗》引。

　　进入东汉以后，铁戟的形制有了新的变化，应是为了满足骑兵和步兵战斗的需要，二型 2 式戟的出现，标志着戟的功能朝着扎刺为主更进了一步，旁侧的戟枝前翘成钩刺，更增强了向前扎刺的效能，而完全丧失了向后勾斫的传统功效。在汉画像里，有两幅描绘骑兵用戟战斗的画面，分别发现于孝堂山和汶上孙家村，不过描绘的都是从后追击前逃的敌人，使用的是一型戟，因此仍是采用传统的回拉勾斫的手法。但是在面对面搏击敌人时，则已使用了新的手法，那就是用戟刺及前翘的戟枝叉敌人的胸部。对于这种手法，文献中不乏记录。例如，迎立顺帝后，郭镇率直宿羽林与阎景相遇，"景因斫镇不中，镇剑击景堕车，左右以戟叉其胸禽之送廷尉"①。又如杨政抱范升子拦车驾告状，"持车叩头，武骑虎贲恐惊马，引弓射之不去。旄头以戟叉政伤胸"②。又《后汉书·虞延传》也有"陛戟郎以戟刺延"③的说法。由此可知，当时用戟的手法主要是叉和刺，特别是二型 2 式戟，完全不宜用来勾斫。

　　到了魏晋时期，戟在军队中普遍使用，前面已引证过嘉峪关汉魏墓的壁画。值得注意的是，那两幅壁画上所绘出的士兵都是步兵。冬寿墓中肩戟执盾的士兵也都是步兵。在嘉峪关汉魏墓中，恰好还有一幅描绘骑兵行进的壁画，图中的骑兵持的兵器都是马矟，没有看到戟④。同样，在冬寿墓壁画中，甲骑具装所执的兵器也是马矟，没有看到戟⑤。在《三国志》中，也可以找到记录将领骑马持矛战斗的事例。《吴书·程普传》："策尝攻祖郎，大为所围，普与一骑共蔽扞策，驱马疾呼，以矛突贼，贼披，策因随出。"⑥又《丁奉传》，"魏将文钦来降，以奉为虎威将军，从孙峻至寿春迎之，与敌追军战于高亭。奉跨马持矛，突入其陈中，斩首数百，获

---

① 《太平御览》卷三五二引《东观汉记》，第 1619 页。
② 《太平御览》卷三五二引《东观汉记》，第 1619 页。
③ 《后汉书·虞延传》，第 1152 页。
④ 嘉峪关市文物清理小组：《嘉峪关汉画像砖墓》，《文物》1972 年第 12 期。
⑤ 洪晴玉：《关于冬寿墓的发现和研究》，《考古》1959 年第 1 期。
⑥ 《三国志·吴书·程普传》，第 1283 页。

其军器"①。至于蜀将张飞在当阳长阪，"据水断桥，瞋目横矛"②阻挡曹军的事迹，更是为人所习知。可以看出，在三国时，马矟取代马戟的趋势已相当清楚了。

综上所述，我们可以初步得出以下结论。

（一）战国晚期出现的钢铁制造的戟，到西汉时期已取代了东周时盛行的青铜刺、体联装戟，这一变化是与生产技术的发展，主要是钢铁冶炼技术的进步紧密联系的，同时也反映着车战的衰落和步、骑兵野战的兴起。

（二）为了进一步适应骑兵和步兵的战术要求，铁戟的形制随之改进，它的主要功能也由回拉勾斫改为前冲叉刺。

（三）从西汉到魏晋，戟在格斗兵器中的地位日趋重要，到西晋时被誉为"五兵之雄"③。在汉代，马戟与铁铠配合使用，成为骑兵的主要装备；长戟或短戟与楯配合使用，用来装备步兵部队。

（四）还应注意到，在这一阶段初期，戟作为先进的格斗兵器，开始是用来装备军队的主力骑兵，兼及步兵。到了后期，戟的使用日益普及，戟楯成为步兵的标准装备，但在骑兵的装备中，马矟日渐重要，形成排挤掉马戟的趋势。这一变化也预示着戟这种兵器走向衰落的开始。

五　戟的衰退和"门戟"

西晋以后，北方和西北方的许多少数民族相继进入中原地区，在政治、军事、经济各个领域都发生很大变化。在军事方面，特别是军队的组成上，重装骑兵——甲骑具装占有重要的地位，从有关的图像资料看，这些甲骑具装使用的远射兵器是弓矢，格斗兵器是长柄的马矟。在敦煌莫高窟北朝壁画"五百强盗成佛"故事中，常画出甲骑具装的形象，例如第

---

① 《三国志·吴书·丁奉传》，第1301页。
② 《三国志·蜀书·张飞传》，第943页。
③ 见《北堂书钞》卷一二四引周处《风土记》。

285 窟西魏壁画和第 296 窟北周壁画①，这些甲骑具装使用的格斗兵器都是长柄的矟，矟刃下缀有幡旗（参见本书《中国古代的甲胄》图三五：6）。与这些骑兵对抗的强盗，都画成步兵的形象，所执的兵器主要是弓箭和刀楯，只有在 285 窟的画面中，看到有一人使用长戟。

在南方地区，军队的主要装备与北方大致相同，甲骑具装也是很受重视的兵种。在丹阳发掘的南朝王陵中，常可看到以其形象为题材的大幅拼镶砖画②。骑兵的格斗兵器，也是长柄的马矟。《晋书·刘毅（兄迈）传》记"（桓）玄曾于（殷）仲堪厅事前戏马，以矟拟仲堪"③。《南齐书·陈显达传》，陈显达叛齐，战至最后"显达马矟从步军数百人，于西州前与台军战，再合，大胜。手杀数人，矟折，官军继至，显达不能抗，退走至西州后乌榜村，为骑官赵潭注矟刺落马，斩之于篱侧"。④ 这一时期的马矟，为了增强效能，刃部加长而具有两刃。例如，梁大同三年（537 年）少府新制的两刃矟，长二丈四尺。当时让羊侃试矟，"侃执矟上马，左右击刺，特尽其妙"⑤。当时观看他使矟的人很多，有的登上树去看，"梁主曰：'此树必为侍中折矣'，俄而果折，因号此矟为'折树矟'"⑥。

马矟所以排挤掉马戟，成为南北朝时骑兵的主要格斗兵器，主要原因可能有下述几点。

（一）从工艺制造技术方面来看，锻制在刺旁加伸小枝的戟，工艺比较复杂，而锻制两刃矟则较简易。由于是军中主要的格斗兵器，既要求质精，又要求量足，因此工艺简便易造的矟较之工艺繁复费工的戟，更合于战争的需要。

（二）从使用效能方面看，早在汉魏时期戟的功效已由主要是回拉勾

① 敦煌文物研究所：《敦煌壁画集》，1957 年。
② 南京博物院：《江苏丹阳胡桥南朝大墓及砖刻壁画》，《文物》1974 年第 2 期；南京博物院：《江苏丹阳县胡桥、建山两座南朝墓葬》，《文物》1980 年第 2 期。
③ 《晋书·刘毅（兄迈）传》，第 2211 页。
④ 《南齐书·陈显达传》，第 494 页。
⑤ 《梁书·羊侃传》，第 559 页。
⑥ 《太平御览》卷三五四引，第 1627 页。

斫转变为前冲叉刺，因此就与矟的效能相近似。但是到南北朝时，大量的
甲骑具装出现在战场上，要杀伤对方的人或马，必须穿透或斫断人披的两
当铠或明光铠，以及马披的具装铠。由于铁铠制工日精，戟体窄，虽带有
旁枝而具有叉刺的功能，但穿透力并不如长身阔体的两刃矟。因此对付披
重铠的敌方，戟的杀伤能力远逊于两刃矟。

（三）除了工艺和效能以外，还有一个重要的因素，那就是人们往往
在选择兵器时受民族传统的制约。在北朝，主要的统治民族是鲜卑族，传
统的兵种是强悍的骑兵，而传统的格斗兵器便是矟。据《南齐书·魏虏
传》，公元495年，魏孝文帝率军至寿阳，"军中有黑毡行殿，容二十人
坐，輦边皆三郎曷剌真，槊多白真毦，铁骑为群，前后相接。步军皆乌楯
槊，缀接以黑蝦蟆幡"①。槊即矟。说明北魏军中骑兵和步兵都是用矟。据
汉魏时的资料，乌桓、鲜卑等族骑兵就使用矟，因此抗御这些族的军队也
多为善用矟的骑兵，这从《三国志·魏书·公孙瓒传》的记录可以证明，
他本人就可以在马上使用"两头施刃"的马矟②。由于有使用马矟的传统，
而且在制造工艺和效能方面矟又胜于戟，马戟之被淘汰就是很自然的事
了。南朝的甲骑具装显然是受北方影响的产物，军队中的精锐骑兵有时也
选用鲜卑骑兵。据《宋书·武帝纪》，"使宁朔将军索邈领鲜卑具装虎班突
骑千余匹，皆被练五色，自淮北至于新亭"③。不仅如此，其军队中也编有
鲜卑步兵，"（朱）龄石所领多鲜卑，善步矟，并结阵以待之。贼短兵弗能
抗，死伤数百人，乃退走"④。因此，南朝军中矟之取代马戟，同样也是很
自然的事情。

在骑兵装备中，马戟被马矟所代替，已如上述。在步兵装备中，戟的
命运也不见佳，因为鲜卑步兵中传统兵器也是用步矟，已见于前面引过的
《宋书》和《南齐书》等资料。从已发现的有关图像资料如敦煌莫高窟的

① 《南齐书·魏虏传》，第994页。
② 《三国志·魏书·公孙瓒传》，第239页。
③ 《宋书·武帝纪》，第20页。
④ 《宋书·武帝纪》，第20页。

北朝壁画、河南邓县发现的南朝画像砖，又可以看出，当时步兵的主要装备是刀和楯，但不见汉魏画像中的戟楯，说明戟和楯配合使用的办法已被淘汰了。在敦煌第 285 窟西魏壁画中还能看到一例步兵用长戟的形象，说明在步兵装备中还保留有少量的戟充作长柄格斗兵器。这种情况可能勉强保持到隋唐之际，唐初也还能在门卫所执器械中见到它的身影，例如贞观五年（631 年）下葬的淮安靖王李寿墓中，在石椁上还刻有守门的执戟武士的形象①。但是在军队的实战格斗兵器中，它已被淘汰了。戟在唐代已不被列为兵器，还可以从当时法律关于禁兵器的规定中得到证明。在晋代，戟是重要的格斗兵器，违令私作就要判处死刑。《太平御览》卷三五三引孙盛奏事曰："诸违令私作铠一领、角弩力七石以上一张、戟十枚以上皆弃市。"② 但到唐代，戟已被从兵器中淘汰了，因此唐律中有关诸私有禁兵器的条款中，所列兵器为甲、弩、矛、稍、具装，非禁兵器为弓箭、刀、楯、短矛③，再也看不到有关戟的踪迹了。

关于南北朝时期戟的形制，只能依据考古发现的图像来了解，比较典型的有下述两幅，一幅是前已引过的敦煌第 285 窟西魏壁画，另一幅是河南洛阳出土的北魏宁懋石室线刻画④，它们恰好分别代表着当时的戟的两种不同式样，可以列为两型。

一型：基本上沿袭着汉魏时二型 2 式戟的式样，在戟刺侧旁伸的小枝，上翘成向前的钩刺。与汉魏二型 2 式戟的不同处，仅是枝端锋尖微向外翻卷，增加了叉刃的弧度。敦煌第 285 窟"五百强盗"故事画中，一位强盗所执的长戟，就是这一式样的代表。唐初李寿墓石椁上的线雕武士，手执的也是这型的戟⑤。

二型：戟刺前伸，戟枝在刺侧垂直横伸后，又作 90°角上折，然后前

① 陕西省博物馆等：《唐李寿墓发掘简报》，《文物》1974 年第 9 期。
② 《太平御览》卷三五三引，第 1623 页。
③ 《唐律疏义》卷一六《擅兴》。
④ 见《考古》1960 年第 4 期第 3 页图 1。
⑤ 何正璜：《话说李寿石椁》，《美术》1982 年第 1 期。

伸与戟刺平行，但枝锋尖端的高度略低于刺锋。整体看来，全戟呈双叉形状。宁懋石室门左侧线雕武士像，手中所执的就是这型的戟（参见本书《中国古代的甲胄》图四二：4）。

上述两种型式的戟都一直遗留到唐代，但那时已不是作为格斗兵器，而是用于"门戟"了。

门前列戟的制度，也许是源于汉代贵冑门前常设有的兰锜，兵兰上插的戟常是戴有套鞘的"棨戟"，具有仪仗的性质。棨戟，《汉书·韩延寿传》注，师古曰："棨，有衣之戟也，其衣以赤黑缯为之。"[1] 在晋朝时，太庙门有戟，据《北堂书钞》引《傅咸集》云，"太庙令徐充坐庙门失戟，免官"。又据《太平御览》引张敞《晋东宫旧事》，"东列崇福门，门各羌楯十幡、鸡鸣戟十张"[2]。但当时门前用戟的情况并不甚清楚。最迟在北周时，高级官吏门前已有设门戟的制度。《周书·达奚武传》，"武贱时，奢侈好华饰。及居重位，不持威仪，行常单马，左右止一两人而已。外门不施戟，恒昼掩一扉"[3]。由此可证，外门施戟已是通行的定制。到了隋朝，门戟制度已有较严格的规定。这可以由《隋书·柳彧传》所记高弘德请列戟未成的事迹证明。"时制三品已上，门皆列戟。左仆射高颎子弘德封应国公，申牒请戟。彧判曰：'仆射之子更不异居，父之戟矟已列门外。尊有压卑之义，子有避父之礼，岂容外门既设，内阁又施！'事竟不行。"[4] 到了唐代，门戟制度的规定更为具体，并且不同时期还有所修订，在《唐六典》《新唐书·百官志》和《通典》中均有记录。据《新唐书·百官志》，门戟的管理归卫尉寺武器署，"给六品以上葬卤簿、棨戟。凡戟，庙、社、宫、殿之门二十有四；东宫之门一十八；一品之门十六；二品及京兆、河南，太原尹，大都督，大都护之门十四；三品及上都督、中都督、上都护、上州之门十二；下都督、下都护、中州、下州之门各十。衣

---

[1] 《汉书·韩延寿传》注，第 3215 页。
[2] 《太平御览》卷三五二引，第 1621 页。
[3] 《周书·达奚武传》，第 305 页。
[4] 《隋书·柳彧传》，第 1481 页。

幡坏者，五岁一易之。薨卒者既葬，追还"①。
据《通典》卷二五所记天宝六年（747年）
四月敕改仪制令，宫门每门门戟由二十四改
为二十，其余自东宫以下也有详细规定，大
致与《新唐书·百官志》所载变化不大。通
过近年来西安地区唐墓的发掘，发现许多墓
室壁画中绘出门戟图像，可与上述文献相印
证。其中时代最早的，就是前已述及的淮安
郡王李寿墓，画出列戟两架，每架各七戟，
共十四戟。至于其中级别最高的，是懿德太
子李重润墓，因葬制"号墓为陵"，因此画出
的两架门戟各十二戟，共二十四戟，正合于
皇帝宫门的制度②。和他前后改葬的章怀太子
李贤③和永泰公主李仙蕙④的墓中，门戟等级
低于懿德太子，分别为十四戟和十二戟。其
他唐墓中，十二戟的有阿史那忠墓⑤，十戟的
有苏君（苏定方?）墓⑥、万泉县主薛氏墓⑦
和张去奢墓⑧。这些门戟的形状，有的是沿袭
着南北朝戟一型，如李寿墓和苏君（苏定
方?）墓；大多是沿袭着南北朝戟二型，如懿
德太子墓、永泰公主墓和万泉县主薛氏墓等。
这些门戟在戟刃下都系有彩幡，幡上饰有虎

图一八　《武经总要》
中的"戟刀"

---

① 《新唐书·百官志》，第1249页。
② 陕西省博物馆等：《唐懿德太子墓发掘简报》，《文物》1972年第7期。
③ 陕西省博物馆等：《唐章怀太子墓发掘简报》，《文物》1972年第7期。
④ 陕西省文物管理委员会：《唐永泰公主墓发掘简报》，《文物》1964年第1期。
⑤ 陕西省文物管理委员会等：《唐阿史那忠墓发掘简报》，《考古》1977年第2期。
⑥ 陕西省社会科学院考古研究所：《陕西咸阳唐苏君墓发掘》，《考古》1963年第9期。
⑦ 贺梓城：《唐墓壁画》，《文物》1959年第8期。
⑧ 宿白：《西安地区唐墓壁画的布局和内容》，《考古学报》1982年第2期。

头图案。

门戟的制度到宋代仍沿用，并规定戟刃改为木质，完全失去了兵器的功能，仅为摆样子的仪仗。据《宋史·舆服志》："门戟。木为之而无刃，门设架而列之，谓之棨戟。天子宫殿门左右各十二，应天数也。宗庙门亦如之。国学、文宣王庙、武成王庙亦赐焉，惟武成王庙左右各八。臣下则诸州公门设焉，私门则府第恩赐者许之。"又记"神宗元丰之制，凡门列戟者，官司则开封、河南、应天、大名，大都督府皆十四；中都督皆十二；下都督皆十。品官恩赐者，正一品十六，二品以上十四"①。南宋沿袭北宋旧制。这种门戟的式样，可以参考卤簿用的木戟。据《宋史·仪卫志》："戟，有枝兵也。木为刃，赤质，画云气，上垂交龙掌、五色带，带末缀铜铃。"② 这种木头制造的仪仗，只是主要格斗兵器古戟消失后，遗下的余光的歪曲的折射罢了。至于它的真实影像，不仅在战场上看不到了，连集录各种兵器的《武经总要》中也毫无遗痕，只录有异形的长柄刀——戟刀（图一八）了。

（原载《中国古兵器论丛（增订本）》，文物出版社，1985年）

后记　《中国古兵器论丛》于1980年由文物出版社出版后，到1985年出版社已无存书可售。原为我编辑该书的第一图书编辑部主任沈汇，建议出版该书的增订本，将原书所收六篇编为"上编"，因纸型尚存，故不需重排。新增七篇，编为"下编"，由吴铁梅负责编辑，合编为《中国古兵器论丛（增订本）》，于1986年出版。本文及《弓和弩》是专为"增订本"新写的两篇文稿。

---

① 《宋史·舆服志》，第3514页。
② 《宋史·仪卫志》，第3468页。